WOLFGANG NEUSÜSS

Gesunde Vernunft und Natur der Sache

Schriften zur Rechtsgeschichte

Heft 2

Gesunde Vernunft und Natur der Sache

Studien zur juristischen Argumentation im 18. Jahrhundert

Von

Dr. Wolfgang Neusüß

DUNCKER & HUMBLOT / BERLIN

Gedruckt 1970 bei Alb. Sayffaerth, Berlin 61
Printed in Germany

„Man muß in der Tat ein großer Mensch sein, um selbst gegen die gesunde Vernunft standhalten zu können ... Oder ebensogut auch ein Dummkopf.“

(*Dostojewski*, Die Dämonen)

Vorwort

Die hier veröffentlichte Arbeit will einen argumentationstechnischen Beitrag zur Diskussion des ‚aufgeklärten' 18. Jahrhunderts bieten. Sie hat der Juristischen Fakultät der Universität Heidelberg in den Jahren 1968/69 als Dissertation vorgelegen. Wesentliche Anregungen verdanke ich den lebhaften Debatten im Seminar von Prof. Dr. Dr. Böckenförde; ihre historische Konkretisierung wäre aber ohne das geduldige, skeptische Ohr meines verehrten Doktorvaters, Herrn Prof. Dr. Gallas, kaum in dem erreichten Maß erfolgt. Ihm gilt dafür mein herzlicher Dank.

Zu besonderem Dank bin ich der Studienstiftung des deutschen Volkes verpflichtet; sie unterstützte mich großzügig während des gesamten Studiums und ermöglichte damit erst diese Schrift. Nicht unerwähnt sollen auch die vielen hilfreichen Kräfte bleiben, die in den Bibliotheken der Universitäten Heidelberg und Göttingen sowie des Britischen Museums stets pünktlich und meist freundlich ermutigend die gewünschte vorhandene Literatur herbeischafften und sonstige Hilfsdienste leisteten.

Die gelegentlich kritisierten Autoren haben schließlich durch ihre Darlegungen vielfachen Anstoß gegeben. Wenn diese Arbeit in ähnlicher Weise eine konstruktive Kritik herausforderte, hätte sie einen guten Teil des gesteckten Ziels erreicht.

Crailsheim, im April 1970

Wolfgang Neusüß

Inhaltsverzeichnis

Dritter Abschnitt

Funktionale Ansätze im aufgeklärten Rechtsdenken

Vierter Abschnitt

Die Anfänge einer neuen deutschen Rechtswissenschaft

Abkürzungsverzeichnis

ADB	=	Allgemeine Deutsche Biographie, Leipzig 1875—1912
ARSP	=	Archiv für Rechts- und Sozialphilosophie, Berlin 1907 ff.
BGHZ	=	Entscheidungen des Bundesgerichtshofs in Zivilsachen, Detmold/Köln/München/Berlin 1951 ff.
GS	=	Der Gerichtssaal, Erlangen/Stuttgart 1855—1941
HdRG	=	Handwörterbuch zur deutschen Rechtsgeschichte. Berlin 1964 ff.
JW	=	Juristische Wochenschrift, Leipzig 1872—1939
JZ	=	Juristenzeitung, Tübingen 1946 ff.
NDB	=	Neue Deutsche Biographie, Berlin 1953—1966
NJW	=	Neue Juristische Wochenschrift, München 1947 ff.
SZ	=	Zeitschrift der Savigny-Stiftung für Rechtsgeschichte, Weimar
Germ. Abt.	=	Germanistische Abteilung 1880 ff.
Rom. Abt.	=	Romanistische Abteilung 1880 ff.

Einleitung

Die Jurisprudenz des 18. Jahrhunderts, der die folgenden Studien gewidmet sein sollen, hat in vielem ähnlich gefragt wie wir und gegen vergleichbare Erscheinungen angekämpft. Den antiautoritären Affekt und den optimistischen Fortschrittsglauben kann der Betrachter in den drei Menschenaltern zwischen der Glorious Revolution und der Großen französischen Revolution ebenso beobachten wie die Anfänge eines bewußt soziologischen Denkens. Wer sich stärker einer patriarchalisch-theologisch geborgenen Welt verbunden weiß, wird vielleicht nicht ohne Wehmut den Gründen der fortschreitenden Säkularisation und des allmählichen Verflachens des feudalen, personenbezogenen Ehr- und Schutzverbandes nachsinnen wollen.

Derartiges soll hier nicht versucht werden. Nicht mit den Juristen des 18. Jahrhunderts wird einem bestimmten Problem nachgespürt werden, sondern an ihre Werke soll eine Frage gerichtet werden: nach Art und Wert ihrer Argumentation.

Die sog. Positivisten unter den Historikern unserer Jahrhundertwende haben in großem Fleiß biographische und literarische Daten zusammengetragen[1]. Die hermeneutische Richtung der letzten vierzig Jahre war vor allem bemüht, das Verständnis für die geistesgeschichtlichen Zusammenhänge zu vertiefen. Soweit sie sich ausschließlich „Großen Rechtsdenkern" widmete, vermochte sie uns deren Leben, Umwelt und Weltsicht eindrucksvoll zu vermitteln[2]; die Entwicklung der Jurisprudenz indes als einer Kunst, Regeln des geltenden oder des zu schaffenden Rechts aus allgemeinen Gründen zu erschließen, konnte dabei notwendigerweise nur punktuell behandelt werden. Wurde aber versucht, die Geschichte der Jurisprudenz im 18. Jahrhundert in bestimmten Abschnitten zu beschreiben, konnten zwar manche Zusammenhänge aufgeklärt werden, aber die zur allge-

[1] Vgl. *E. Landsberg,* Geschichte der Deutschen Rechtswissenschaft, 3. Abt., 1. u. 2. Halbband, 1898, 1910; Allgemeine Deutsche Biographie, hrsg. v. der historischen Kommission bei der Akademie der Wissenschaften, 55 Bde. 1855—1912. Der Erscheinungsort der zitierten Schriften ist dem Literaturverzeichnis zu entnehmen.

[2] Vgl. *E. Wolf,* Grotius, Pufendorf, Thomasius, 1927; ders., Große Rechtsdenker der deutschen Geistesgeschichte, 4. Aufl. 1963; *H. Welzel,* Naturrecht und materiale Gerechtigkeit, 4. Aufl. 1962.

meinen Kennzeichnung verwendeten Begriffe ließen doch oft Deutlichkeit und Schärfe vermissen.

Dies gilt etwa von dem sog. „anderen Zugang zum Naturrecht", den *Franz Beyerle* entdeckte[3]. An verschiedene scharfsichtige Einzelbeobachtungen Beyerles werden wir anknüpfen können[4]; aber seine Sachdarstellung und seine Bewertung wurden geprägt von seiner Überzeugung, „Rechtskündung wie Rechtswahrung sind Charaktersache und nicht erlernbar"[5]. Einen ähnlich zwiespältigen Eindruck hinterlassen die Studien von *Hans Thieme* zur „Zeit des späten Naturrechts"[6]. Der kaum ausschöpfbaren Fülle treffender Beobachtungen steht die Deutung gegenüber, die Thieme der Veränderung der Rechtsauffassung in der zweiten Hälfte des 18. Jahrhunderts gab: das Neuartige liege in der „Wendung von der Deduktion zur Empirie", kraft derer sich „von der Anschauung her für ein wirklichkeitsnahes und werthaftes Denken eine natürliche Rechtsfindung" erschlossen habe[7]. Darüber wird vergessen, daß nicht nur Grotius ein breites Erfahrungswissen nachgerühmt wird[8], sondern schon die deutsche Jurisprudenz des späten 17. Jahrhunderts als „praktisch-theoretisch" bezeichnet wird[9]. Bei *Thiemes* Deutung fragt man sich vergebens, warum die Rechtsgelehrten aus der Anschauung, die ihnen die Spruchpraxis der Fakultäten vermittelte, nicht längst die aufgeklärten, uns heute vielfach fast selbstverständlichen Rechtsideen gewonnen hatten. An einem „werthaften" Denken dürfte es einem so frommen Mann wie Benedict Carpzov II. z. B. im 17. Jahrhundert kaum gemangelt haben[10]. Selbst ein so fundiertes Werk wie die „Privatrechtsgeschichte der Neuzeit" von *Franz Wieacker* offenbart in dieser Frage Unentschiedenheit[11]. Einerseits billigt Wieacker der im Nominalismus wurzelnden Rechtstheorie des Christian Thomasius und seiner Mitstreiter den „unauslöschlichen Ruhm" zu, „ein Goldenes Zeitalter der europäischen Rechtskultur heraufgeführt" zu haben[12];

---

[3] *F. Beyerle*, Der andere Zugang zum Naturrecht, in: Deutsche Rechtswissenschaft, Bd. 4, 1939, S. 3—24.

[4] Vgl. die These, Grotius und Pufendorf hätten „funktional" gedacht, a.a.O., S. 7, 9 u. 19.

[5] a.a.O., S. 13; vgl. die Gegenüberstellung von Lebensbegriffen und Denkkategorien a.a.O., S. 22; die Abwertung der histor. Rechtsschule S. 12 ff. und die Apotheose des „lebendigen (deutschen) Rechtsbewußtseins" a.a.O., S. 23 f.

[6] *H. Thieme*, Die Zeit des späten Naturrechts, SZ Germ. Abt. 56 (1936) S. 202—263; ders., Die preußische Kodifikation SZ Germ. Abt. 57 (1937) S. 355 bis 428.

[7] *Thieme*, a.a.O. SZ 56, S. 230, 232.

[8] Vgl. *E. Wolf*, Große Rechtsdenker, S. 266 f.

[9] Vgl. *Stintzing-Landsberg*, Geschichte der Deutschen Rechtswissenschaft, 2. Abt. 1884, S. 8 ff.

[10] Zu Carpzov vgl. *Eb. Schmidt*, Einführung in die Geschichte der deutschen Strafrechtspflege, 3. Aufl. 1965, §§ 137 ff. (142).

[11] Zit. nach der 2. Aufl. 1967.

[12] a.a.O., S. 271.

andererseits aber beklagt er die durch die gleichen Gelehrten bewirkte „gefährliche Schwächung“ der „philosophischen Substanz“ des Naturrechts[13].

Die folgenden Untersuchungen bemühen sich, diese Bewertungsschwierigkeiten durch eine Akzentverschiebung zu vermeiden. Der Blick soll zunächst nicht auf die Probleme der jeweiligen historischen Rechtsordnung und das von daher zu erschließende Rechtsbewußtsein bestimmter Personen gelenkt werden, sondern auf die sprachlichen Stilmerkmale, auf rhetorische und logische Formen, in denen einzelne Autoren Rechtssätze begründeten. Die literarische Form vermittelte das Rechtsverständnis mit bestimmten rechtlichen Regeln. An der Entwicklung der sprachlichen Formen kann deshalb zugleich die wechselseitige Abhängigkeit von Rechtsphilosophie und Rechtsfindung abgelesen werden.

Damit wird in etwa die Methode umgekehrt, mit der z. B. *Ralf Dreier* versucht hat, Klarheit in den Begriff der Natur der Sache zu bringen[14]. Dreier war bestrebt, dem Beispiel Erik Wolfs folgend[15], anhand der Philosophie- und Wissenschaftsgeschichte die „Natur der Sache“ nach ihren möglichen Begriffsinhalten zu analysieren. Die Formel der „Natur der Sache“ ist nun, wie hinreichend bekannt[16], ebenso wie die der „gesunden Vernunft“ eine der gängigsten Münzen in den rechtlichen Erörterungen des gesamten, vornehmlich des späten 18. Jahrhunderts. Folgte man Dreiers Methode, wären die verschiedenen Begriffe der Natur der Sache zu analysieren, die die jeweiligen Autoren verwendeten. Diesen Versuch hat auch unlängst *Heinrich Marx* in seiner Göttinger Dissertation über Pütter und Runde unternommen und die Natur der Sache nach der jeweiligen Sachgrundlage aufgeschlüsselt[17]. Eine solche inhaltliche Gliederung muß aber notwendigerweise unvollständig bleiben. Historisch kann in so vielen Begriffen von der Natur der Sache gesprochen werden, wie es aussagbare Merkmale vorstellbarer Sachen gibt[18]. Bei dieser Methode könnte also höchstens der Erkenntnishorizont des jeweiligen Autors abgesteckt werden, falls dieser alle von ihm erkannten Merkmale der ihm bewußten Dinge als in der „Natur der Sache“ gegründet bezeichnet hätte. Die Architektur seines Kirchturms, den Grund der Begrenzung seines Horizontes erführe man auf diese Weise aber nicht.

---

[13] a.a.O., S. 314.

[14] *Dreier*, Zum Begriff der „Natur der Sache“, 1965, S. 5 ff.

[15] *E. Wolf*, Das Problem der Naturrechtslehre, 1955.

[16] Vgl. *Thieme*, a.a.O., SZ 56, S. 231 f.

[17] *Marx*, Die juristische Methode der Rechtsfindung aus der Natur der Sache bei den Göttinger Germanisten Johann Stephan Pütter und Justus Friedrich Runde, 1967, S. 13—42.

[18] Vgl. *Dreier*, a.a.O., S. 83 ff.

Hier sei deshalb umgekehrt gefragt: welchen Einfluß auf das Verständnis und die Entdeckung von rechtlichen Regeln hatte die Verwendung etwa der Formel von der „Natur der Sache"? Allgemein soll die Bedeutung der Argumentationsformen auf die Bildung oder Bestätigung von Rechtsnormen im 18. Jahrhundert vornehmlich in der deutschen Jurisprudenz untersucht werden. Argumentationsform ist für uns die Blickrichtung, in der eine bestimmte Regel durch Hinweis auf eine Autorität oder rational einsehbare Gründe allgemein gerechtfertigt wird. Ausgangspunkt der Darstellung ist infolgedessen stets die Begründungsform und ihre Verwurzelung in der philosophischen oder pädagogischen Tradition. Ihre Bewertung erfolgt aber nicht auf der philosophischen Ebene durch spekulative oder erkenntnistheoretische Kritik. Vielmehr soll sie an ihrer Kraft gemessen werden, geltende Normen zu erfassen und neue zu formulieren. Damit werden auch für jene nicht unannehmbare Ergebnisse erzielt, die der philosophischen Konzeption dieser Studien nicht folgen oder sie für zu wenig differenziert halten. Auch von der Selbsteinschätzung der besprochenen Autoren sind wir dadurch frei. Trotz ihrer „ars veritatem inveniendi" müssen die Gelehrten nicht neue Rechtswahrheiten gefunden oder alte bekräftigt haben, wie *Viehweg* meinte[19]; das Naturrecht mag trotz seines hohen Anspruchs nicht in der Lage gewesen sein, das positive Recht an universalen oder jedenfalls zeitangemessenen Regeln zu überprüfen; umgekehrt braucht die angeblich denknotwendige „Wertfreiheit" der Sozialwissenschaften diese nicht an maßgeblicher Einflußnahme auf Reformprogramme gehindert zu haben.

Die Jurisprudenz des 18. Jahrhunderts eignet sich für eine solche Untersuchung in besonderem Maße. Es war ein Jahrhundert der Rechtskodifikationen, der Erfassung des geltenden Rechts und der Reformbestrebungen. Es steht uns kulturell nah und zeitlich fern genug, um die damaligen Rechtsgedanken auf der Grundlage heutiger Selbstverständlichkeiten beurteilen zu können. An der Entwicklung der Staatstheorie, der Strafrechtspflege und des Urheber- und Verlagsrechtes kann deshalb beispielhaft der Wert einer Argumentationsform geprüft werden.

Aber auch die Begründungsweisen haben sich im Laufe des Jahrhunderts geändert wie kaum in einer früheren oder späteren Epoche. Die bisherigen Wandlungen bestanden vornehmlich in einem Umbruch von sakraler zu profaner Kasuistik oder von mündlicher Spruchweisheit zu verallgemeinernden Entscheidungsbegründungen. Im 18. Jahrhundert betraf der Wechsel die Form der Allgemeinheit solcher Begründungen selbst. Schon äußerlich wird dies erkennbar. An die Stelle der

[19] *Th. Viehweg*, Topik und Jurisprudenz, 3. Aufl. 1965, S. 26, 54.

lateinischen Sprache trat seit Thomasius zunehmend die deutsche[20]. Mit Beginn des 19. Jahrhunderts wurde die Jurisprudenz überwiegend nicht mehr „Rechtsgelehrsamkeit", sondern „Rechtswissenschaft" genannt[21]. Dahinter verbarg sich mehr als nur eine terminologische Angleichung an die sich etablierenden Natur- und Geisteswissenschaften. Gelehrt war jemand, der auf die Lehren der Alten hörte und sie nach den festen Methoden der Hohen Schulen wiederzugeben vermochte. Gegen Ende des 18. Jahrhunderts bestimmten aber zunehmend freie historische Forschung und progressive Publizistik das Bild der Wissenschaft. Freilich bietet die deutsche Jurisprudenz auch am Anfang des 19. Jahrhunderts nur wenige Beispiele einer reformerisch gesonnenen, „modernen" Rechtswissenschaft. Die Impulse gingen in der zweiten Hälfte des 18. Jahrhunderts vornehmlich von der westeuropäischen Aufklärung aus. Um keine Fehlinterpretation vermeintlich deutscher Antriebe zu ermöglichen und um zugleich den Umfang aufklärerischer Argumentationskunst anzudeuten, müssen deshalb zumindest die Werke der wichtigsten westeuropäischen Vorbilder für die deutsche Fachjurisprudenz gewürdigt werden: Montesquieu und Beccaria.

Da aber weder ein Beitrag zur Philosophiegeschichte noch zur Geschichte von Rechtsinstituten geleistet werden soll, werden wir allgemein in der Darstellung an den einzelnen Autor anknüpfen, sobald sich Art, Hintergrund und Ergiebigkeit einer Argumentationsform nicht aus wenigen Beispielen erschließen lassen. Die folgenden Studien sind deshalb fragmentarisch; die Ergebnisse können nur Hypothesen bieten und zu weiteren Überlegungen anregen.

---

[20] Vgl. *R. Jentzsch*, Der deutsch-lateinische Büchermarkt nach den Leipziger Ostermeßkatalogen von 1740, 1770 und 1800 in seiner Gliederung und Wandlung, 1912.

[21] Vgl. die Titel: *J. W. v. Tevenar*, Versuch über die Rechtsgelahrtheit, 1777, und *F. G. v. Savigny*, Vom Beruf unserer Zeit für Gesetzgebung und Rechtswissenschaft, 1814.

Erster Abschnitt

Der Neubeginn der deutschen Jurisprudenz am Anfang des 18. Jahrhunderts

I. Die topische Jurisprudenz bis zum Ausgang des 17. Jahrhunderts

1. Die mittelalterliche Wissenschaft kannte zwei Quellen der Erkenntnis, die sich wechselseitig zu ergänzen hatten: die Autorität eines kanonischen Textes und die Bewährung einer These vor der Vernunft. Ihnen entsprachen die beiden Unterrichtsformen der lectio und der disputatio[1]. Während der Magister in der lectio den kanonischen Text Punkt für Punkt besprach[2], glaubte man, im Wettkampf zwischen dem Opponenten und dem Respondenten in der disputatio die Wahrheit einer These rational befestigen zu können[3]. Die lectio diente daher stärker der Erläuterung zusammenhängender Aussagen, während in der disputatio einzelne Behauptungen geprüft wurden. Aber da die zugrunde gelegten Texte meist keine systematisch zusammenhängende Ordnung aufwiesen, wurden praktisch auch in der lectio einzelne Thesen aneinandergereiht erläutert. In beiden Unterrichtsformen konnten die untersuchten Probleme in ähnlicher Weise dargestellt werden: die polemische Methode ging in die Erläuterung des Textes und der Hinweis auf den Text in die Disputation ein.

2. Die polemische Methode war dem christlichen Gelehrtenunterricht schon im frühen Mittelalter nicht fremd[4]; zu einer regelrechten Kunst wurde sie aber erst durch die Wiederentdeckung der aristotelischen Topik am Anfang des 12. Jahrhunderts ausgebildet[5], also zu einer Zeit, als in Bologna die justinianischen Pandekten in den Mittelpunkt juristi-

---

[1] Vgl. *M. Grabmann*, Die Geschichte der scholastischen Methode, Bd. 2, 1911, S. 13 ff.; *F. Paulsen*, Geschichte des gelehrten Unterrichts auf den deutschen Schulen und Universitäten vom Ausgang des Mittelalters bis zur Gegenwart, Bd. 1, 3. Aufl. (1919) 1960, S. 37 ff.

[2] *Grabmann*, a.a.O., S. 13; *Paulsen*, a.a.O., S. 38.

[3] Vgl. *M. Grabmann*, Die Sophismataliteratur des 12. und 13. Jahrhunderts, 1940, S. 9 f.

[4] Vgl. *Grabmann*, Scholastische Methode, Bd. 2, S. 16 f., 219; ders., Sophismataliteratur, S. 5.

[5] *Grabmann*, Scholastische Methode, Bd. 2, S. 64 ff., S. 218; *C. Prantl*, Geschichte der Logik im Abendlande, Bd. 2, 1855, S. 106.

scher Studien rückten[6]. Die gleichzeitige Rezeption der aristotelischen Philosophie und des römischen Rechts macht es verständlich, warum die an der aristotelischen Philosophie ausgebildeten allgemeinen Lehrformen der entstehenden Universitäten auch die Methode des juristischen Unterrichts und der juristischen Literatur bestimmten[7]. Diese Lehrformen erlaubten jede besondere Frage nach allgemein anwendbaren Regeln zu behandeln. Die berühmten Merksprüche des mos italicus aus dem 16. Jahrhundert[8] zeugen von dem Wert, den man insbesondere in späterer Zeit auf die Einhaltung solcher allgemeiner Schemata legte[9].

3. Gab es solche Regeln für den gesamten Aufbau einer Abhandlung, so entwickelte der mos italicus auch Gesichtspunkte, die zur Auffindung von Argumenten an jedes einzelne Problem herangetragen werden konnten. Die Lehre von diesen Gesichtspunkten wird im technischen Sinn Topik genannt. Denn nach der historisch bestimmenden Definition Ciceros ist der Topos der „Sitz des Arguments"[10], der Ort, von dem aus Sachen entsprechend dem Grad ihrer Allgemeinheit betrachtet werden können[11]. Die Zahl solcher Topoi wurde bis ins 15. Jahrhundert hinein ständig erweitert. Im 16. Jahrhundert schließlich entstanden aus dem Bedürfnis, sie zu sichten und zu sammeln, die juristischen „Topiken"[12]. In ihnen wurden z. B. als Topoi genannt: definitio, descriptio, divisio, etymologia, genus, species, totus, partes, ordo[13]. *Johann Oldendorp* (1480—1567)[14] unterschied in seiner Topik äußere Gesichtspunkte, die zum Beweis von Tatsachen dienlich seien (loci externi), von solchen, die in jeder beliebigen juristischen Frage angewandt werden könnten (loci

---

[6] Vgl. *F. Wieacker*, Privatrechtsgeschichte der Neuzeit, 2. Aufl. 1967, S. 45 ff.; *P. Koschaker*, Europa und das römische Recht, 1947, S. 59 f.

[7] Vgl. *Wieacker*, a.a.O., S. 52 ff.; *Koschaker*, a.a.O., S. 60.

[8] Vgl. den Merkspruch:

Promitto scindo summo casumque figuro
Prolego do causas connoto objicio.

(zit. nach *Wieacker*, a.a.O., S. 68; *Paulsen*, a.a.O., Bd. 1, S. 38); vgl. ferner die Stationen des mos italicus nach Hieronymus Schürpf (zit. nach *R. Stintzing*, Geschichte der deutschen Rechtswissenschaft, Abt. 1, 1880, S. 107):

1. Continuatio ad praecedentia; 2. Textus parititio; 3. Summaria relatio; 4. Casus fictio; 5. Dubitandi ratio; 6. Decidendi ratio; 7. Rationes dubitandi confestatio; 8. Notabilium collectio. Dazu *Viehweg*, a.a.O., S. 45 ff.

[9] Vgl. *R. Stintzing*, a.a.O., S. 110; *Grabmann*, Scholastische Methode, Bd. 1, 1909, S. 36; *Wieacker*, a.a.O., S. 68.

[10] Vgl. *Cicero*, Topica II 8: „Itaque licet definire locum esse argumenti sedem ..."; Nikolaus Everardus von Middelburg, Loci argumentorum legales, ed. 1591, S. 1; *J. Oldendorp*, Topicorum legalium ... trad. 1555, S. 5; *Jo. a Reberteria*, Topicwn juris libri quatour, 2. Aufl. 1581, S. 2; dazu *Th. Viehweg*, Topik und Jurisprudenz, 3. Aufl. 1965, S. 12 ff.

[11] Vgl. *Cicero*, Topica II 6: Sed ex his locis in quibus argumenta inclusa sunt alii in eo ipso de quo agitur haerent, alii adsumuntur extrinsecam.

[12] Vgl. *Stintzing*, a.a.O., S. 117.

[13] Vgl. *Reberteria*, a.a.O., S. 2 ff.

[14] Zu *Oldendorp* vgl. *Erik Wolf*, Große Rechtsdenker, 4. Aufl. 1963, S. 138 ff.

interni)[15]. Zeugen, Eid, Offenkundigkeit, Geständnis und Folter zählte er zu den äußeren Beweisörtern[16], während Autorität und Präjudiz, Unmöglichkeit, Absurdität, Grund und Folge, Gattung und Art, Ganzes und Teile, Vergleiche, Beispiele etc. zu den inneren gehörten[17]. Um die Darlegung des Zusammenhanges oder des Gehaltes der einzelnen Topoi bemühte sich Oldendorp kaum; die Topoi dienten ihm vielmehr als Stichworte zur ansonsten ungegliederten Sammlung von Fallösungen aus dem gesamten Recht. Sie konnten offenbar nur eine Gedächtnisstütze bilden, wenn ein ungenau erinnerter Fall wiedergefunden werden sollte. Neue Gedanken wurden mit ihrer Hilfe, soweit ersichtlich, nicht entwickelt. Oldendorp erwartete, daß der Gerechtigkeitssinn des Richters im gegebenen Fall schon die richtige Entscheidung finden werde[18]. Nötig sei stets der dauernde Wille, jedem das Seine zukommen zu lassen, wenn man anhand der Topoi zu gerechten Ergebnissen gelangen wolle[19].

4. Legten schon die Topiken des 16. Jahrhunderts den Schluß nahe, daß die Topoi entgegen ihrer theoretischen Bestimmung „wenig fruchtbar für die Entwicklung der Wissenschaft“[20] waren, so verstärkt sich dieser Eindruck bei der Lektüre einiger Lehrbücher aus dem 17. Jahrhundert, deren Abschnitte nach der sogenannten ramistischen Methode gegliedert wurden.

a) Der französische Humanist *Petrus Ramus* (Pierre de la Ramée, 1515—1572)[21] hatte im 16. Jahrhundert die aristotelische Logik bekämpft und die Beachtung der „natürlichen“ Dialektik verlangt[22]. Statt der scholastischen Figuren sollte man die Sachen selbst sprechen lassen[23]. Ramus reduzierte indes nur die Zahl der Topoi und suchte sie entsprechend dem logischen Aufbau einer Rede zu ordnen. Seine natürliche Dialektik ruhte noch auf der ciceronianischen Unterscheidung von ars inveniendi und ars judicandi[24], und so führte er mit den Topoi der

[15] Vgl. *Oldendorp*, a.a.O., S. 25, 55.
[16] Vgl. *Oldendorp*, a.a.O., S. 25 ff.
[17] Vgl. *Oldendorp*, a.a.O., S. 53 ff.
[18] Vgl. *Oldendorp*, a.a.O., S. 22: „Ex his locis recte colligi non potest, nisi per artem et arbitratum boni viri.“ dazu *E. Wolf*, Große Rechtsdenker S. 165, 170; zur kritischen Haltung Oldendorps gegenüber dem mos italicus, vgl. *Wolf*, a.a.O., S. 172.
[19] Vgl. *Oldendorp*, a.a.O., S. 22.
[20] *R. Stintzing*, a.a.O., S. 121.
[21] Vgl. *Ch. Waddington*, Ramus, sa vie, ses écrits et ses opinions, 1855, S. 199 ff.; *Stintzing*, a.a.O., S. 145 ff.
[22] Vgl. *K. Vorländer*, Geschichte der Philosophie Bd. 2, 9. Aufl., 1955, S. 70 f.
[23] Vgl. *W. Windelband*, Lehrbuch der Geschichte der Philosophie, 15. Aufl., hg. v. H. Heimsoeth, 1957, S. 308 f.; *Stintzing*, a.a.O., S. 148.
[24] *P. Ramus*, Dialecticae libri duo, 1579, S. 13: „Dialecticae partes duae sunt, inventio et judicium.“ Vgl. dazu *C. Prantl*, Über Petrus Ramus, Sitzungsberichte der Bayerischen Akademie der Wissenschaften, Phil.-hist. Klasse, 1878, S. 166.

quatuor causae, von genus und species, definitio und etymologia einen dem alten Schema eng verwandten neuen Formalismus der inventio ein[25].

b) Die ramistische Methode behielt in der deutschen Jurisprudenz bis ans Ende des 17. Jahrhunderts einen nicht unbeträchtlichen Einfluß[26]. Einer der bedeutensten Juristen der Zeit, *Wolfgang Adam Lauterbach* (1618—1678)[27], folgte ihr z. B. in seinem weit verbreiteten Lehrbuch des gesamten Zivilrechts, dem „Compendium juris"[28]. Das bis zum Jahre 1744 immer neu aufgelegte Werk[29] wurde Vorlesungen wie Urteilen zugrunde gelegt. Bis weit ins 18. Jahrhundert hinein bildete es so ein „unentbehrliches Inventarstück jeder juristischen Büchersammlung"[30]. Als Beispiel für seine Methode sei der Aufbau des Titels über den Schiedsrichter herausgegriffen; er gliederte sich in folgende Stationen[31]:

1. Definitio (Bestimmung des Themas, dazu divisio)
2. Causa efficiens (Entstehungsgrund des Schiedsrichteramtes: der Schiedsrichtervertrag)
3. Subjectum (Beteiligte Personen und subjektive Voraussetzungen des Vertragsschlusses)
4. Objectum (Gegenstand der Schiedsrichtertätigkeit)
5. Finis (Ziel dieser Tätigkeit)
6. Quomodo (Mittel dazu, Prozessuales)
7. Effectus (Geltungskraft des Schiedsspruches)
8. Contraria (Ende des Schiedsrichteramtes).

Diese Stationen der Untersuchung deuteten am Rand des Textes Initialen an, die das Vorwort aufschlüsselte. Die Topoi, die Lauterbach verwandte, lassen die gedankliche Anstrengung erkennen, eine systematisch gegliederte und deshalb umfassende Darstellung zu bieten. In ihrer Reduktion drückten sie das Bemühen um eine begriffliche Disziplinierung und Konzentration aus. Aber sie verhinderten nicht nur, daß einzelne allgemeine Probleme, z. B. die subjektiven Voraussetzungen eines Vertragsschlusses, in einem allgemeinen Teil erörtert wurden, sie erlaubten es vor allem nicht, die Aufbauprinzipien aus dem untersuchten Problemzusammenhang zu gewinnen.

c) Daß die ramistische Topik deshalb nicht ohne Grund von späteren Generationen als pedantischer Schematismus verachtet wurde, macht

[25] Vgl. *Windelband-Heimsoeth*, a.a.O., S. 309; *Stintzing*, a.a.O., S. 149.

[26] *Stintzing*, a.a.O., S. 149; *R. Stintzing* und *E. Landsberg*, Geschichte der deutschen Rechtswissenschaft, Abt. 2, 1884 S. 24; *F. Schaffstein*, Beitr. zur Strafrechtsentwicklung von der Karolina bis Carpzov, GS 101, (1932), S. 40 f.

[27] *Eisenhart*, ADB 18 (1883), S. 75 ff.

[28] Zuerst 1679, benutzte 5. Aufl. 1694, hg. v. J. J. Schütz.

[29] Unter dem Titel: Compendium juris pandectarum, 8. Aufl., 1744.

[30] *Eisenhart*, a.a.O., S. 76.

[31] Vgl. *Lauterbach*, a.a.O., Lib. 4, Tit. 8.

Discursus de Cambiis absolvitur conspectu

- Universali vel
  - Nominis, ubi explicatur
    - Etymologia
    - Homonymia
    - Synonymia
    - → Cap. 1
  - Rei, ubi
    - Definitio — Cap. 2
    - Divisio — Cap. 3
    - → per tot
- Particulari, quo sistitur
  - Quaestio praejudicialis, tot Cap. 4
  - Causa est vel
    - Externa est vel
      - Efficiens est vel
        - Remota
        - Propinqua
      - Finis est vel
        - Primarius
        - Secundarius
      - → Cap. 5
    - Interna est vel
      - Materia est vel
        - In qua, ubi de subjecto
        - circa quam, ubi de objecto
        - → Cap. 6
      - Forma est vel
        - Essentialis
        - Accidentalis
        - → Cap. 6
  - Effectus, per tot Cap. 7
  - Coronis, unam atque alteram quaestionem, hanc circiter materiam non ignobilem exhibens Cap. 8

die Gliederung einer Dissertation über die „schwierigsten Fragen aus dem Wechselrecht" verständlich, die der nicht minder bedeutende Jurist *Georg Adam Struve* (1619—1692)[32] im Jahre 1662 veröffentlichte[33]. Im Praeloquium stellte Struve den Aufbau seiner Arbeit in einer Tabelle vor, wie sie nebenstehend wiedergegeben ist.

Auch in diesem Aufriß wird das Bemühen um eine strenge, umfassende Systematik spürbar, aber zwischen den topischen Stationen und dem untersuchten Gegenstand besteht gleichfalls kein aus der Sache erklärbarer Zusammenhang. Warum schwierige Fragen des Wechselrechts durch Etymologie, durch die Causa interna formalis accidentalis der Lösung näher gebracht werden können, ist von Struve nicht vorbedacht worden, er wählte ein Aufbauschema, das seine Rechtfertigung in allgemeiner Spekulation erfuhr und das deshalb bei jedem Thema in gleicher Weise angewandt werden konnte.

5. Die historische Deutung, die *Theodor Viehweg* der juristischen Topik gegeben hat[34], bedarf deshalb einer doppelten Klärung. Topoikataloge für bestimmte Problembereiche mit einem nennenswerten historischen Einfluß scheint es nicht gegeben zu haben[35]. Die Geschichte der Topik wird vielmehr durch eine allmähliche, systematisierende Reduktion allgemein anwendbarer Topoi gekennzeichnet. Schon die juristischen Topiken des 16. Jahrhunderts entstanden aus dem Bedürfnis einer sichtenden Sammlung allgemeiner Gesichtspunkte. Petrus Ramus schränkte sie aus dem Bemühen um Sachlichkeit nach seinem Verständnis der natürlichen Dialektik weiter ein. Mit dem Ruf „zu den Sachen" wurden auch seine Topoi zu Beginn des 18. Jahrhunderts aus juristischen Erörterungen in Deutschland verbannt. Nur *ein* Topos von praktischer Relevanz blieb zunächst erhalten: „die Sache selbst" oder die „Natur der Sache". Die moderne Rechtswissenschaft entstand daher wohl unter Umgestaltung der Topoikataloge zu einem deduktiven System, aber nicht, wie Viehweg vermutete[36], durch diese Umgestaltung.

---

[32] Vgl. *Eisenhart,* ADB 36, S. 677 ff.

[33] De spinosissima difficillimaque cambiorum materia, in: *J. M. G. Beseke,* Thesaurus juris cambialis, 1783, S. 1225 ff.

[34] Vgl. *Viehweg,* Topik und Jurisprudenz, S. 26 u. ö.

[35] *Viehweg,* a.a.O., ist offenbar durch die historische Mehrdeutigkeit des Wortes locus zur Annahme spezieller Topoikataloge veranlaßt worden. An der von ihm zum Beweis herangezogenen Stelle, — *Stintzing,* a.a.O., S. 114 ff. (vgl. *Viehweg,* a.a.O., S. 19) — ist von den sog. loci ordinarii die Rede. Als loci ordinarii wurden die für einen bestimmten Fragenbereich besonders ergiebigen Textstellen im Corpus Juris Civilis bezeichnet, an denen normalerweise das betreffende Rechtsgebiet erörtert wurde. Nur insofern waren die loci ordinarii „für ein bestimmtes Fach approbiert" (*Viehweg,* a.a.O., S. 19). Von ihnen konnte aber begreiflicherweise kein Katalog spezieller Topoi aufgestellt werden. Topoikataloge bildeten nur die sogenannten loci communes (vgl. *Stintzing,* a.a.O.).

[36] Vgl. *Viehweg,* a.a.O., S. 26.

II. Leitbegriffe der deutschen Jurisprudenz des 18. Jahrhunderts — Gesunde Vernunft und Natur der Sache —

1. Schon Georg Adam Struve ließ die ramistischen Topoi in seinen reifen und überaus einflußreichen Werken so im Textzusammenhang aufgehen, daß man seinen „fließenden" und „klaren" Erörterungen eine „unbefangene Erkenntnis der Wirklichkeit" nachrühmen konnte[1]. *Christian Thomasius* feierte ihn deshalb als den ersten Juristen, der sich von der „ramistischen Pedanterie" befreite[2]. Thomasius selbst betrachtete die ramistische Topik, insbesondere ihre Neigung zu Dichotomien als „unnütz" und „lächerlich"[3/4]. Nach ihm läßt sich in den juristischen Schriften des 18. Jahrhunderts die ramistische oder eine ähnliche, an die aristotelische Ontologie anknüpfende Topik nicht mehr feststellen. Denn mit Thomasius vollzog sich ein Wandel der Autoritätsvorstellung und damit eine Änderung der rationalen Argumentationsform, die keinen Raum mehr für Topoikataloge ließ.

Entsprechend seinem bekannten Kampf gegen das „praejudicum autoritatis"[5] wollte Thomasius von den Lehren der Alten nichts übernehmen, was nicht die Probe vor seinem eigenen Urteil bestand. Statt an die Autorität eines Textes appellierte er an die „einem jeden ... eingepflanzte Vernunfft"[6]. Ohne die gesunde Vernunft könne das „praejudicium autoritatis humanae ... nimmermehr in einem mercklichen Grad" ausgerottet werden[7]. An der gesunden Vernunft mußte sich daher jeder Rechtssatz messen lassen. Aus ihr, aus dem „sensus communis", entwickelte er sein Naturrecht[8]; nichts wollte er darin einräumen oder

---

[1] *Eisenhart*, ADB 36, S. 681; vgl. *G. A. Struve*, Jurisprudentia Romano-Germanica forensis, 5. Aufl. 1685, passim.

[2] Vgl. *Stintzing - Landsberg*, a.a.O., S. 155. Thomasius wußte aber das historische Verdienst des Petrus Ramus wohl zu ermessen, vgl. seine Schrift „Welcher Gestalt man denen Frantzosen in gemeinem Leben und Wandel nachahmen sollte?" (1687), in: Christian Thomasius, Kleine deutsche Schriften, hrsg. v. J. O. Opel, 1894, S. 92 f.

[3/4] *Chr. Thomasius*, Cautelae circa praecognita jurisprudentiae, 1710, Cap. 10, §§ 16 ff., 22 ff.; § 22: „Ad has merito referuntur dichotomiae superstitiose affectatae quibus post Ramistas autor instructorii ubique utitur. Non merentur eae, ut tanquam arcana sapientiae juvenibus sub fide jurata instar thesauri custodienda carissime vendantur, cum dichotomiarum fabricatio sit res maxime inutilis, et si superstitio accedat, ridicula, ac si parum solertis ingenii, non difficulter res confusissimas per dichotomias continuas secernere posses." Vgl. *J. H. Böhmer*, Succincta manuductio ad methodum disputandi, 1703, S. 127 f.: „Quid magis ridiculum esse potest, quam dicere, causam efficientem furti esse jus Gentium et Civile, item furti manifesti causam efficientem esse Praetorem? Et tamen Lauterbachius ..."

[5] Vgl. *H.-G. Gadamer*, Wahrheit und Methode, 2. Aufl. 1965, S. 256 f. *E. Wolf*, a.a.O., S. 376.

[6] *Chr. Thomasius*, Einleitung zu der Vernunfft-Lehre, 4. Aufl. 1711, S. 5.

[7] *Thomasius*, a.a.O., S. 5.

[8] Vgl. den Titel des naturrechtlichen Hauptwerkes von Chr. Thomasius: Fundamenta juris naturae et gentium ex sensu communi deducta ..., 4. Aufl. 1718.

bestreiten, was nicht auch durch den gemeinen Menschenverstand von jedem nicht ganz in Vorurteilen versunkenen Menschen begriffen werden könne[9]. Statt auf die Glosse berief sich Thomasius auf das „Unstreitig-Wahre", „von dessen Übereinstimmung ein jeder erwachsener Mensch, mit dem wir umgehen, nebst uns innerlich vergewissert ist, wenn wir ihm nur unsere Gedancken durch deutliche Worte haben zu erkennen gegeben"[10]. Gegenüber allen fremden, überlieferten Meinungen war die gesunde Vernunft kritisch, nur sie selbst schien allem Zweifel überhoben[11].

2. Die gesunde Vernunft blieb in Deutschland die Autorität jedes naturrechtlich orientierten, praktischen Juristen bis ans Ende des 18. Jahrhunderts; auf sie bezog man sich in der Geschichte der Kodifikationsbestrebungen wie in Naturrechtslehrbüchern und fachlichen Abhandlungen. Schon Leibniz empfahl in einem anonymen Gutachten zur geplanten preußischen Justizreform im Jahre 1700, nach einer Sammlung des geltenden Rechts solle „dasjenige, so der gesunden Vernunft, der Unterthan Wohlfahrt und Aufnahme und der Gelegenheit eines jeden Ortes am meisten gemäß erwählet und festgestellet werden ..."[12]. Von der Kabinettsordre Friedrich Wilhelms I. vom 18. 6. 1714[13] bis hin zu den Kronprinzenvorträgen von Carl Gottlieb Svarez[14] galt die gesunde oder natürliche Vernunft als jene Größe, an der sich das positive Recht zu messen hatte. In Österreich wurde sogar im Jahre 1753 erwogen, das gesamte neue Recht allein aus der gesunden Vernunft abzuleiten[15]. Konsequenterweise bezweifelte man im Namen der gesunden Vernunft nicht nur die Erklärungen der Glosse und die Lehre der Alten, sondern auch die neuen Naturrechtslehrbücher. Im Jahre 1777 schrieb z. B. der Präsident der preußischen Landesregierung zu Magdeburg, *Johann Wilhelm von Tevenar* (1723—1797), wenige Lehrbücher des

[9] Vgl. *Thomasius*, Fundamenta, Caput prooemiale § 22: „Fiet autem id aliquo modo, si quantum fieri potest, abstrahatur ob omnibus terminis Logicis et Metaphysicis, & res ipsa verbis maxime perspicuis proponatur, & talibus, qui communiter intelligi possint a quovis, qui saltem vel sonum vel brevem eorum descriptionem audierit; tum, si nihil asseratur aut negetur, nisi quod tale esse percipi possit sensu communi, e quovis homine praejudiciis non plane immerso. (Anm.:) Hinc in titulo mentio facta sensu communi ..."

[10] *Chr. Thomasius*, Vernunfftlehre, S. 58.

[11] Vgl. *H. M. Wolff*, Die Weltanschauung der deutschen Aufklärung in geschichtlicher Entwicklung, 1949, S. 30 f.

[12] (Leibniz) Gutachten vom Mai 1700; Autorschaft, Datum und Zitat nach *A. Trendelenburg*, Leibnizens Anregung zu einer Justizreform, in: Kleine Schriften, Bd. 1, 1871, S. 241 ff.

[13] Acta Borrussica, Die Behördenorganisation und die allgemeine Staatsverwaltung Preußens im 18. Jahrhundert, Bd. 1, 1894, S. 738 f.

[14] *Svarez*, Vorträge über Recht und Staat, hg. v. H. Conrad und G. Kleinheyer, 1960, S. 219; vgl. die Kabinettsordre Friedrichs II. vom 12. 1. 1746, in: Acta Borrussica, Behördenorganisation, Bd. 7, S. 4 f.

[15] Vgl. *M. Wellspacher*, Das Naturrecht und das ABGB, in: Festschrift zur Jahrhundertfeier des ABGB, 1. Teil, 1911, S. 175.

Naturrechts bestünden „die Probe eines allgemeinen Naturrechts" und ließen sich „als Aussprüche der gesunden Vernunft" anerkennen[16]. Sein eigenes System mußte freilich jedem einleuchten, „dem es nicht an gesundem Verstand und Weltkenntnis fehlt"[17].

3. Mit der Autorität wandelte sich auch die rationale Argumentationsform. An die Stelle der alten Topoi trat ein neuer: die Natur der Sache. Der im 18. Jahrhundert überaus einflußreiche Hallesche Rechtsgelehrte aus dem Kreis des Christian Thomasius, *Justus Henning Böhmer* (1674—1749)[18], verwarf die bisherige Topik nicht, weil er sie spekulativ widerlegte, sondern weil er sie zur Erörterung juristischer Probleme nicht für geeignet hielt[19]. Dunkel sei der Sinn der Topoi und stets erklärungsbedürftig. Die juristische Doktrin verfüge aber über eigene Begriffe, die der Natur der Sache entsprächen: „quid igitur necesse est, alienos immiscere terminos, cum habeamus proprios, ex intima arte juris desumtos?[20]" Einmal mehr erscholl der Ruf „zu den Sachen". „Bloß auff die Sache selbst" wollte Thomasius seine Leser hinführen[21]. Die Vernunft war für ihn überhaupt „das Thun oder Leiden der Seelen, sofern dieselbe das Wesen oder die Beschaffenheit der Dinge betrachte oder erkenne"[22]. Von allen logischen und metaphysischen Ausdrücken, also den Topoi, wollte Thomasius in seinem Naturrecht absehen, um nur die Sache selbst mit äußerst klaren Worten darzulegen[23]. Ebenso suchte sein Schüler *Ephraim Gerhard* (1682—1718) in seinem Naturrecht alle Kontroversen beiseite zu lassen und die allgemeinen Regeln nur auf die „Natur der Sache" zu stützen[24].

Gesunde Vernunft und Natur der Sache ergänzten sich wie früher kanonischer Text und Topoikataloge. Denn „wer ... über das Wesen und die Natur der Dinge anders denkt, als sie an sich selbst sind, der weicht von der gesunden Vernunft ab und folget dem Wege der Torheit[25]."

---

[16] *J. W. von Tevenar*, Versuch über die Rechtsgelahrtheit, 1777, S. 8.

[17] *von Tevenar*, a.a.O., S. 12.

[18] Zur Person vgl. *Dove*, ADB 3, S. 79; *H. Liermann*, NDB 2, S. 392, zu seinem Wirken *Landsberg*, Geschichte der deutschen Rechtswissenschaft, 3. Abt., 1. Halbbd., 1898, S. 145 ff. *G. Schubart-Fikentscher*, HdRG Sp. 484 (1965).

[19] *J. H. Böhmer*, Succincta manuductio ad methodum disputandi ..., 1703, S. 127. Von spekulativen Erörterungen hielt Böhmer wenig, vgl. seine Doctrina de actionibus, 3. Aufl. 1725 Sect. I. Cap. I. § 1, Anm. 1a.

[20] *Böhmer*, Succincta manuductio, aa..O.

[21] Vgl. *Thomasius*, Vernunfftlehre, S. 67.

[22] *Thomasius*, a.a.O., S. 35; vgl. S. 42 ff.

[23] Vgl. *Thomasius*, Fundamenta juris naturae et gentium, Cap. Prooemiale § 22, vgl. oben S. 25 Anm. 9.

[24] Vgl. *E. Gerhard*, Delineatio juris naturalis, 1712, praefatio S. III: „Facilitas ... suggessit methodum, quae ingeniis citra ambages contendentibus conveniens visa fuit. Petii illam, quod generalia spectant, ex rei natura ..."

[25] *C. A. von Martini*, Sechs Übungen über das Naturrecht, 1783, S. 175.

4. In ihrer Gegnerschaft gegen die bisherige, autoritätsgebundene Rationalität enthielten die Prinzipien der „gesunden Vernunft" und der „Natur der Sache" neue, in die Zukunft weisende Postulate: die ‚Gemeinheit' der Vernunft und die Ausweisbedürftigkeit jeder Aussage an einer allgemein einsehbaren Sache. Keine Person galt vor der gesunden Vernunft durch Herkunft, Alter, Amt oder Belesenheit als ausgezeichnet, niemand schien mehr in besonderer Weise dazu geeignet, hinter die Dinge zu sehen und aus sich heraus die Wahrheit zu verkünden: alle Menschen waren prinzipiell in gleicher Weise fähig, sie zu erkennen[26]. Einige Ansätze bei Thomasius deuteten sogar die Möglichkeit einer Formalisierung der Vernunft zu einem bloß kritischen Erkenntnisvermögen an. Thomasius war überzeugt, daß die Wahrheit theologischer Dogmen nicht eindeutig intersubjektiv eingesehen werden könne. Die Heilige Schrift habe gerade die Weisheit des Verstandes als eine Erkenntnis von der Welt zuschanden werden lassen und gedenke der Tugenden, die „das Hertz rühren und aus der Liebe her fließen und zur Liebe führen"[27]. Der Grund des Glaubens lag für ihn deshalb beschlossen in der „Liebe Gottes und des Nächsten" und in der „Verachtung sein selbst"[28].

Aber die gesunde Vernunft war gemeinhin im 18. Jahrhundert nicht von der „Verachtung sein selbst" erfüllt. Aus ihr glaubten viele, ein ganzes Lehrgebäude des Naturrechts, ja des gesamten Rechts, entwickeln zu können. Dies zeigte sich besonders an der beteuernden Verwendung der Formel von der Natur der Sache. Auch mit ihr konnte sich die Forderung verbinden, die einzelnen Phänomene genau zu beobachten und erschöpfend zu sammeln, weil sie in ihrer Eigengesetzlichkeit zu achten seien. Mit Christian Thomasius schien daher auch in der Jurisprudenz das historische Interesse erwacht[29]. Charakteristisch für die Formel blieb indes das Bemühen um die Sache selbst, ihre Natur. Thomasius suchte nach dem „Wesen" der Dinge[30], nach dem „Wesen" des Vertrages[31]. Damit blieb die Frage nach der Substanz einer jeden Sache die Grundlage der rationalen Argumentation. Wie die Autorität auf alle

[26] Vgl. *Thomasius*, Vernunfftlehre, S. 166, 203.

[27] *Chr. Thomasius*, Erörterung der juristischen Frage: Ob Ketzerey ein strafbares Verbrechen sey? (= An haeresis sit crimen? Diss. vom 14. 7. 1697), in: ders., Auserlesene und in Deutsch noch nie gedruckte Schrifften, 1705, S. 257.

[28] *Thomasius*, a.a.O., S. 234.

[29] Vgl. *Wieacker*, a.a.O., S. 317; *E. Wolf*, a.a.O., S. 411 f.; *Chr. Thomasius*, Delineatio historiae juris Romani et Germanici; recensuit opusculum R. Chr. Henne, 1750; *J. H. Böhmer*, Doctrina de actionibus, Praefatio primae editionis.

[30] *Thomasius*, Vernunfftlehre, S. 42 ff.

[31] *Chr. Thomasius*, Institutionum Jurisprudentiae Divinae Libri tres, 7. Aufl. 1730, Lib. 3, Cap. 2 §§ 98—102; § 98: „Porro cum pacta, quibus societatem aliquam inimus, nullam aliam essentiam ex natura rei habeant, quam quae dependet a fine societatis, ..."

Menschen mit dem Prinzip der gesunden Vernunft verlagert war, so schien bei jedem untersuchten Gegenstand die Frage nach seiner Natur sinnvoll. Nicht nur die Autorität, auch die Substanz war damit vereinzelt. In die theoretischen Untersuchungen der Juristen konnten deshalb keine unterschiedenen Topoi mehr Eingang finden, die für jede Sache als seiender Sache anwendbar waren. Der eine Topos löste sie alle ab: das Wesen oder die Natur der Sache.

Aus dem Fortleben des Substanzdenkens in den Prinzipien der gesunden Vernunft und der Natur der Sache wird das rasche Erlahmen des reformerischen Geistes verständlich, der mit Christian Thomasius zum ersten Mal in Deutschland eine weithin vernehmbare Stimme gefunden hatte. Die gesunde Vernunft von jedermann fand in sich nur vor, was sie ohnehin schon immer dachte, und wenn Probleme auftauchten, die von den herrschenden Auffassungen her nicht zu lösen waren, gab die Natur der Sache keine eindeutige, allgemein nachvollziehbare Antwort.

III. Die tradierte Form von Gutachten und Entscheidungsgründen in der Spruchpraxis der Juristenfakultäten

1. In der praktischen Rechtspflege zeigte sich vielleicht am greifbarsten das Fortwirken der scholastischen Tradition in den Formen, in denen Gutachten und Urteilsbegründungen abgefaßt wurden. Wenn sich der Rechtsgelehrte im 18. Jahrhundert dabei überhaupt an eine Regel band, folgte er noch bis ans Ende des Jahrhunderts dem sog. „alten Fakultätsbrauch"[1]. Das Prinzip dieses Fakultätsbrauches könnte am treffendsten als dichotomische Kumulation bezeichnet werden. Gutachten und Urteilsgründe gliederten sich danach in zwei, gelegentlich in drei Teile. Im ersten wurden die Argumente aufgezählt, die gegen die vorgeschlagene oder getroffene Entscheidung sprachen (rationes dubitandi); im zweiten Abschnitt folgten die tragenden Entscheidungsgründe (rationes decidendi); schließlich wurden, falls erforderlich, in einem dritten Teil die Zweifelsgründe nacheinander widerlegt (responsio ad rationes dubitandi). Den Rahmen dieser drei Teile bildete beim Urteil der Entscheidungstenor (sententia), während das Gutachten durch die gestellte Rechtsfrage (quaestio) eingeleitet und durch den Entscheidungsvorschlag (decisio) beendet wurde. Nach diesem Fakultätsbrauch richtete sich z. B. noch der berühmte, im ganzen Reich um Rat angegangene Göttinger Staatsrechtler *Johann Stephan Pütter* (1725—1807)[2].

---

[1] Vgl. *R. Brinkmann*, Über die richterlichen Urteilsgründe, 1826, S. 118 f.; *E. Döhring*, Geschichte der deutschen Rechtspflege seit 1500, 1953, S. 201 ff.

[2] Vgl. *J. St. Pütter*, Auserlesene Rechtsfälle aus allen Theilen der in Teutschland üblichen Rechtsgelehrsamkeit, Bd. 1—3 in 10 Theilen, 1760—

Da die Zweifels- und Entscheidungsgründe nur in Reihen einander gegenübergestellt wurden und man sie ohne feststehende Topoi fand, ähnelte der Fakultätsbrauch jener Form, die Viehweg als Topik erster Stufe beschrieben hat[3]. Für und Wider wurden je gesondert gegeneinander abgewogen; auf keiner Seite wurden die Argumente untereinander gedanklich verbunden. Die fortlaufende Numerierung der Gründe bildete den maßgebenden Ordnungsfaktor. Name und Form des Fakultätsbrauches lassen ahnen, daß er auf die mittelalterliche Unterrichtsform zurückging, die in ähnlicher Weise zwei Meinungen gegeneinander abwog: die Disputation.

2. Wurden die Urteile bis ins späte Mittelalter oft nicht einmal in ihrem Tenor schriftlich abgesetzt[4], so waren sich die Gerichte noch lange Zeit ihrer eigenen Autorität und Fähigkeit bewußt, die Gerechtigkeit aus sich heraus zu finden: Gründe der Entscheidungen wurden nicht niedergelegt[5]. Die schriftliche Begründung von Entscheidungen entwickelte sich zunächst aus den innergerichtlichen Bedürfnissen um Raterteilung während der Zeit der Rezeption des römischen Rechts. Durch einzelne Rechtsgelehrte wurden ‚Konzilien' und ‚Dezisionen' vorgelegt, und darin wurden schon früh die Zweiteilung der Gründe und die Häufung der Argumente beobachtet[6].

In der mittelalterlichen Disputation standen sich Für und Wider einer These im Respondenten und Opponenten institutionell gegenüber[7]. In ihr hatte das scholastische Denken die Form gefunden, in der ein bestimmtes Problem einer Entscheidung zugeführt werden konnte[8]. Noch *Justus Henning Böhmer* hielt die Methode des Disserierens einzelner Thesen nach der Disputationstechnik für sehr eingängig (facillima) und natürlich (naturalissima)[9]. Er beschrieb diese Technik als Erörterung eines Problems „per rationes dubitandi et decidendi, adjuncta succincta et solida responsione ad contraria"[10]; ausdrücklich hob Böhmer die Ähnlichkeit dieser Technik mit dem Gutachterstil hervor[11]. Schon im 16.

1778; vgl. daraus z. B.: I, 1 S. 90; I, 2 S. 277; I, 3 S. 318; I, 4 S. 838; II, 1 S. 195; II, 3 S. 578, 604, 618, 625, 648 u. ö. vgl. aus Pütters späterer Zeit sein Gutachten in Sachen Weidmannsche Buchhandlung gegen Göschen, St. u. U.B. Göttingen Cod Jurid. 147 a, Januar 1794/18.

[3] Vgl. *Viehweg*, a.a.O., S. 16 ff.

[4] Vgl. *A. Stölzel*, Die Entwicklung des gelehrten Richterthums in deutschen Territorien, Bd. 1, 1872, S. 177 ff.

[5] Vgl. *Stölzel*, a.a.O., S. 512; *G. Kisch*, Leipziger Schöffenspruchsammlung, 1919, S. 20.

[6] Vgl. *Tiberius Decianus*, Responsa ..., 1.—4. Bd., 1549—1596, passim, z. B. Bd. 1, S. 24 ff.

[7] Vgl. *Grabmann*, Sophismataliteratur, S. 5; *F. Überweg*, Grundriß der Geschichte der Philosophie, 2. Teil, 12. Aufl. 1951, S. 354.

[8] Vgl. *Grabmann*, a.a.O., S. 9 f.

[9] *J. H. Böhmer*, Succincta manuductio ad methodum disputandi, 1703, S. 107.

[10] *Böhmer*, a.a.O., S. 107.

[11] Vgl. *Böhmer*, a.a.O., S. 107.

Jahrhundert begegnete in den oben wiedergegebenen Stationen des mos italicus die Dichotomie von ratio dubitandi und ratio decidendi[12]. In der Übertragung der Disputationstechnik auf die Form von Gutachten und Urteilsbegründungen zeigt sich daher erneut die enge Verknüpfung von Theorie und Praxis, die den mos italicus insgesamt kennzeichnete[13].

3. Mit dem Wandel des Wahrheitskriteriums vom aristotelischen consensus omnium zum common sense (Descartes)[14] wurde der Disputation die gedankliche Grundlage entzogen. Nicht mehr im Streitgespräch war die Wahrheit durch Aufdeckung des consensus omnium zu finden; nun mußte es genügen, den Spruch der gesunden Vernunft in sich allein zu vernehmen[15]. Im Laufe des 18. Jahrhunderts geriet die Disputation als amtliche Lehrveranstaltung der Universität daher außer Übung[16]. Nur der Richter sollte sich weiterhin der Waage bedienen[17], denn in der gesunden Vernunft des Rechtsgelehrten standen sich nach wie vor Für und Wider einer These unvermittelt gegenüber. Die dichotomische Kumulationsmethode erhielt sich deshalb in der Form der Gutachten und Urteilsbegründungen über den Umbruch der Autoritätsvorstellung am Anfang des 18. Jahrhunderts hinaus.

IV. Methodische Prinzipien der gemeinrechtlichen Dogmatik

Während die Formen, in denen sich die praktische juristische Arbeit vollzog, sich am Anfang des 18. Jahrhunderts kaum wandelten, erhielt die Rechtsdoktrin im Zeichen der neuen Sachlichkeit ein verändertes Gesicht. Vornehmlich im Anschluß an *Justus Henning Böhmer* entwikkelte sich eine tatbestandsumschreibende Dogmatik, in der die Anfänge einer analytisch-konstruktiven Jurisprudenz erblickt werden können.

1. Als neue Methode, das römische Recht zu erläutern, pries Böhmer das Verfahren „per requisita". Die Erörterung jedes besonderen Rechtsgebietes leite er mit einer allgemeinen Definition ein, in der er alle Teile (requisita) des betreffenden Geschäfts aufführe[1]. Jedes Geschäft

[12] Vgl. *Stintzing*, Geschichte der deutschen Rechtswissenschaft, Abt. 1, S. 107; vgl. oben S. 19 Anm. 8.

[13] Vgl. *Stintzing*, a.a.O., S. 523.

[14] Vgl. *K. Oehler*, Der consensus omnium als Kriterium der Wahrheit in der antiken Philosophie und Patristik, in: Antike und Abendland, Bd. 10, 1961, S. 105 f.

[15] Vgl. *Oehler*, a.a.O., S. 125 f.

[16] Vgl. *Paulsen*, a.a.O., Bd. I S. 39 f., 271 f., 600 f.

[17] Vgl. *J. W. von Tevenar*, Anmerkungen über die Kunst zu referieren, 1772, S. 13 f., 28.

[1] *J. H. Böhmer*, Introductio in Jus Digestorum, 3. Aufl., 1723, Praefatio primae editionis, S. IX: „... hac ratione singulas materias explicui, ut, praemissa generali definitione, tanquam complexu omnium eorum, quae postea per requisita, ex definitione deducta, speciatim declarantur,

zerfalle nämlich seiner Natur nach in bestimmte Teile, denen besondere rechtliche Regeln zugeordnet seien. Da jeder Teil einen Grundsatz enthalte, aus dem die übrigen Vorschriften abgeleitet werden könnten, werde daher jedes besondere Rechtsgebiet am prägnantesten in einer Definition des betreffenden Geschäfts zusammengefaßt[2]. Seine Methode, die einzelnen Rechtssätze nach der „natura negotii" zu ordnen und in einer Definition des Geschäfts zusammenzufassen, setzte sich allmählich durch. Nach der neuen Methode, die Natur (natura) oder Eigenart (indoles) eines Geschäfts zu analysieren, wurde z. B. das Wechselrecht von Johann Christoph Franck im Jahre 1721 bearbeitet[3]. Insbesondere im Strafrecht entstanden dank dieser Technik „per requisita" eine Reihe von ‚Kurzlehrbüchern', die sich, gemessen an der Zahl ihrer Auflage, großer Beliebtheit im 18. Jahrhundert erfreuten.

2. Der älteste Sohn von Justus Henning Böhmer, der große Strafrechtsdogmatiker *Johann Samuel Friedrich v. Böhmer* (1704—1772)[4], eröffnete im Jahre 1732 mit seinen „Elementa jurisprudentiae criminalis"[5] die Reihe der nach der neuen Methode verfaßten Grundrisse des peinlichen Rechts. In den „Elementa juris criminalis germanico-Carolini" (1738)[6] von *Johann Rudolph Engau* (1708—1755)[7] hatte sich die Methode knapper Deliktsanalysen bereits gefestigt. Den einfachen Diebstahl definierte Engau z. B. als „ablatio rei alienae in vito domino, animo lucrandi facta"[8], außerdem müsse die Sache beweglich sein[9] und die Tat

---

requisita distincta tradiderim, & ex his deductas conclusiones potiores subjecerem, ex quibus ad infinitas alias datur progressus.

[2] *Böhmer*, a.a.O., S. VII: „Proxime cum hac methodo (sc. per generales propositiones) conuenire videtur nova illa methodus, quam in praesenti introductione elegi. Scilicet cum materiae iuris in titulis singulis Digestorum propositae contineant complexum variarum regularum & iurium, ad illud negotium, de quo titulus conceptus est, pertinentium; illa vero, quae in complexu traduntur, non rectius explicari posse videantur, quam si in partes naturales, in quas natura negotii se scindit, soluantur & singulis sua propria meditatio impendatur, optime huic negotio conuenire methodum PER REQVISITA, quae in quolibet themate occurrunt, arbitratus sum. Quid enim aliud sunt requisita, quam partes necessariae rei alicuius vel negotii, in quas sua sponte se scindit? simul tamen singula requisita propositionem aliquam continent fundamentalem, ex quibus principia singulis materiis propria & axiomata iuridica facili negotio concinnari possunt."

[3] Vgl. *J. Chr. Franck*, Institutiones juris cambialis ex legibus cambialibus diversarum gentium indole negotiationes moribus campsorum ac jure communi nova methodo collectae ..., 1721; vgl. *Joa. Chr. Hedler*, De natura et indole cambiorum, 1749, in: Beseke, Thesaurus juris cambialis, 1783, S. 224 ff.

[4] Vgl. *G. Boldt*, Johann Samuel Friedrich v. Böhmer und die gemeinrechtliche Strafrechtswissenschaft, 1936.

[5] 2. Aufl., 1738 (letzte Auflage von 1774).

[6] 5. Aufl., 1760 (letzte Auflage von 1777).

[7] Vgl. *Steffenhagen*, ADB 6, S. 112; *Landsberg*, Abt. 3, Halbbd. 1, Notenband S. 200.

[8] *Engau*, a.a.O., lib. 1, Tit. 7, § 93.

[9] *Engau*, a.a.O., § 101.

vorsätzlich begangen werden[10]. Eine solche Definition des Tatbestandes gab Engau regelmäßig bei jedem besonderen Delikt[11] und fügte eine kurze Kennzeichnung der einzelnen Tatbestandsmerkmale hinzu. Stets versuchte er auf diese Weise die ‚Natur eines jeden Verbrechens' zu bestimmen und erörterte die Delikte in der Ordnung, die die „Natur der Dinge" erforderte[12].

Aber die Natur der Dinge blieb für Engau ein bloß methodisches Prinzip; er selbst wollte nur das positive Strafrecht darstellen. Gerade weil man bisher das Studium der Kriminalgesetze vernachlässigt habe und statt dessen der Meinung von Gelehrten gefolgt sei, meinte er, sei das peinliche Recht oft „unglücklich" bearbeitet worden. Durch die Autoritätenhascherei seien jene Lehren entstanden, „durch die sogar die Anständigsten und Unschuldigsten in die Hände der Henker und Henkersknechte gefallen sind"[13].

3. Konzentrierte sich die gemeinrechtliche Dogmatik des 18. Jahrhunderts auf die genaue Erfassung des geltenden Rechts, so dachte sie deshalb nicht weniger naturrechtlich[14].

a) Schon *Justus Henning Böhmer* erklärte, alle stimmten darin überein, daß die Lehre vom römischen Recht aus den Schlüssen des Naturrechts und der bürgerlich rechtlichen Erkenntnisse zusammengesetzt sei[15]. Er dachte sich das Verhältnis von positivem Recht und Naturrecht in scholastischer Weise derart, daß das Naturrecht das allgemeine und das universale Recht darstelle, welches für alle Staaten gelte, während das positive Recht nur hinzufüge, was den besonderen Umständen des jeweiligen Gemeinwesens entspreche[16]. Im Hinblick auf das römische Recht zog Böhmer aber daraus neuartige Konsequenzen, die der veränderten Grundlage der Jurisprudenz Rechnung trugen. Wenn nämlich auch im römischen Recht das natürliche von dem besonderen bürgerlichen Recht unterschieden werden müsse, so dürfe nicht das gesamte römische Recht als subsidiäre Rechtsquelle herangezogen werden, wenn das einheimische keine problemlösende Regel enthalte. Vielmehr sei das Naturrecht der universalgeltende Kodex, auf den in solchen Fällen zurückzugreifen sei. Dies hätten die Glossatoren und Kommentatoren

---

[10] Ders., a.a.O., § 108.

[11] Ders., a.a.O., § 324 (Totschlag), § 426 (Brandstiftung), § 441 (Meineid), etc.

[12] Ders., a.a.O., Praefatio, S. VII.

[13] Ders., a.a.O., Praefatio, S. II f.

[14] Vgl. *F. Schaffstein*, Die allgemeinen Lehren vom Verbrechen in ihrer Entwicklung durch die Wissenschaft des gemeinen Strafrechts, 1930, S. 22.

[15] *J. H. Böhmer*, Introductio in Jus Publicum Universale, 1710, Praefatio, S. III: „Omnes largiuntur, rhapsodiam nostram juris Romani esse constructa ex conclusionibus juris naturae et scitis civilibus ..."

[16] Vgl. *Böhmer*, a.a.O., Praefatio S. I, III f.

übersehen[17]. Das Naturrecht trat damit als subsidiäre Rechtsquelle die Nachfolge des glossierten römischen Rechts an.

b) Daß die Möglichkeit allein, auf das Naturrecht zur Erklärung und Lückenfüllung des positiven Rechts zurückzugreifen, keineswegs neuen Gedanken den Weg in die juristischen Lehrbücher eröffnete, dokumentiert der Grundriß des peinlichen Rechts, den der „Kanzler" *Johann Christoph Koch* (1732—1808)[18] im Jahre 1758 zum ersten Mal veröffentlichte[19]. Koch war durchdrungen von dem großen Ernst und der schweren Verantwortung, die das Strafrecht in die Hand des Richters legt. Diese Disziplin sei daher wie keine andere juristische auf eine naturrechtliche Ergänzung angewiesen[20]. Nur auf wenige Gesetze könne sich das peinliche Recht stützen; der Richter dürfe aber, ohne Anstoß zu erregen, sein ihm damit anvertrautes Ermessen nicht ausüben, wenn er nicht die universalen Prinzipien des Naturrechts hilfsweise heranziehe[21]. Früher habe er sich in solchen Fällen auf die Glosse berufen können, nach dem Schwinden ihrer Autorität sei nur eine Rechtsquelle übriggeblieben: das Naturrecht[22].

Trotz dieser Grundhaltung läßt sich keine Spur eines reformerischen Geistes in Kochs Werk finden. Koch erklärte nur den Unterschied von einfachen und qualifizierten Todesstrafen und berichtete vom Lebendigbegraben, das noch in sehr wenigen Provinzen in Gebrauch sei[23]; von der Verstümmelung der Zunge glaubte er klarstellen zu müssen, daß nur der vordere Teil der Zunge abgeschnitten werde[24]; die Folter galt ihm noch als ein unumgängliches Mittel, die Wahrheit zu finden[25], und peinlich registrierte er ihre verschiedenen Grade[26]. Sein Naturrecht schien darin zu bestehen, daß er „die Kapitel so untereinander ordnete,

---

[17] Vgl. *Böhmer*, a.a.O., Praefatio S. I, IV ff.; ähnlich schon *Chr. Thomasius*, Notae ad singulos Institutionum et Pandectarum titulos, 1713, S. 35; dazu: *K. Luig*, in: Ius Commune Bd. 1, 1967, S. 206.

[18] Vgl. *Schulte*, ADB 16, S. 386 f.; *Landsberg*, a.a.O., Abt. 3, Halbbd. 1, S. 310 ff.

[19] *Koch*, Institutiones juris criminalis, 6. Aufl., 1783 (letzte Auflage von 1791).

[20] Vgl. *Koch*, a.a.O., Praefatio editionis primae, S. I: „Neque vero praeter jus criminale civilis jurisprudentiae ullam ostendas partem, quae cum jure naturali arctiori vinculo colligata sit, ut adeo ii, qui ad juris criminalis intelligentiam cogitationes suas ac studia conferunt, magnopere fallantur, si opere pretium sine illa praestantissima scientia se sperent facturos."

[21] Vgl. *Koch*, a.a.O., Praefatio, S. II.

[22] Vgl. *Koch*, a.a.O., Praefatio, S. II: „Dudum eviluit ... Glossatorum auctoritas, ut frusta agatur ab iis, qui ad angustias redacti, ex illis imperitiae suae consuli posse putant. Itaque nihil mihi antiquius fuit, quam principia juris naturalis in jure criminali scitu necessaria in auxilium vocare, ex iisque rite concludere."

[23] *Koch*, a.a.O., § 114.

[24] *Koch*, a.a.O., § 123.

[25] *Koch*, a.a.O., § 852.

[26] *Koch*, a.a.O., §§ 863 ff.

wie es die Natur der Sache oder die Methode erforderte"[27]. Der an der Sache orientierten Ordnung folgte er in der Ausarbeitung der einzelnen Abschnitte und stets bemühte er sich, aus einer kunstgerechten Definition in natürlicher und durchsichtiger Weise Schlußfolgerungen abzuleiten[27]. So zergliederte er die einzelnen Tatbestände, ordnete ihre Teile nach dem Grad ihrer Allgemeinheit, faßte sie in Definitionen zusammen und entwickelte derart definierend und gliedernd von einer ersten Begriffsbestimmung aus das gesamte untersuchte Rechtsgebiet[28]. Während Engau nur methodisch der Natur der Dinge folgen, sich aber inhaltlich allein auf die Kriminalgesetze stützen wollte, versuchte Koch das positive Recht auf dem Hintergrund des Naturrechts zu beschreiben. In der Methode wie an einzelnen Definitionen, z. B. an denen von Vorsatz und Fahrlässigkeit[29], verrät sein Werk denn auch den Einfluß des bedeutendsten Naturrechtlers seiner Zeit: den Christian Wolffs.

---

[27] *Koch*, a.a.O., Praefatio, S. III.

[28] Vgl. *Koch*, a.a.O., § 1: Die Strafrechtswissenschaft sei die „scientia de legibus criminalibus earumque adplicatione ad delicta obvenientia"; von dieser Definition aus glaubte Koch das Strafrecht entwickeln zu können.

[29] Vgl. *Koch*, a.a.O., § 12 mit Chr. Wolff, Philosophia practica universalis, Pars I, 1738, §§ 696, 701, 717.

Zweiter Abschnitt

Die Erneuerung der Substanzontologie durch Christian Wolff

I. Wolffs Metaphysik

1. Wie Thomasius wollte auch *Christian Wolff* (1679—1754)[1] keine Aussage auf das „Vorurteil der Autorität" stützen, stets müsse selbständig geprüft werden, „ob etwas wahr ist oder nicht"[2]. Aus dem ungebrochenen Vertrauen in die Erkenntniskraft der allen gemeinsamen Vernunft schöpfte er den Glauben, zur Wohlfahrt und Glückseligkeit aller Menschen am meisten beitragen zu können, wenn er sie zu einem folgerichtigen Denken erziehe. Die vornehmsten Dinge, die zur Glückseligkeit der Menschen führten, waren seiner Meinung nach „Verstand, Tugend und Gesundheit"[3]. Der Verstand aber sei das Vortrefflichste, das der Mensch von Gott empfangen habe. Deshalb kann jemand „um so viel mehr ein Mensch genennet werden, je mehr er die Kräfte seines Verstandes zu gebrauchen weiß"[4].

Der Verstand werde richtig gebraucht, wenn er sich ausschließlich von zwei Prinzipien leiten lasse: vom Satz des Widerspruchs und vom Satz des zureichenden Grundes. Durch diese zwei Prinzipien könne der Verstand alle möglichen Dinge erkennen, weil sich im richtigen Gebrauch des Verstandes zugleich das Wesen einer jeden Sache offenbare. Beide Grundsätze beanspruchten daher logische und ontologische Geltung. Der Satz des Widerspruchs beruhte für Wolff auf einer inneren Erfahrung: „Dieses erfahren wir als die Natur unseres Geistes, daß, wenn er urteilt, etwas sei, er nicht zugleich urteilen kann, etwas sei

[1] Zu Wolffs Philosophie vgl. insbesondere *E. Zeller*, Geschichte der deutschen Philosophie seit Leibniz, 1873, S. 211 ff.; *M. Wundt*, Die deutsche Schulphilosophie im Zeitalter der Aufklärung (1945), 1964, S. 122 ff.; *P. Hazard*, Die Herrschaft der Vernunft, 1949, S. 75 ff.; *F. Valjavic*, Geschichte der abendländischen Aufklärung, 1961, S. 139 ff.

[2] *Chr. Wolff*, Ausführliche Nachricht von seinen eigenen Schriften, 2. Aufl. 1733 (künftig zitiert: Nachricht), §§ 39, 40.

[3] *Chr. Wolff*, Vernünftige Gedanken von Gott, der Welt und der Seele des Menschen, auch allen Dingen überhaupt, 8. Aufl. 1741 (künftig zitiert: Metaphysik), Vorrede S. I.

[4] *Chr. Wolff*, Vernünftige Gedanken von den Kräften des menschlichen Verstandes, 12. Aufl. 1744 (künftig zitiert: Logik), Vorrede S. I.

nicht[5]." Der logischen Widerspruchsfreiheit des Sprachgebrauchs entspreche die Identität jedes Seienden. Ein präziser Sprachgebrauch stehe deshalb am Anfang aller Wissenschaft. Kein Wort zu verwenden, das nicht erklärt ist, sofern bei seinem Gebrauch eine Zweideutigkeit entstehen kann, lautete daher der erste Grundsatz der Wolff'schen demonstrativen Lehrart[6].

Der zweite Grundsatz dieser Lehrart, jeden Satz aus dem vorangegangenen in logischer Schlußfolgerung zu entwickeln, verwies auf das zweite Erkenntnisprinzip, den Satz vom zureichenden Grund[7]. Alle Sätze müßten streng syllogistisch miteinander verknüpft werden, und ein oberster Grundsatz dürfe nur dann als erwiesen angenommen werden, wenn er entweder aus Gründen a priori oder aus unbezweifelbarer Erfahrung erschlossen sei[8]. Der Satz vom zureichenden Grund erschöpfe sich aber nicht in der Notwendigkeit, einen Satz aus dem anderen „wie an einer Kette" herzuleiten[9], die beständige Verknüpfung der Sätze manifestiere zugleich die „Einsicht in den Zusammenhang der Wahrheiten", wie Wolff das Wort Vernunft definierte[10]. Der zureichende Grund erkläre, warum etwas sei[11]. „Es muß alle Zeit etwas seyn, daraus man verstehen kan, warum es würcklich werden kan[12]." Wie die Sätze logisch aufeinander gründeten, so hingen die seienden Dinge voneinander ab. Gerade weil die Dinge nach Wolffs Überzeugung nach dem Gesetz von Grund und Folge miteinander verbunden waren, mußten auch die Sätze syllogistisch auseinander abgeleitet werden.

Der Satz vom zureichenden Grund enthielt für Wolff deshalb zwei Forderungen. Einerseits verlange er, über eine beobachtete Eigenschaft einer Sache hinaus nach einem Merkmal zu fragen, das sie begründe; die Dinge würden daher nur in ihrer Verknüpfung erkannt. Andererseits verbiete er es, sich bei der Verknüpfung zu beruhigen; der Grund müsse stets etwas Einheitliches, fest Angebbares sein, aus dem heraus

---

5 *Chr. Wolff*, Philosophia prima sive ontologia, Neue Ausgabe der Auflage von 1736, hg. v. J. Ecole, 1962 (künftig zitiert: Ontologia), § 27: „Eam experimur mentis nostrae naturam, ut, dum ea judicat aliquid esse, simul judicare nequeat idem non esse."

6 Vgl. *Chr. Wolff*, Gesammelte kleine philosophische Schriften, Bd. 2, 1736, S. 17 (dt. Fassung des Vorworts zur „Aerometriae Elementa" von 1709); Nachricht, § 22; Philosophia rationalis sive Logica, 3. Aufl., 1740 (künftig zitiert „Logica"), § 551.

7 *Wolff*, Nachricht, § 22.

8 *Wolff*, Philosophische Schriften, Bd. 2, S. 17; Nachricht, § 22; Logica, § 551; Ratio praelectionum Wolfianarum in mathesin et philosophiam universam et opus Hugonis Grotii De Jure Belli ac Pacis, 2. Aufl., 1735 (künftig zitiert: Ratio praelectionum), Sect. I, Titel I, § 20.

9 *Wolff*, Nachricht, § 22.

10 *Wolff*, Logik, § 41; Metaphysik, §§ 368, 379 f.; Jus Naturae, Bd. 1, 1740, § 253.

11 Metaphysik, § 30; vgl. Ontologia, § 56.

12 Metaphysik, § 30.

die Merkmale erklärbar seien[13]. Der Satz des Widerspruchs und der Satz des zureichenden Grundes trafen sich daher in der Intention auf etwas Einheitliches, das in der Identität mit sich selbst in sich gegründet war und aus dem die Mannigfaltigkeit der erscheinenden Dinge folgte. Diese Einheit bezeichnete Wolff als das ‚Wesen' der Dinge.

2. Das Wesen eines Dinges definierte Wolff in seinen deutschen Schriften mit Bezug auf den Satz vom zureichenden Grund als „das erste, was sich von einem Dinge gedencken lässet"[14], es ist „dasjenige, darinnen der Grund von dem übrigen zu finden, was einem Dinge zukommet"[15]. Im lateinischen Werk bestimmte Wolff dagegen das Wesen nach dem Satz des Widerspruchs: „Was sich in einem Ding gegenseitig nicht widerspricht, aber dennoch nicht durcheinander bestimmt ist, wird das Wesentliche genannt und konstituiert das Wesen des Seienden[16]." Es gebe daher eine Vielzahl von Wesen, die nicht voneinander abhängig seien. Sie beständen notwendig[17], unabänderlich[18] und ewig[19]. Der Zusammenhang der Wesen werde nicht durch ein Grund-Folge-Verhältnis gewahrt, sondern allein dadurch, daß sie von Ewigkeit her im Verstande Gottes ruhten und in ihm ihren Ursprung hätten[20]. Deshalb ist „alle Wahrheit von Gott, sie mag für Dinge betreffen, was sie will"[21].

Da Gott dem Menschen mit dem Verstand das Vermögen geschenkt habe, das Wesen der Dinge in sich zu begreifen, gab für Wolff der Begriff einer Sache deren Wesen wieder[22]. Die Seele gewinne die Bilder und Begriffe der körperlichen Dinge daher nicht aus äußeren sinnlichen Empfindungen, sondern sie habe sie „in der Tat schon in sich, nämlich ... nicht wirklich, sondern bloß dem Vermögen nach, und wikkelt sie nur gleichsam in einer mit dem Leibe zusammenstimmenden Ordnung aus dem Wesen heraus, indem sie sich selbsten determinieret, das Mögliche wirklich zu machen"[23]. Da die Begriffe der Dinge diese im Geiste darstellten[24], mußte sich alles Bemühen auf die Erklärung der Begriffe richten. Da die Sache erfaßt war, wenn aus ihrem Grund ihre

---

[13] *Wolff*, De Notionibus directricibus, in: Horae Subsecivae Marburgienses, Bd. 1, 1729, S. 312.
[14] *Wolff*, Metaphysik, § 34.
[15] *Wolff*, a.a.O., § 33.
[16] *Wolff*, Ontologia, § 143: „Quae in ente sibi mutuo non repugnant, nec tamen per se in vicem determinantur, essentialia apellantur atque essentiam entis constituunt."
[17] *Wolff*, Metaphysik, § 38.
[18] *Wolff*, a.a.O., § 42.
[19] Wolff, a.a.O., § 40.
[20] *Wolff*, a.a.O., § 975.
[21] *Wolff*, a.a.O., § 976.
[22] *Wolff*, Logik, § 27.
[23] *Wolff*, Metaphysik, § 819.
[24] *Wolff*, Logica, § 34; vgl. Ratio praelectionum, Sect. II Titel II, § 30.

Eigenschaften abgeleitet werden konnten, war ein Begriff erklärt, wenn der logische Zusammenhang aller Merkmale einer Sache aufgewiesen war. Das Kriterium der Wahrheit einer Aussage bestand für Wolff daher darin, daß sich „die Gedanken wechselseitig stützen oder aufheben, und zwar derart, daß mit einem bestimmten Begriff des Subjekts ... auch ein bestimmtes Prädikat gesetzt oder ausgeschlossen ist[25]." Das Ziel jeder Begriffserklärung war es, ein Satzgefüge zu konstruieren, in dem aus dem Begriff des Subjekts alle Prädikate folgen. „Die Wahrheit ist die Bestimmbarkeit des Prädikats durch den Begriff des Subjekts[26]." Wolff versuchte deshalb den Gegenstand der jeweiligen Untersuchung so zu beschreiben, daß aus seiner Definition alle übrigen Aussagen über ihn ableitbar sind. Die Demonstration einer Aussage sollte tautologisch sein.

3. Die Hoffnung, im Begriff einer Sache deren immerwährendes Wesen zu erfassen, ist anscheinend so alt wie eine idealistische, substanzielle Philosophie überhaupt. Unter allen Philosophen, die nach dem Was der Dinge, nach der Realität in oder hinter den Erscheinungen fragten, stand *Leibniz* der Wolff'schen Metaphysik am nächsten[27]. Ähnlich wie Wolff trug nach Auffassung von Leibniz die Seele alle Ideen vom Wesen der Dinge in sich, nichts komme ihr von außen zu, „als hätte sie Türen und Fenster"[28]. Nur Aufmerksamkeit sei vonnöten, um die Wahrheit aus den uns eingeborenen Ideen zu entwickeln[29]. Die Idee sei ein „unmittelbares inneres Objekt" unseres Denkens, sie sei „ein Ausdruck der Natur oder der Beschaffenheiten der Dinge"[30]. Leibniz kannte wie Wolff zwei Prinzipien der Vernunfterkenntnis: den Satz vom Widerspruch und den Satz vom zureichenden Grund[31]. Wie Wolff verband er diese Prinzipien mit der logischen Forderung der Implikation des Prädikats im Subjekt. „Wenn ein Satz nicht identisch ist, d. h. wenn das Prädikat nicht ausdrücklich im Subjekt enthalten ist, so muß es doch virtuell in ihm enthalten sein[32]." Da dies vom Begriff eines

---

[25] Ratio praelectionum, Sect. II, Titel II, § 19: „Criterium veritatis mihi redire videbatur ad cogitationes se mutuo ponentes vel tollentes, nempe ut posita notione subjecti seu positis his quae de subjecto sumuntur, ponatur praedicatum, vel tollatur."

[26] *Wolff*, Logica, § 513: „Veritas est determinabilitas praedicati per notionem subjecti."

[27] Zum Verhältnis von Chr. Wolff zu Leibniz vgl. insbes. *W. Arnsperger*, Christian Wolff's Verhältnis zu Leibniz, 1897.

[28] *Leibniz*, Metaphysische Abhandlung, hg. v. H. Herring, Phil. Bib., Bd. 260, 1958, § 26.

[29] *Leibniz*, a.a.O.; vgl. dazu *P. Burgelin*, Commentaire du Discours de Metaphysique de Leibniz, 1959, S. 247 f.

[30] *Leibniz*, Nouveaux Essais sur l'entendement humain, hg. v. Engelhardt und H. H. Holz, 1959 Buch 2, Ch. 1, § 1.

[31] *Leibniz*, Monadologie, hg. v. H. Herring, Phil. Bib., Bd. 253, 1956, §§ 31, 32.

[32] *Leibniz*, Metaphysische Abhandlung, § 8.

jeden Subjekts gelte, verlangte Leibniz, daß „der Terminus, der das Subjekt bezeichnet, ... stets den des Prädikats in sich begreifen" muß[33]. An sich hielt es Leibniz daher für denkbar, daß aus dem von der Schöpfung der Welt an bestehenden vollständigen Begriff eines Wesens alle seine Prädikate abgeleitet werden könnten[34].

Für Leibniz besaß aber nur die Individualität substanzielle Form. Als spontane Kraft entwickle sich jede Substanz nach ihrem eigenen inneren Gesetz[35]. Das Prinzip der Individuation gelte zwar für die gesamte Natur von der selbstbewußten Seele des Menschen bis hin zu den substanziellen Atomen: kein Blatt in den Wäldern gleiche genau dem anderen[36]. Aber die substanzielle Form sei weder eine meßbare Urgröße noch ein kunstvolles Aggregat einzelner Teile in einer Maschine, z. B. auch nicht die Organisation einer menschlichen Gesellschaft. Substanzielle Form hätten nur die Monaden, die lebendigen Kräfte, die, unbeeinflußt von allen anderen Dingen, nur durch Gott in prästabilierter Harmonie mit dem Universum gehalten würden[37]. Alle körperlichen Erscheinungen müßten mechanisch nach naturwissenschaftlicher Methode erklärt werden. Alle Rede von substanziellen Formen wäre hier „nichtssagend"[38]. „Die Natur muß immer mathematisch und mechanisch erklärt werden[39]."

In der spekulativen Versöhnung von Substanz- und Funktionsdenken kann daher die besondere denkerische Leistung von Leibniz erblickt werden. Von der Erkenntnis dieses Problems war Wolff jedoch weit entfernt. Wohl übernahm er in der Erkenntnislehre, wie das obige Zitat zeigt[40], die Auffassung der prästabilierten Harmonie zwischen der Erkenntnis der Seele und der Ordnung des Körpers; aber das Individualitätsprinzip als Ansatz eines metaphysischen Weltverständnisses blieb ihm fremd[41]. Die Seele sah die Bilder der körperlichen Dinge nach Wolff nicht aus einem bestimmten, ihr eigenen Gesichtspunkt, vielmehr erkenne ‚der' Verstand das Wesen der Dinge schlechthin. Die Begriffe umfaßten für Wolff daher nicht nur die einzigartige Individuali-

---

[33] a.a.O.; dazu Burgelin, a.a.O., S. 143 f.

[34] *Leibniz,* Metaphysische Abhandlung, § 8.

[35] Vgl. *Leibniz,* Aufklärung der Schwierigkeiten, die H. Bayle in dem „System der Vereinigung von Seele und Körper" gefunden hat, (1698) in: Hauptschriften zur Grundlegung der Philosophie übers. v. A. Buchenau, hg. v. E. Cassirer, Bd. 2, Phil. Bib., B. 107, Nachdruck der 3. Aufl., 1966, S. 277 f.

[36] *Leibniz,* Nouveaux Essais, L. 2, Ch. 27, § 3; dazu *F. Meinecke,* Die Entstehung des Historismus, 4. Aufl. 1965, S. 30 ff.

[37] Vgl. Leibniz an Arnauld, Brief vom April 1687, ed. Buchenau Bd. 2, S. 230.

[38] Leibniz an Arnauld, Brief vom 28. 11./8. 12. 1686, ed. Buchenau, Bd. 2, S. 213; Brief vom Juni 1686, ed. Buchenau, Bd. 2, S. 206.

[39] Leibniz an Arnauld, Brief vom Juni 1686, ed. Buchenau, Bd. 2, S. 206.

[40] Vgl. *Wolff,* Metaphysik, § 819; vgl. oben S. 37 f.

[41] Vgl. aber Wolffs Anerkennung der Individualität als Erfahrungstatsache, Jus naturae, Pars I, 1740, § 185, dazu S. 44.

tät, sondern auch Art und Gattung; durch die Zergliederung und fortlaufende Abstraktion wollte er in den Stufen der Allgemeinheit das ewige Wesen aller möglichen Dinge feststellen. Je allgemeiner ein Begriff sei, desto weniger enthalte er zwar in sich, aber da alles das, „was aus einem allgemeinen Begriff hergeleitet wird, ... allen Sachen zu (-komme), die unter demselben enthalten sind", so werden durch die Bildung solch allgemeiner Begriffe „die Schranken unserer Erkänntniß über die massen erweitert"[42]. Während die Vernunft nach Leibniz angesichts der lebendigen individuellen Substanz in Bescheidenheit verharren mußte[43] und eine Deduktion aller Eigenheiten und Ereignisse einer Monade aus ihrem Begriff nur der göttlichen Vernunft möglich war, sie selbst aber auf die Geschichte angewiesen blieb[44], glaubte Wolff, daß Gott dem Menschen als „kostbarsten Schatz" die Wahrheit aller möglichen Dinge angeboten und ihm den Verstand gegeben habe, diesen Schatz zu heben[45]. Dementsprechend beschränkte sich Wolffs Philosophie auch nicht auf eine Monadologie, mit ihr wollte er vielmehr alle möglichen Dinge aus ihrem Wesen erklären[46]. Physik, Psychologie und Medizin, Moral, Politik und auch Jurisprudenz wußte Wolff daher kraft seiner Weltweisheit darzustellen.

II. Wolffs Rechtslehre

1. Wie Leibniz an die vollkommene Ordnung des Universums glaubte[1], so hatte auch für Wolff alles Seiende kraft des göttlichen Plans einen seinem Wesen entsprechenden Zweck, der mit dem Zweck aller übrigen Wesen übereinstimmte[2]. Auf diesem teleologischen Weltverständnis beruhte Wolffs Lehre vom Recht.

Haben alle Dinge ihre natürlichen, von Gott zum Zusammenklang alles Seienden bestimmten Absichten, ergibt sich aus der Einordnung des Menschen in das Universum die Pflicht eines jeden, seiner natürlichen Absicht gemäß zu leben. Da in der Übereinstimmung der Aufgaben jedes Dinges mit seinem Wesen seine Vollkommenheit besteht, lautete die oberste Regel der Moral und des Naturrechts daher: „Thue was dich und deinen oder anderer Zustand vollkommener machet,

---

[42] *Wolff*, Logik, § 29.

[43] Vgl. *Leibniz*, Metaphysische Abhandlung, § 30.

[44] Vgl. *Leibniz*, Metaphysische Abhandlung, § 8; Aufklärung der Schwierigkeiten Bayles, ed. Buchenau, Bd. 2, S. 282.

[45] Vgl. *Chr. Wolff*, Philosophia moralis sive Ethica, P. I. 1750, Dedicatio.

[46] Vgl. *Wolff*, Rationes praelectionum, Sect. II, Tit. I, § 3; Logik, § 1.

[1] *Leibniz*, Principes de la nature et de la grace fondés en raison (1714), ed. Herring, Ph.B., Bd. 253, 1956, S. 24.

[2] Vgl. *Chr. Wolff*, Ges. kleine philosoph. Schr., Bd. 2, S. 19 f.

unterlaß, was ihn unvollkommener machet[3]." Jeder hat gegenüber sich selbst, gegen Gott und gegenüber den anderen Menschen die Pflicht, sich und die anderen in ihrem Bestand und Fortschreiten so stark zu fördern, wie er vermag[4]. Diese in ihren Anforderungen unbegrenzte Pflichtenlehre gründete im Naturrecht. Denn die Vollkommenheit bestand in der Übereinstimmung der Zwecke mit dem Wesen der Dinge, und alle Regeln des Naturrechts folgten „aus dem Wesen und der Natur der Menschen und der Dinge selbst"[5]. Das Wesen bildete daher nicht nur den Erkenntnis- und Seinsgrund aller Dinge, es war für den Menschen zugleich die im Handeln anzustrebende Mitte, aus der alle Gebote des Verhaltens abgeleitet werden konnten.

2. Entsprechend der Harmonie aller natürlichen Zwecke galt auch für das menschliche, wesensgemäße Verhalten, „daß eben diejenigen Handlungen, wodurch eine Vollkommenheit nicht nur in dem Wandel eines Menschen, sondern des gantzen menschlichen Geschlechts zusammen erreicht wird, keine andere als diese sind, wodurch die Vollkommenheit unserer Seele und unseres Leibes, wie auch unseres äußerlichen Zustandes befördert wird ..."[6]. Der Zusammenhang der Verhaltensnormen wurde also durch eine Art prästabilierter Harmonie, durch eine Parallelität der Verhaltensfolgen hergestellt: indem ich meine Vollkommenheit fördere, unterstütze ich zugleich die der anderen, vice versa. Der Zustand jedes besonderen Wesens sollte nach Wolffs Auffassung durch das Verhalten der Menschen gefördert werden, denn eben dadurch werde die gesamte Welt vollkommener. Wolff opferte daher weder das Individuum dem Kollektiv, noch ordnete er die Gesellschaft dem Einzelnen unter. Im System der prästabilierten Harmonie der Zwecke konnte das Problem des Auseinanderfallens persönlicher und gemeinschaftlicher Interessen nicht entstehen[7].

3. Vertrat Wolff damit gewissermaßen einen ‚erfüllten' Individualismus, so lag das Problem seines Naturrechts in dem Gehalt dieser Erfüllung. Die Idee der Vollkommenheit allein erschloß ihm keine Einsichten in die bestimmte Art der wesensgemäßen Handlung. Einige Pflichten mochte er deshalb neu formulieren[8], gemeinhin sprach aus seinen Regeln der Vollkommenheit ein „hausbackener"[9] common sense.

---

[3] *Chr. Wolff*, Vernünftige Gedanken von der Menschen Thun und Lassen, 3. Aufl., 1728, §§ 12, 17 (künftig zitiert: Moral); vgl. *Wolff*, De Principio Juris naturalis ex doctrina Christi, Math. 5, 48, in: Horae subsecivae, Bd. 2, 1731, S. 353 ff.

[4] *Wolff*, Philosophia practiva universalis, Pars I, 1738, §§ 103, 128, 152.

[5] *Wolff*, Jus naturae, Pars I, § 2.

[6] *Wolff*, Moral, 3. Aufl., Vorrede zur anderen Aufl., S. 1 f.

[7] Anders *Landsberg*, Gesch. der dt. Rechtswiss., Abt. 3, Halbband 1, S. 203.

[8] Vgl. *M. Wundt*, Die deutsche Schulphilosophie im Zeitalter der Aufklärung (1945), 1964, S. 176.

[9] *F. Valjavec*, Geschichte der abendländischen Aufklärung, 1961, S. 143.

Das Naturrecht gebot z. B. nach Wolffs Meinung jedem Menschen, seinen Körper zu erhalten[10]; das soziale Problem des Selbsmordes, das etwa zur gleichen Zeit Montesquieu reflektierte[11], erkannte Wolff überhaupt nicht. „Niemand ist verpflichtet, zu tun oder zu lassen, was nicht in seiner Macht steht[12]." Plausibel klang der ultra-vires-Grundsatz auch bei Christian Wolff, aber die Probleme des Auseinanderfallens von tatsächlichem Können und rechtlichem Müssen blieben unerörtert.

Soweit ihn nicht der schlichte gesunde Menschenverstand trug, stützte sich Wolff auf literarisch belegte und zu seiner Zeit als ungefährlich bekannte Meinungen[13]. Seine naturrechtlichen Vorlesungen in Marburg betitelte er als „Lectiones Grotianae". Durch die Erläuterung des Kriegs- und Friedensrechtes des großen Holländers glaubte er seine Hörer am besten auf eine gerechte Führung der öffentlichen Angelegenheiten vorbereiten zu können[14]. Da Wolff in seinem eigenen Naturrechtswerk getreu seiner Definition der Philosophie als Erkenntnis aller möglichen Dinge nahezu alle Rechtsgebiete erörterte, nahm er nach dem Augenzeugenbericht seines Schülers *Daniel Nettelbladt* „bei der Verfertigung seines Naturrechts jederzeit die bekannte(n) juristische(n) Wörterbücher ... zur Hand" und bediente sich „jederzeit eines der vornehmsten juristischen Bücher in der Disziplin ..., welche er in dem Naturrechte abhandelte"[15]. So mag Wolff in einzelnen Problembereichen, z. B. im Völkerrecht[16], selbständige Auffassungen entwickelt haben, charakteristisch sind sie für ihn nicht. Nie beabsichtigte er, seine philosophische Freiheit zur Verteidigung eines Satzes zu gebrauchen, der „der Religion, der Moralität oder dem Staate entgegen wäre". In seiner „natürlichen Theorie der bürgerlichen Gesetze" lehrte er nach scholastischem Vorbild, daß das positive Recht dem wahren, natürlichen widerstreiten könne[17], aber keine der zu seiner Zeit geltenden und angewandten Vorschriften tadelte er als verfehlt, als willkürlich, gar als despotisch. Was Wolff an bisher vertretenen Meinungen aussetzte, war nicht ihr Aussagegehalt, sondern ihre Aussageform. Des Grotius'

---

[10] *Wolff*, Jus naturae, P. I, § 11.

[11] Vgl. *Montesquieu*, Lettres persanes (1721), ed. P. Vernière, 3. Aufl., 1965, L. 76/77; Considérations sur les causes de la Grandeur des Romains et de leur Décadence (1734) ed. Truc, 1954, Ch. 12, S. 66 f.; De l'Esprit des Lois (1748), ed. Truc, Bd. 1, 1961, L. 14, Ch. 12, Bd. 1, S. 250 f.

[12] *Wolff*, Jus naturae, P. I, § 176.

[13] *Wolff*, Nachricht, § 43.

[14] *Wolff*, Ratio praelectionum, Monitum de editione altera; Sect. II, Kap. 8, § 1.

[15] *D. Nettelbladt*, Von den Verdiensten des Freyherrn von Wolf um die positive Rechtsgelahrtheit, in: Hallesche Beyträge zu der Juristischen Gelehrtenhistorie, Bd. 1 (1755), S. 230 f.

[16] Vgl. *W. Dzialas*, Christian Wolffs Völkerrechtstheorie, Herkunft und Wirkung, Diss. Erlangen 1956; *Thieme*, a.a.O., SZ 56, 226.

[17] *Wolff*, Jus naturae, Pars VIII, 1748, §§ 965 ff.

„vulgäre Schreibart" wollte er verbessern[18], indem er seine Lehre „auf bestimmte Begriffe" zurückführte[19]. Nach Nettelbladts Lob verwandte er in seinem Naturrecht die bisher üblichen juristischen Ausdrücke „weit richtiger, brauchbarer und schöner"[20]. Die Aufgabe seines Naturrechts sah Wolff vor allem darin, die Definitionen präziser und die Sätze treffender zu formulieren, „damit der Begriff des Subjekts jeweils derart richtig bestimmt werde, daß er kein überflüssiges Prädikat enthalte"[21]. Die demonstrative Lehrart auch bei der Darstellung des Rechts anzuwenden, war daher das eigentliche Bestreben von Christian Wolffs Studien.

4. Nach dieser Lehrart wollte er auch das positive Recht erörtert wissen[22]. Die staatliche Autorität könne zwar Gesetze, aber nicht Definitionen vorschreiben[23]. Die Begriffserklärung versuchte er auf induktivem Wege zu gewinnen: Zunächst seien bei einem Problem die Fälle durch eine Variation der Umstände zu bestimmen und die Tatbestände, die die Praxis nahelege, bei den Autoren zu sammeln. Sodann müßten die Bestimmungen, durch die sich die Fälle voneinander unterschieden, zur Bildung des Begriffs der Sache herausgearbeitet werden, damit schließlich daraus das den Begriff entsprechende Prädikat gefunden werden könne[24]. Dabei müsse besonders darauf geachtet werden, daß alle, aber auch nur die Bestimmungen in die Definition eingehen, die zur Ableitung der Entscheidungen und Rechtssätze erforderlich seien[25].

Auf diese Weise verbesserte Wolff z. B. die Servische Definition der tutela[26]: die tutela sei „die vom bürgerlichen Recht einer freien Person

---

[18] *Wolff*, Ratio praelectionum, Sect. II, Kap. 8, § 2.

[19] *Wolff*, a.a.O., § 3; vgl. Jus naturae, Pars II, 1741, § 466.

[20] *Nettelbladt*, a.a.O., S. 231.

[21] *Wolff*, Ratio praelectionum, Sect. II, Kap. 8, § 3; vgl. *Wolff*, De notione juris naturae, gentium ac civilis, in: Horae subsecivae, Bd. 1, S. 105: „Id enim nobis propositum, dum philosophamur, ut, quae ab aliis obscurius dicta sunt, per notiones nostras clariora evadant et intelligantur; quae vere dicta sunt ab aliis, per nostra principia eorumque legitimam contatenationem tanquam vera agnoscantur; quae denique imperfecta reliquerunt alii, nostris meditationibus perficiantur."

[22] Vgl. *Chr. Wolff*, De Jurisprudentia civili in formam demonstrativam redigenda, in: Horae subsecivae, Bd. 2, S. 84 ff.; dazu *Landsberg*, a.a.O., Abt. 3, Halbband 1, S. 198 ff.

[23] *Wolff*, a.a.O., S. 117: „Autoritas legem facere potest, definitionem facere nequit, cuius veritas ab immutabilibus legibus logicis pendet, quae ipsi rerum naturae insitae sunt."

[24] *Wolff*, a.a.O., S. 146 f.: „Etenim primo loco determinandi sunt casus per circumstantiarum variationem, aut casus, quos praxis suggerit, apud Autores passim obvii colligendi. Iam determinationes, quibus casus isti a se invicem differunt, sumendae sunt pro notione subjecti et hinc inde eruendum est conveniens praedicatum."

[25] *Wolff*, a.a.O., S. 121.

[26] *Paulus*, D 26, 1, 1 pr.: „Tutela est, ut Servius definit, vis ac potestas in capite libero ad tuendum eum, qui propter aetatem suam sponte se defendere nequit, jure civili data ac permissa."

übertragene Macht, die Erziehung eines Unmündigen zu leiten, seine Güter zu verwalten und seine Rechte zu wahren"[27]. Wolff vermied damit die Doppelung des Ausdrucks Gewalt in „vis ac potestas" und hob die einzelnen Bereiche hervor, auf die sich die Gewalt des Vormundes erstreckt. Die unbezweifelbare Prägnanz der Definition beruhte aber nicht darauf, daß alle in ihr aufgeführten Prädikate im Subjekt der Vormundschaft enthalten sind, sie gab den Ausschnitt von Beziehungen wieder, die zu regeln dem Vormund im allgemeinen von der verfaßten Gemeinschaft der Bürger unter dem Namen ‚Vormundschaft' aufgegeben wird. Indem Wolff aber von den Merkmalen der Sache Vormundschaft sprach, nahm er sich die Möglichkeit, die historische Variationsbreite der mit der Institution der Vormundschaft betroffenen Beziehungen zu erkennen.

5. Mochte dieser Mangel an rationaler Erkenntnismöglichkeit nicht schwer ins Gewicht fallen, solange Wolff nur das positive Recht verdeutlichen wollte, auf das Naturrecht angewandt, führte diese Methode zu einer dogmatischen Festlegung der Rechtsauffassungen seiner Zeit in der ‚Natur' und im ‚Wesen' der Dinge. Denn aus dem Wesen des Menschen und der Dinge suchte Wolff durch klassifikatorische Abstraktionen und Begründungsketten naturrechtliche Regeln zu gewinnen.

Die Erfahrung lehrte ihn z. B., daß jeder Mensch ein unverwechselbares eigenes Wesen besitze, das nicht nur in seiner numerischen Einzigkeit bestehe. Aber auch einzelne Gruppen von Menschen zeichneten sich durch ein eigenes Wesen aus, und schließlich gebe es Eigentümlichkeiten, die allen Menschen zukämen[28]. Hierzu rechnete Wolff in offenkundiger Anlehnung an Pufendorf die Hilfsbedürftigkeit (imbecillitas) und die Geselligkeit (socialitas)[29]. Aus dem Wesen jeder Abstraktionsstufe folgten entsprechende besondere Regeln. Die natürlichen Pflichten seien daher entweder eigene (obligationes propriae) oder allgemeine (obligationes communes)[30]. In ähnlicher Weise unterschied Wolff zwischen der besonderen Verfassung eines Staates und dem allgemeinen Zustand eines Gemeinwesens überhaupt[31]. Der angebliche Gegensatz von besonderem (preußischem) Naturrecht und allgemeinem, abstraktem Naturrecht[32] war daher bereits in Wolffs System als unterschied-

[27] *Chr. Wolff*, Specimina Definitionum in Jure emendatarum, in: Horae subsecivae, Bd. 2, S. 263: „(tutela est) potestas jure civili delata personae liberae, dirigendi educationem impuberis et ejus bona administrandi juraque conservandi."

[28] *Wolff*, Jus naturae, Pars I, § 185.

[29] *Wolff*, De notione juris naturae, gentium ac civilis, in: Horae subsecivae, Bd. 1, S. 88.

[30] *Wolff*, Jus naturae, Pars I, § 186.

[31] *Wolff*, Jus naturae, Pars VIII, § 990.

[32] Vgl. *W. Dilthey*, Das Allgemeine Landrecht, Gesammelte Schriften, Bd. 12, S. 154; *H. Conrad*, Die geistigen Grundlagen des Allgemeinen Landrechts, 1959, S. 11.

licher Grad der Abstraktion aufgelöst. Begründend versuchte Wolff auf der anderen Seite jede natürliche Regel und jedes Rechtsinstitut auf das Wesen und die Natur des Menschen zurückzuführen[33]. Den Grund des Sacheigentums fand Wolff z. B. im Recht der ersten Gemeinschaft (jus primaevae communionis), der Grund dieses Rechts lag wiederum in dem Recht auf Sachen, ohne die der natürlichen Pflicht, sich zu erhalten, nicht genügt werden kann. Die Pflicht, den eigenen Körper zu erhalten, fand Wolff schließlich begründet im Wesen und in der Natur des Körpers selbst[34].

Der Satz des Widerspruchs (Abstraktionsstufen) und der Satz vom zureichenden Grund (Begründungsketten) trafen sich also auch im Naturrecht Wolffs in der Behauptung von nicht weiter ableitbaren, mit sich identischen ewigen Wesenheiten der Dinge. In diesem unbegründeten Ende alles Fragens in der ‚Natur' der jeweiligen Sache zeigte sich der autoritäre, unkritische Grundzug seines Denkens. Wolff entnahm der ‚Erfahrung' die Wahrheit, wo er sie fand[35]; er zog die hervorragendsten Denker der vor ihm liegenden Epoche zu Rate. Grotius, Pufendorf und Leibniz waren unter anderen seine Lehrer. Ihre Aussagen versuchte er schärfer zu fassen, und er erweiterte durch seine begriffslogischen Bestrebungen nicht wenig die Möglichkeit rationaler Verständigung. Aber indem er alle Aussagen begründend und zergliedernd auf das Wesen der Dinge zurückzuführen trachtete, nahm er den rationalen Grundansatz der scholastischen Tradition wieder auf, den Pufendorf und Thomasius leidenschaftlich bekämpft hatten.

6. Ein umfassendes, natürliches Privatrecht hatte bereits die spanische Spätscholastik aus der Natur des jeweiligen Untersuchungsobjektes entwickelt[36]. Ihre idealistischen Vertreter pflegten die Frage nach der Begründung moralisch-rechtlicher Prinzipien mit der Theorie der „perseitas", der an sich, durch ihre Natur guten und bösen Handlungen zu beenden[37]. Gegen die Spätscholastik hatte Samuel Pufendorf das Recht zur unbeschränkten Frage verfochten[38], Begründungen aus der „Natur

---

[33] Vgl. *Wolff*, Jus naturae, Pars VIII, § 990: „Sane omne jus naturae rationem sufficientem habere dicimus in ipsa natura humana, etsi deducantur longa haud raro ambagem serie ex ea lege, quae rationem proximam et mediatam in natura humana habet, nec illarum ratio immediate ex natura humana reddi possit."

[34] *Wolff*, Jus naturae, Pars I, § 14.

[35] Vgl. *Chr. Wolff*, Allerhand nützliche Versuche, dadurch zu genauer Erkäntnis der Natur und Kunst der Weg gebahnet wird, Bd. 3, 1747, Vorrede, S. I: „Die Erfahrung ist ein unerschöpflicher Brunn der Wahrheit, welcher niemanden von sich lässet, der nur die Kraft zu schöpffen hat."

[36] Vgl. *H. Thieme*, Natürliches Privatrecht und Spätscholastik, SZ Germ. Abt., Bd. 70 (1953), S. 230 ff.

[37] Vgl. *Welzel*, Naturrecht und materiale Gerechtigkeit, S. 137.

[38] Vgl. *S. Pufendorf*, De Jure Naturae et Gentium, L. 2, C. III, § 4; ders., Eris Scandica, S. 217.

des Objektes" oder der „Natur der Handlungen" seien bar jeder Bedeutung[39]. Die sententiolae „neminem laedere, suum cuique tribuere", auf die die Weisheit der scholastischen Naturrechtler theoretisch hinauszulaufen pflege, könnten ohne eine Vielzahl näherer Bestimmungen nicht als Grundlage einer präzisen und einsehbaren Wissenschaft dienen[40]. Indem Pufendorf sich statt dessen auf die Beobachtung der menschlichen Lebensbedingungen (conditio humana) zu stützen gesucht hatte[41], war es ihm nach den Worten des Thomasius gelungen, die Lehre der perseitas „von ihrem Thron ... (zu) verstoßen ..."[42].

Christian Wolff dagegen vertrat wieder die Auffassung, die menschlichen Handlungen seien „in se", durch die Natur und das Wesen des Menschen und der Dinge an sich gut oder böse[43]. Er glaubte wieder, Wahrheit und Gerechtigkeit seien in den Rechtssprüchen Ulpians (D 1, 1 , 10, 1) verkörpert[44]. Weil er sich nicht grenzenlos zweifelnden Fragen aussetzte, gab er die Auffassungen, die er in der Literatur seiner Zeit einleuchtend erklärt fand, als Naturrecht aus, das ewig und unabänderlich in der Natur und im Wesen der Dinge ruhte.

III. Wolffs verbesserte Topik

1. Da die Wolff'sche Ontologie alle möglichen Dinge auf ihren Grund und Zweck, auf ihr Wesen und ihre Natur befragte, erneuerte sie die topische Argumentationsweise. Denn wenn unter Topik die Kunst der Erfindung verstanden werden kann, die jedwedes Problem unter gleichen Gesichtspunkten zu lösen versucht, so setzt sie ein Muster der Dinghaftigkeit voraus, in dem alle Dinge beschrieben werden können: ohne Substanzontologie keine Topik.

Dementsprechend verstand Wolff selbst seine ontologischen Begriffe als Topoi, sie zeigten ihm, wie er meinte, in allen Fragen „den Weg,

---

[39] *Pufendorf*, Eris Scandica, S. 217.

[40] *Pufendorf*, a.a.O., S. 88 f.: „... non potest adquiescere intellectus noster, ut rationem omnino nosse velit, quare et unde vel in perseitate, vel in dictamine rationis necessitas insit ... Deinde hoc quidem tantum demonstrandi artificium decebat, pro principiis secundo primis venditare sententiolas, verbis gratia, neminem laedere, suum cuique tribuere, veras quidem, sed multis determinationibus adaptandas, priusquam ex iis distincta et liquida scientia haberi possit."

[41] Vgl. *Pufendorf*, a.a.O., S. 217, 237; ders., De Jure Naturae et Gentium, L. 2, C. III, § 13.

[42] *Chr. Thomasius*, Institutiones Jurisprudentiae Divinae, 3. Aufl., 1702, Progr. S. 79.

[43] *Wolff*, Philosophia practica universalis, Pars I, § 123: „Actiones in se bonae vel in se malae, nec non propter determinationes accidentales in bonas vel malas abeuntes per ipsam hominis rerumque essentiam atque naturam bonae vel malae sunt..."

[44] *Chr. Wolff*, Institutiones Juris Naturae et Gentium, 1754, Dedicatio, S. I f.

auf dem man gehen muß, um nicht vom Wege abzukommen", und zündeten ein Licht an, das den Weg sichtbar mache[1]. Sie erhellten, „wohin die Gedanken gelenkt werden müssen, damit man findet, was man sucht"[2]. Die ontologischen Begriffe bezeichnete Wolff deshalb als „Leitbegriffe", sie lenkten den Verstand dahin, die Wahrheit aufzuspüren und das Aufgespürte zu beurteilen[3]; ebenso brachte die an den ontologischen Prinzipien des Satzes vom Widerspruch und des Satzes vom zureichenden Grund ausgerichtete demonstrative Lehrart nach Wolffs Überzeugung die ars veritatem inveniendi der Scholastiker auf deutliche Begriffe[4]. Auch sie konnte deshalb wie jede Topik auf alle Wissenschaften angewandt werden[5].

2. Zur Unterstützung seiner Thesen berief sich Wolff freilich nicht mehr auf die Autorität eines kanonischen Textes, er bezog sich statt dessen auf die gemeine Vernunft, den sensus communis[6]. Nach seiner Auffassung bedienten sich alle Menschen bei ihren Vernunftschlüssen der ontologischen Begriffe, wenn auch oft in undeutlicher Weise[7]. Alle Weltweisheit ließe sich deshalb auf den gemeinen Menschenverstand zurückführen[8], und mit seiner Philosophie bringe er allen Leuten nur zu klarem und deutlichem Bewußtsein, was sie im Grunde selbst dächten[9].

Über die Aufhellung überlieferter Erkenntnis hinaus führte Wolff kein Gedanke. Mit seiner Substanzontologie blieb er der Gefangene der Tradition; bestand doch nach seinen eigenen Worten der vortreffliche Nutzen der ontologischen Leitbegriffe gerade darin, „daß sie einen nicht in das Zweifeln verfallen lassen"[10]. In einem unbelegbaren psychologischen Bereich ließe sich freilich auch bei Christian Wolff der geheime Vormarsch des Zweifels spüren. Sein rastloses Niederschreiben der

---

[1] *Wolff*, De Notionibus Directricibus, in: Horae Subsecivae, Bd. 1, S. 314.

[2] *Wolff*, a.a.O., S. 316: „Per notiones directrices intelligo eas, per quas apparet, quo cogitationes sint dirigendae, ut reperiatur, quod quaeritur."

[3] *Wolff*, a.a.O., S. 315: „Ipsa autem experientia nos docet, quod hac ratione simus consecuti, ut notiones ontologicae intellectum dirigant in veritate investiganda et investigata dijudicanda."

[4] Vgl. *Chr. Wolff*, Glückwunschschreiben an Herrn Professor Cramer, darinnen untersuchet wird, ob es nützlich sey, wenn die Erfindungskunst in einen zusammenhangenden Lehrbegriff gebracht würde?, in: Ges. kleine Phil. Schriften Bd. 2, S. 310 ff.; ders. Ratio praelectionum, Sect. 2, C. II, § 5.

[5] *Wolff*, De Jurisprudentia civili in formam demonstrativam redigenda, in: Horae Subsecivae, Bd. 2, S. 130: „Forma enim demonstrandi pendet a natura mentis humanae, eodem prorsus modo de objecto quocunque ratiocinantis, non vero ab objecto, de quo ratiocinamur ..."

[6] *Wolff*, De Notionibus Directricibus, S. 335 f.

[7] *Wolff*, a.a.O., S. 338.

[8] *Wolff*, a.a.O., S. 335 f.

[9] *Wolff*, a.a.O., S. 338.

[10] *Wolff*, a.a.O., S. 345, zitiert nach der Übersetzung in: Ges. kleine Phil. Schriften, Bd. 2, S. 162.

Weltweisheit für alle Freunde der Wahrheit, der Rückzug auf logische Verknüpfungen scheinen unter einer glitzernden Oberfläche die wachsende Unsicherheit zu verbergen. „Sie arbeiteten, um andere zu unterrichten, aber nicht, um sich selbst zu klären“, sollte später Rousseau im Hinblick auf die Enzyklopädisten schreiben[11]. Nur in diesem Sinne erreichte die deutsche Aufklärung in der Wolff'schen Philosophie ihren Höhepunkt[12].

IV. Das Naturrecht der Schüler Christian Wolffs

Unter den vielfältigen Einflüssen, die die Wolffsche Philosophie auf die deutsche Geistesgeschichte ausgeübt hat, nehmen seine rechtsgelehrten Schüler insofern einen besonderen Platz ein, als sie fast mehr noch als Wolff selbst der demonstrativen Lehrart und dem substanziellen Naturrecht Ansehen in der Jurisprudenz verschafft haben[1]. In Marburg trug schon seit 1731 neben Wolff der Professor der Rechte *Johann Ulrich Cramer* (1706—1772)[2] die gemeinrechtliche Jurisprudenz nach der demonstrativen Methode Wolffs vor. Die Fruchtbarkeit dieser Methode bezeugt vielleicht am eindrucksvollsten das natürliche Strafrecht, das der Kriegsrat *Regner Engelhard* (1717—1777) im Jahre 1756 veröffentlichte[3].

1. Nach Engelhard dient die Strafe der Verhinderung der der gemeinen Wohlfahrt, Sicherheit und Ruhe abträglichen Verbrechen[4]. Je größer die Schädlichkeit des Verbrechers, desto schärfere Strafen müßten zur Abwehr verhängt werden. Da es seiner Auffassung nach die Aufgabe des Strafrechts war, die Regeln für das Verhältnis von Verbrechen und Strafen nach ihrer jeweiligen Größe zu bestimmen[5], sah Engelhard sich vor das gleiche Problem wie die gemeine Strafrechtswissenschaft gestellt, welche Strafe — poena ordinaria oder poena extraordinaria — bei welchem Verbrechen zu verhängen sei[6]. Zur Bewältigung dieses

---

[11] *J. J. Rousseau*, Les Rêveries du promeneur solitaire (1778), 1965, 3. Promenade, S. 53: „Ils étudiaient la nature humaine pour en pouvoir parler savamment mais non pas pour se connaître; ils travaillaient pour instruire les autres, mais non pas pour s'éclairer en dedans.“

[12] Vgl. dagegen *H. Conrad*, Deutsche Rechtsgeschichte, Bd. 2, 1966, S. 376; *W. Dzialas*, Christian Wolffs Völkerrechtstheorie, S. 1; *Wieacker*, a.a.O., S. 318.

[1] Vgl. *Thieme*, a.a.O., SZ 56, 226.

[2] Vgl. *Landsberg*, Geschichte der deutschen Rechtswissenschaft, Abt. 3, Halbband 1, S. 213 ff.; *Steffenhagen*, ADB 4, S. 548; *Döhring*, NDB Bd. 3, S. 391.

[3] *R. Engelhard*, Versuch eines allgemeinen peinlichen Rechts aus den Grundsätzen der Weltweisheit und besonders des Rechts der Natur, 1756; dazu *R. Frank*, Die Wolffsche Strafrechtsphilosophie, 1887.

[4] *Engelhard*, a.a.O., § 9.

[5] *Engelhard*, a.a.O., § 10.

[6] Vgl. *Eb Schmidt*, Einführung in die Strafrechtspflege, 3. Aufl., 1965, § 155.

Problems konnte sich Engelhard zusätzlich auf das ‚Wesen‘ und die ‚Natur‘ von Verbrechen und Strafen stützen. Er versuchte daher, das Verhältnis von Verbrechen und Strafen nach ihrem jeweiligen Wesen zu bestimmen[7]. Dabei kam er zu dem Ergebnis, daß die Todesstrafen z. B. ihrem Wesen nach vielfältig variiert werden konnten. Denn „da die Art das Leben einem zu nehmen gar verschieden ist, so können auch die Lebensstrafen danach unterschieden seyn"[8]. Das gleiche gelte für die Leibesstrafen. Denn „so mancherley demnach die Glieder sind, derer ein Mensch beraubet werden kann, ohne daß er dadurch zugleich das Leben verliehret, und auf so mancherley Art einem ohne Beraubung des Lebens ein Schmerz an seinem Leibe zugefüget werden kann: So mancherley sind auch die Leibesstrafen"[9].

Es bedarf kaum noch der Erläuterung, daß von diesem natürlichen Strafrecht keine reformerischen Impulse ausgehen konnten. Engelhard nahm noch nicht einmal den milderen Geist wahr, der in der Praxis längst spürbar geworden war[10]. Abgesehen von den Kapitalverbrechen ließ er bei erschwerenden Umständen die Todesstrafe u. a. zu wegen Verbreitung von Irrtümern, die „dem besten eines gemeinen Wesens seiner Wohlfahrt, Ruhe und Sicherheit zuwider sind"[11], wegen Gotteslästerung[12] und wegen Zauberei[13]. Die Kindsmörderin durfte seiner Auffassung nach mit beißenden Tieren gesäckt werden[14]. Nur die zu seiner Zeit außer Übung gekommene Todesstrafe des Hirschschmiedens hielt er für zu grausam, sie schmecke nach Rache[15].

Daß die Ohnmacht des auf dem Wesen und der Natur einer Sache gründenden Naturrechts auch in der Verbrechensdoktrin zutage trat, bedarf keiner Erläuterung[16]. Schon *Reinhard Frank* urteilte, daß der Wolff'sche Rationalismus sich mit seiner Strafrechtslehre „in den Dienst des Bestehenden" stellte[17], heute könnte etwas maliziös hinzugefügt werden: dank seines topisch wägenden Denkens aus der ‚Natur der Sache‘ quälte ihn kein Zweifel.

---

[7] *Engelhard*, a.a.O., § 15.
[8] *Engelhard*, a.a.O., § 125.
[9] *Engelhard*, a.a.O., § 126.
[10] Vgl. *L. v. Bar*, Geschichte des deutschen Strafrechts, 1882, S. 147.
[11] *Engelhard*, a.a.O., § 219.
[12] *Engelhard*, a.a.O., § 222; als Gotteslästerung sah er auch „die Verachtung und Beschimpfung des Wortes und der Diener Gottes" an. Vgl. a.a.O., § 223.
[13] *Engelhard*, a.a.O., § 232.
[14] *Engelhard*, a.a.O., § 256.
[15] *Engelhard*, a.a.O., § 307.
[16] *Vgl. Engelhard*, a.a.O., § 41: der indirekte Vorsatz sei ‚eigentlich‘ kein Vorsatz, gleichwohl könne er wie ein solcher behandelt werden; § 220: eine irrige Meinungsäußerung sei trotz der Gedankenfreiheit strafbar, denn „ein anders ist es, eine Meinung oder einen Irrtum hegen, ein anders aber solche ausbreiten . . ."
[17] *R. Frank*, a.a.O., S. 86.

2. Weniger drastisch wirkte sich der Wolff'sche substanzielle Denkansatz bei seinen systematisch arbeitenden Schülern aus, die seine Lehre weit in die zweite Hälfte des 18. Jahrhunderts hineintrugen.

Philosophisch am selbständigsten unter den rechtsgelehrten Schülern Wolffs war der Professor der Metaphysik und der Rechte *Joachim Georg Darjes* (1714—1791)[18]. Darjes hielt zwar an Wolffs Rationalismus fest und betrachtete die Logik noch als ars veritatem inveniendi[19], aber er bekämpfte unter dem Einfluß von *Christian August Crusius* (1715—1775)[20] die unbedingte Geltung des Satzes vom zureichenden Grund und damit den Determinismus und das Vollkommenheitsideal[21]. Deshalb trat in seiner Naturrechtslehre anstelle des Wesensbegriffes der der Natur in den Vordergrund, denn die Natur einer Sache sei „die existierende Essenz der Sache selbst"[22]. Dank seiner indeterministischen Tendenz gelangte er gelegentlich zu kritischen, historisch begründeten Gedanken[23]. Aber an der dogmatischen Grundeinstellung seiner Naturrechtstheorie änderte diese ‚Offenheit' nichts. Zusätzlich zu den essenziellen Merkmalen lehrte er nur die existenziellen Bedingungen mit bedenken.

Das Naturrecht betrachtete auch Darjes als eine universale Jurisprudenz[24]. Universal eine Sache zu behandeln, hieß für ihn, „das zu untersuchen, was aus ihrem Wesen ... abgeleitet werden kann"[25]. Daher gehörte zum Naturrecht alles, was „aus dem Wesen einer Sache sowohl aus ihr selbst wie unter den Bedingungen ihrer Existenz als das in der Sache Gerechte oder Ungerechte erschlossen werden kann"[26]. Das Naturrecht enthalte daher ewige und unabänderliche Regeln, denn die Wesenheiten der Dinge seien unveränderlich[27]. Das Wesen der Dinge

---

[18] Vgl. *Richter,* ADB 4, S. 758 f.

[19] Vgl. *J. G. Darjes,* Introductio in artem inveniendi, seu Logica theoretico-practica, 1743, Praefatio, S. I ff.

[20] Vgl. *M. Wundt,* Die deutsche Schulphilosophie im Zeitalter der Aufklärung, S. 254 ff.

[21] Vgl. *Wundt,* a.a.O., S. 304 ff.

[22] *J. G. Darjes,* Observationes juris naturalis socialis et gentium, 1751, Obs. I, §§ 2, 7.

[23] Vgl. *J. G. Darjes,* Discours über sein Natur- und Völkerrecht, 1762, Pars II, § 441, Cor. 1 (zur Unauflöslichkeit der Ehe).

[24] Vgl. *J. G. Darjes,* Institutiones jurisprudentiae universalis in quibus omnia juris naturae socialis et gentium capita ... explanantur, 2. Aufl., 1745.

[25] *Darjes,* a.a.O., Lectori benevolo salutem et officia, S. 18: „Rem quandam universaliter pertractare, idem est, ac in ea inquirere, quae ex eiusdem essentia, seu ut cum Logicis loquar, conceptu primo possunt derivari."

[26] *Darjes,* Institutiones, Praefatio, S. 18: „Manifestum est (sc. jurisprudentiam vocari universalem) quatenus ex rei cuiusdam essentia tam in se, quam iis sub determinationibus, sub quibus existere potest, considerata, ea, quae circa eandem iusta atque iniusta sunt, infert."

[27] *Darjes,* Observationes, Obs. 4, § 8.

werde durch ihre Begriffe dargestellt[28]. Das Naturrecht entwickelte Darjes daher als universale Jurisprudenz aus den Begriffen der einzelnen Sachen[29]. Was aus dem Begriff der Sache folge, gelte überall, wo eine solche Sache anzutreffen sei[30]. Was z. B. aus dem Begriff der Ehe abgeleitet werden könne, sei für alle Ehen verbindlich, und das Jus feudale universale könne angewandt werden, wo immer ein Gut zu Lehen vergeben sei[31].

Blieb das Darjes'sche Naturrecht deshalb wie Wolffs Rechtslehre im Umkreis der herrschenden Auffassungen seiner Zeit, weil es kein anderes rationales Mittel als das der Abstraktion methodisch einsetzen konnte, so läßt sich bei Darjes zusätzlich beobachten, wie das ewige Naturrecht auch das positive Recht an sich heranzog. Das positive Recht bildete für Darjes nichts anderes als das durch verschiedene Umstände näher bestimmte Naturrecht[32]. So gälten naturrechtlich gemäß dem Wesen des Vertrages gewisse allgemeine Vertragsregeln, die positivrechtlich entsprechend den verschiedenen Umständen, unter denen sich die Menschen vertraglich einigen können, des näheren bestimmt würden[33]. Das Naturrecht wurde damit nahezu zum ‚allgemeinen Teil', der in das positive Recht einführen konnte und es rational zu durchdringen lehrte. Es wäre eine Schande, schrieb Darjes, wenn „junge Leute in die jura particularia et positiva eingeführt würden, ohne daß sie sich in dem jure naturae umgesehen und vestgesetzet hätten"[34]. Durch die Einsicht in die Vernünftigkeit der positiven Rechte unterscheide sich der Naturrechtler vom Leguleien, dem Gesetzeskundler, der „zwar die Gesetze hersagen, aber nicht verstehen kann"[35]. Im Namen eines ewigen Naturrechts lehrte somit Darjes, das je geltende Recht in allgemeinen Begriffen zu erfassen.

3. Dieser Prozeß der Selbstauflösung des Naturrechts in der Dogmatik des geltenden Rechts läßt sich noch genauer bei einem der letzten Ver-

---

[28] *Darjes*, Discours, Vorrede, S. IV; vgl. Institutiones, Introductio ad i. n. ac g., Pars gen., § 29.

[29] *Darjes*, Discours, Vorrede S. IV: „Wird das Word Ius naturae objective genommen, so bedeutet es eine Wissenschaft, die uns aus den Begriffen erklärt, was in casu obvio conveniens sei."

[30] *Darjes*, Discours, Praec. ad § 31, Cor. 2.

[31] *Darjes*, a.a.O.

[32] *Darjes*, Institutiones, Praefatio, S. 19: „Iura positiva non sunt nisi naturalia varias per circumstantias magis determinata . . ."

[33] *Darjes*, a.a.O., S. 18: „Ita, exempli gratia, de pacto universaliter dicit, qui ex pacti essentia infert, quae circa pacta atque iniusta, eaque varias per circumstantias, sub quibus pacisci possunt mortales, magis determinat."

[34] *Darjes*, Discours, Praec. ad § 49.

[35] *Darjes*, a.a.O.

treter des Wolff'schen Naturrechts, bei seinem treuesten Schüler *Daniel Nettelbladt* (1719—1791)[36] beobachten.

Daniel Nettelbladt war einer der angesehensten Rechtslehrer Deutschlands in der zweiten Hälfte des 18. Jahrhunderts[37]. Ihn beseelte vom Beginn seiner Studien in Rostock an der Eifer zu systematischer Gliederung aller Rechtsgebiete. Schon als Student der Theologie stieß er auf Wolffs ‚mathematische' Philosophie, aber zu seinem Verdruß konnte er sich auch nach dem Wechsel zur Jurisprudenz keinen Reim daraus machen, wie „durch Cirkel und Triangel" das Recht auszumessen sei[38]. Deshalb wünschte er, „solche juristischen Schriften zu haben, darin das Recht auf eine systematische Art von anderen abgehandelt wäre"[39]. Dieser Drang führte ihn im Jahre 1740 zu Wolff und Cramer nach Marburg. Im Jahre 1741 holte ihn Wolff nach Halle; nach der Promotion hielt er seine Antrittsvorlesung über das Thema „Von rechter Einrichtung des mündlichen Vortrags eines Lehrers der Rechte"[40]. Dieser Frage, wie das Recht übersichtlich und in klaren Begriffen gelehrt werden könne, blieb er sein Leben lang treu. Insbesondere bemühte er sich, für die Pandektenvorlesung eine „vernünftige Ordnung" zu finden, darin „dasjenige vorausgesetzt werde, worauf sich die Erkenntnis des anderen gründet", und dabei müsse darauf gesehen werden, „daß alles, was zu einer Lehre gehöret, beisammen stehe"[41]. Eine genaue Vorstellung von der demonstrativen Lehrart hatte Nettelbladt nicht mehr, demonstrativ hielt er für gleichbedeutend mit axiomatisch, systematisch und natürlich[42]. Überhaupt ist es ihm „nie in den Sinn gekommen, ... die ganze Rechtsgelehrsamkeit mit allen ihren Theilen in einen Lehrbegriff zu bringen"[43]. So begnügte er sich mit Einteilungen, mit den „ersten Begriffen" und sah „bloß auf das Nöthige und Brauchbare"[44].

Für die Auflösung des Naturrechts in der Theorie des positiven Rechts waren aber gerade diese ersten Begriffe nicht unbedeutend. Die einzige Quelle aller Wahrheiten der natürlichen Rechtswissenschaft war

---

[36] Vgl. *D. Nettelbladt*, Leben und Schriften Herrn D. Nettelbladts, in: Sammlung kleiner juristischer Abhandlungen, 1792, S. V ff.; *Eisenhart*, ADB 23, S. 460 ff.

[37] *Eisenhart*, a.a.O., S. 461.

[38] *Nettelbladt*, Leben und Schriften, S. XVIII.

[39] *Nettelbladt*, a.a.O.

[40] *Nettelbladt*, a.a.O., S. XXIV.

[41] *D. Nettelbladt*, Politische Vorschläge zu der Verbesserung der juristischen Vorlesungen auf hohen Schulen, 1750, wieder abgedruckt in: Sammlung kleiner juristischer Abhandlungen, 1792, S. 52.

[42] *D. Nettelbladt*, Praecognita specialia jurisprudentiae privatae communis Romano-Germanico forensis, 2. Aufl., 1779, § 65: „An vero caeteroquin haec methodus docendi axiomatica, systematica, demonstrativa, appelletur, modo sit naturalis, solida et perspicua, perinde est."

[43] *Nettelbladt*, Leben und Schriften, S. XXVII.

[44] *Nettelbladt*, a.a.O., S. XXVII.

auch für Nettelbladt „die Natur und das Wesen der Dinge“[45]. Einzig und allein die „durch die Natur und das Wesen der Dinge konstituierten Gesetze“ begründeten alle natürlichen Rechte und Pflichten[46]. Da das Wesen unabänderlich, allgemein und notwendig bestehe, gälten auch die natürlichen Gesetze absolut notwendig, unabänderlich und seien für alle Menschen an jedem Ort verbindlich[47]. Da aber jedes Ding als ein Seiendes sein Wesen habe[48] und so auch jede menschliche Handlung ihr Wesen und ihre Natur besitze[49], so erstrecke sich das Naturrecht als ein Recht der ‚Natur der Sache‘ auf alle Gebiete, von denen auch die positive Rechtswissenschaft handle[50].

Diese Ausdehnung des Naturrechts auf alle Rechtsgebiete unter gleichzeitiger Aufrechterhaltung des universellen, absoluten Geltungsanspruches hätte an sich entweder die Offenbarung des schlechthin ewigen Heils in allen Rechtsangelegenheiten oder eine lähmende Erstarrung im Rechtsdogma mit sich bringen müssen, hätte nicht die allen Gehaltes beraubte Lehre vom Wesen und von der Natur der Dinge die endgültige Auflösung des Naturrechts in der positiven Rechtsgelehrsamkeit bewirkt. Denn auch für Nettelbladt bestand der Sinn des Naturrechtskollegs in einer Art ‚Einführung in die Rechtswissenschaft‘. Ihr Vorteil liege „theils darinnen, daß derselbe (sc. der Student) durch Anhörung dieser Vorlesungen schon einen großen Theil der juristischen Sprache lerne und von den Gegenständen der positiven Rechtsgelahrtheit deutliche Begriffe bekomme, theils darinnen, daß derselbe durch die innere Einrichtung des ganzen Gebäudes der natürlichen Rechts-

[45] *D. Nettelbladt*, Systema elementare universae jurisprudentiae naturalis, 1757, Introd., § 6: „Hinc fluit:
1. omnes veritates, quas iurisprudentia naturalis ambitu suo continet, esse naturalis;
2. fontem earum unicum esse rerum naturam et essentiam;
3. medium eas cognoscendi unicum esse sanae rationis usum;
4. ...“

[46] *Nettelbladt*, a.a.O. (N. 45), § 244: „Sunt quidem per rerum naturam et essentiam constitutae leges unicus fons iurium et obligationum naturalium ...“ vgl. a.a.O., §§ 8, 124, 125, 246, 248.

[47] *Nettelbladt*, a.a.O., § 250: „Leges naturales porro
1. omnes homines obligant;
2. ubique valent;
3. absolute necessariae et immutabiles sunt;
4. semper obligant extra casum obligationis.“

[48] Vgl. *D. Nettelbladt*, Systema elementare doctrinarum propaedeuticarum jurisprudentiae positivae Germanorum, 1781, § 6.

[49] *Nettelbladt*, a.a.O. (N. 45), § 249: „Quaelibet actio enim suam habet essentiam et naturam, et in ea leges naturales habent suam rationem.“

[50] *Nettelbladt*, Abhandlung von dem ganzen Umfang der natürlichen und der in Teutschland üblichen positiven gemeinen Rechtsgelahrtheit ..., 1772, § 3: „So muß sie (sc. die natürliche Rechtsgelahrtheit) hingegen auf alle Gegenstände der Rechte und Verbindlichkeiten, wovon in der positiven Rechtsgelahrtheit gehandelt wird, ausgedehnt werden.“

gelahrtheit schon übersehen könne, was er in der positiven Rechtsgelahrtheit zu lernen habe, und in welcher Ordnung alles erlernet werden müsse"[51].

Für die wissenschaftliche Behandlung konnte Nettelbladt diese Aufteilung des Rechtsstoffes in Propädeutik und intensives Studium nicht befriedigen. Angesichts der Identität der Gegenstandbereiche von natürlicher und positiver Rechtswissenschaft sei es nicht „schicklich und zweckdienlich", beide Disziplinen getrennt abzuhandeln, „von Rechts wegen" müsse vielmehr „der Begriff der natürlichen Rechtsgelahrtheit der positiven Rechtsgelahrtheit angemessen werden"[52]. Daher erhielt das Naturrecht bei Nettelbladt eine wissenschaftliche Bedeutung erst in der Ergänzung und Erklärung der positiven Rechtsquellen. Soweit die bürgerlichen Gesetze etwas anordnen, dürfe das Naturrecht nur zum besseren Verständnis, nicht zur Kritik der Regelung herangezogen werden. Der „Wahrer des Rechts" (juris cultor) sei ein „Diener der Gesetze", und es sei nicht seine Aufgabe, über die Gesetze, sondern gemäß den Gesetzen zu urteilen[53]. Nur wenn die Gesetze schweigen, „wird die Wahrheit dadurch gefunden, daß man aus Prinzipien argumentiert, die in der Natur derjenigen Sache selbst gegründet sind, die die zu beweisende Wahrheit betrifft"[54]. Das Naturrecht beschränkte sich daher auch bei Nettelbladt auf die Bedeutung einer subsidiären Rechtsquelle, die zugleich das positiv Geregelte näher erläutern kann. In seinem eigenen Naturrecht legte Nettelbladt deshalb größten Wert auf die Behandlung des in dem jeweiligen Staat geltenden Naturrechts, weil dies derjenige Teil sei, „welcher der positiven Rechtsgelahrtheit ihr Licht giebet, und ihre Unvollständigkeit ersetzet"[55].

Als Quellen des römischen wie des deutschen Privatrechts bezeichnete Nettelbladt daher

1. die römischen, bzw. deutschen Zivilgesetze und deren Analogie,

und wenn diese keine Entscheidung ermöglichten,

---

[51] *Nettelbladt*, Abhandlung von dem ganzen Umfang, § 18.

[52] *Nettelbladt*, a.a.O. (N. 50), § 2.

[53] *Nettelbladt*, a.a.O. (N. 45), § 57: „Caeterum de recta conjunctione huius disciplinae (sc. jurisprudentiae naturalis) subsidiariae cum iurisprudentia positiva Germanorum communi monendum: eam fleri si iuris cultor, vel ad supplendum, vel ad illustrandum iurisprudentiam positivam utitur iurisprudentia naturali. Omnis alius usus vero est potius abusus, quam rectus usus, huius disciplinae subsidiariae et ducit ad naturalismum iuridicum, eo magis vitandum, cum iuris cultor sit legum minister, et eius sit, non de legibus, sed secundum leges iudicare."

[54] *Nettelbladt*, a.a.O. (N. 48), § 66: „... dum silentibus legibus positivis, veritas evincitur argumentando ex principio in ipsa rei, quam veritas demonstranda concernit, natura fundato ..."

[55] *Nettelbladt*, Abhandlung von dem ganzen Umfang, § 19.

2. die Natur der Sache (rei natura), und zwar jene Natur, die die Sache bei den Römern, bzw. bei den Germanen hatte[56].

Mit diesem Zugeständnis an eine geschichtliche Natur der Sache gab Nettelbladt im Grunde den Universalanspruch des Naturrechts auf. Aus seinem Naturrecht ließ sich jedes positive Recht demonstrieren[57], es selbst löste sich in der Gliederung des positiv geregelten Rechts auf.

4. Das Naturrecht blieb eine subsidiäre Rechtsquelle, aber unter der Hand drang, wie die letzte Formulierung zeigt, ein neues Verständnis der ‚Natur' vor. Da Nettelbladt zwischen deutschem und römischem Zivilrecht klar unterschied, konnte er nicht mehr als Naturrecht ein übergreifendes allgemeines Recht postulieren. Die Natur der Sache mußte er differenzieren, je nach der Natur, die die Sache bei den Römern oder in den deutschen Gemeinwesen gehabt hatte. Damit war aber nicht nur der Anspruch des Naturrechts auf ewige Dauer und Unabänderlichkeit gefährdet, wie ihn Nettelbladt selbst noch mit seinem System der universellen natürlichen Jurisprudenz aufrecht erhielt; der Sinn einer Rede von ‚der' Natur der Sache mußte auch dunkel werden, wenn die gleiche Sache in verschiedenen Verhältnissen unvergleichbare Bedeutungen annehmen sollte. Je mehr daher der Begriff der Natur der Sache zur Formel erstarrte, hinter der sich alles, mit Ausnahme des Anspruchs einer allgemeinen universalen Natur verbarg, desto kräftiger wuchs unter der Decke dieser Formel das Bewußtsein mannigfach bedingter Verhältnisse, deren Regelmäßigkeit nur nach geduldigen historischen Studien oder nach anhaltenden Beobachtungen bedacht werden konnte. Die Entwicklung der deutschen Jurisprudenz in den letzten Jahrzehnten des 18. Jahrhunderts wurde daher von jenen Gelehrten bestimmt, die sich der Reflexion solcher Verhältnisse öffneten. Aber auch sie sprachen in ihren theoretischen Bemerkungen noch von der Natur der Sache, der gesunden Vernunft und dem alle Menschen verbindenden Naturrecht. Aus sich heraus ist ihre Denkweise daher nicht verständlich.

---

[56] *Nettelbladt*, Praecognita (N. 42), §§ 16, 20 (röm. Recht), §§ 22, 26 (dt. Recht); § 16: „Jurisprudentiae privatae romanae fontes sunt 1. leges romanae privatae earumque analogia; 2. hoc fonte deficiente rei natura a ea quam apud Romanos habuit."

[57] Vgl. *Landsberg*, Gesch. der dt. Rechtswiss., Abt. III, Halbband 1, S. 291.

Dritter Abschnitt

Funktionale Ansätze im aufgeklärten Rechtsdenken

I. Relation und Natur der Dinge Montesquieus „De l'Esprit des Lois"

1. Die Argumentationsformen scholastischer Gelehrsamkeit ließen sich bis hin zu Christian Wolff und seinen Schülern verhältnismäßig leicht an Hand von Lehrbüchern und Dissertationen entwickeln. Die sog. westeuropäische Aufklärung, die in der zweiten Hälfte des 18. Jahrhunderts zunehmend Einfluß auf die deutschen Juristen gewann, äußerte sich dagegen in einer Vielzahl essayistischer und monographischer Arbeiten ungebundener Schriftsteller, deren Argumentationsformen zumindest auf den ersten Blick nicht einheitlich festlegbar scheinen. Sie fußten auf einer langen antischulischen Tradition, deren Einheitlichkeit vornehmlich in der Abwehr angeblicher Gesetzmäßigkeiten des Wissens lag. Angefangen bei der paulinischen Theologie von Kreuz und Gnade[1] bis zu Spinoza, Leibniz[2] und Rousseau[3], stets wurde die Weisheit der hohen Schulen zur Torheit erklärt. Eine einheitliche Geistesströmung läßt sich jedoch hinter der Front gegen die aristotelisch-thomistische Scholastik nur bei einer Bereitschaft zu weitgehender Abstraktion erkennen. Der Voluntarismus eines Duns Scotus[4] und der Nominalismus von Wilhelm von Ockham[5] bewegten sich noch ganz im theologisch bestimmten Weltverständnis. Machiavelli und Morus ließen sich nur in ihrem säkularistischen Zugang zu sozialen und politischen Phänomenen auf eine Stufe stellen. Eine einheitliche Methode des Erkennens wurde außerhalb der Scholastik erst im 17. Jahrhundert mit dem „mos geometricus", mit der Nachahmung mathematischer Axiomatik greifbar.

Zu erinnern ist insbesondere an das voluntaristisch-naturalistische System des Thomas Hobbes (1588—1679), das durch seinen radikalen Ansatz bei anthropologischen Grundphänomenen (Machtstreben und

---

[1] Vgl. G. *Bornkamm*, Paulus, 1969, S. 167 ff.

[2] Dazu P. *Hazard*, Die Krise des europäischen Geistes, o. J. (1939), ed. Hoffmann u. Campe, S. 171 ff. (Spinoza), S. 255 ff. (Leibniz).

[3] Vgl. *Rousseau*, Rêveries, S. 53 (zit. oben S. 48, N. 11).

[4] Vgl. *Welzel*, Naturrecht und materiale Gerechtigkeit, 4. Aufl. 1962, S. 66 ff.

[5] *Welzel*, a.a.O., S. 81 ff.

Sicherheitsbedürfnis) allen späteren Staatstheoretikern Grund zum Ärger oder zum Beifall bot. Bei Hobbes wurde auch jene Richtlinie eines säkularen Rechts angesprochen, die bei vielen späteren Autoren anklingen sollte: das Erhaltungsprinzip. Natürliches Recht war für ihn alles, „was zu einer möglichst langen Erhaltung des Lebens und der Glieder zu tun und zu lassen ist"[6]. Die axiomatische Methode des mos geometricus führte indes je nach Wahl des Axioms zu unterschiedlichen Lehren[7]; die Auswahl der sozialpsychologischen Phänomene, die ein Autor seinem Werk zugrunde legte, bestimmte das System. Dies änderte sich erst, als im Laufe des 18. Jahrhunderts die Prinzipien an Hand historischer und soziologischer Daten überprüft wurden.

„Hypotheses non fingo" — mit diesem Satz schob Newton die rein deduktive Systematik cartesianischer oder sonstiger Provenienz von sich[7a]. In Newtons „Philosophiae Naturalis Principia Mathematica" sah das 18. Jahrhundert in zunehmendem Maße eine neue für alle Erkenntnisbereiche taugliche Methode ausgebildet: die sog. resolutiv-kompositive Methode[8]. In ihr verbanden sich empirisch-induktives und systematisch-deduktives Denken in einer neuen Form, das Allgemeine zu begreifen. Die allgemeine Regel sollte nicht mehr vor oder hinter den Phänomenen gesucht werden, sondern in, bzw. genauer: zwischen ihnen[9]. Dazu war das beschreibbare Phänomen in jene Bedingungen zu zerlegen, aus deren wechselseitiger Abhängigkeit es erklärt werden konnte. Studienobjekt war genau genommen nicht mehr die scheinbar einzelne Sache, sondern ein Vorgang, ein natürlicher oder historischer Prozeß. Die ihn konstituierenden Bedingungen waren deshalb auch nicht mehr Merkmale einer Sache, die in einer Definition zusammengefaßt und aus einem Wesensgrund abgeleitet werden konnten, sondern Bezugspunkte von Verhältnissen, die einer Abbildung in mathematischen Funktionen zugänglich schienen[10].

2. In der Form, Gründe rechtlicher Regeln zu finden, deutet sich dieser Umschwung in der Mitte des 18. Jahrhunderts am greifbarsten in

[6] *Hobbes*, De cive 2.1; dazu *E. W. Böckenförde*, Der Rechtsbegriff in seiner geschichtlichen Entwicklung, in: Archiv für Begriffsgeschichte, Bd. 12, Heft 2 (1968), S. 163 f.

[7] Vgl. etwa gegenüber *Hobbes* den Ansatz Pufendorfs bei socialitas und imbecillitas, vgl. *Welzel*, a.a.O., S. 130 ff.

[7a] *I. Newton*, Philosophiae Naturalis Principia Mathematica, 2. Aufl., herg. v. Roger Cotes 1713, S. 310; vgl. auch die Einleitung von *R. Cotes*, S. 2.

[8] Dazu *E. Cassirer*, Philosophie der Aufklärung, 2. Aufl. 1932, S. 7 ff., 12 f.

[9] Vgl. dazu neuerdings: *H. Rombach*, Substanz, System, Struktur Bd. 1: Die Ontologie des Funktionalismus und der philosophische Hintergrund der modernen Wissenschaft, 1965; *W. Krawietz*, Das positive Recht und seine Funktionen, 1967, S. 40 mit weiteren Nachweisen.

[10] Vgl. *F. Dessauer*, Galilei, Newton und die Wendung des abendländischen Denkens, in: Eranos-Jahrbuch 1946, Bd. 14, S. 282 ff.

dem „politischen Hauptwerk" der Aufklärung (Dilthey)[11], in Montesquieus „De l'Esprit des Lois" an[12].

Charles Louis de Secondat, Baron de la Brède et de Montesquieu (1669—1755)[13], stand mit seinem im Jahre 1748 erschienenen „Esprit", wie vielfach bemerkt, auf der Wasserscheide des 18. Jahrhunderts[14]. Friedrich Meinecke zufolge trafen sich in ihm die Tradition der empirisch-utilitaristischen Machiavellisten und die der naturrechtlichen Systematiker, so daß in das Bett des politischen Realismus die Ideen des liberalen Individualismus einströmen konnten[15]. In seiner Argumentation finden sich überalterte und neue Elemente: Montesquieu wird es zugeschrieben, den naturwissenschaftlichen, „funktionalen" Denkansatz am gründlichsten im 18. Jahrhundert auf die staatstheoretische und historische Ebene übertragen zu haben[16]. Gleichwohl folgte auch er noch an einigen nicht unbedeutenden Stellen alten dogmatisch-rationalistischen Vorstellungen.

Auf zahlreichen Reisen durch Europa und in ernsthaften historischen Studien suchte Montesquieu die sozialpolitischen Umstände der jeweiligen Staatsform zu erforschen[17]. Aber er wollte nicht nur historische Daten sammeln, überall suchte er nach den konstituierenden, die Daten in ihrer regelmäßigen Verknüpfung erklärenden Prinzipien[18]. Noch in den wunderlichsten Formen sozialen Verhaltens glaubte er beherrschende vernünftige Gesetze vermuten zu können. „Ich habe damit begonnen", schrieb er in der Vorrede zum Esprit, „die Menschen zu prüfen, und ich habe geglaubt, daß sie in der unendlichen Mannigfaltigkeit ihrer Gesetze und Sitten nicht von bloßer Willkür und Laune gelenkt werden[19]." Auf der Suche nach den konstituierenden Prinzipien erging es ihm wie dem experimentellen Naturforscher, er mußte seine Annahmen immer wieder über Bord werden. So fand er lange Zeit die Wahrheit nur, um sie zu verlieren, wie er selbst paradox formulierte[20]. Nach

---

[11] W. *Dilthey*, Das achtzehnte Jahrhundert und die geschichtliche Welt, Ges. Schr. Bd. 3, 3. Aufl. 1962, S. 233.

[12] Benutzt wird die Ausgabe von Gonzague Truc, 2 Bde., Garnier 1961, und die Übertragung von Ernst Forsthoff, 2 Bde. 1951.

[13] Zu Montesquieus Leben vgl. *R. Shackleton*, Montesquieu. A Critical Biography, 1961.

[14] *F. Meinecke*, Die Entstehung des Historismus, 4. Aufl. 1965, S. 116; *B. Willey*, The Eigtheenth-Century Background (1940), 1965, S. 111 (in Bezug auf Hume); *E. Cassirer*, a.a.O., S. 1 ff. (nach d'Alembert).

[15] *Meinecke*, a.a.O., S. 129.

[16] Vgl. *Cassirer*, a.a.O., S. 25 ff.; *Meinecke*, a.a.O., S. 118 f.; *Dilthey*, a.a.O., S. 233.

[17] Vgl. *Meinecke*, a.a.O., S. 118 f.; *P. Barrière*, Montesquieu voyageur, in: Actes du Congrès Montesquieu, 1956, S. 61 ff.

[18] *Cassirer*, a.a.O., S. 25 f., 280; *Meinecke*, a.a.O., S. 133 ff.

[19] Esprit, Préface, Bd. 1, S. 1; die Übersetzung folgt *Cassirer*, a.a.O., S. 280 f.; bei *Forsthoff*, a.a.O., Bd. 1, S. 5, fehlt die Negation im Nebensatz.

[20] Esprit, Préface, Bd. 1, S. 2.

zwanzigjähriger Vorarbeit konnte er schließlich von sich sagen, er habe jetzt Grundsätze aufgestellt, nach denen sich die einzelnen Gegenstände wie von selbst richteten; die Geschichte der Völker schien nur eine Folge dieser Prinzipien zu sein; und so sah er, wie „jedes besondere Gesetz mit einem anderen verbunden ist oder von einem anderen, allgemeineren abhängt“[21].

An seiner eigenen Mühe, die Prinzipien aufzudecken, hatte Montesquieu zugleich eine Erfahrung gemacht, die das Naturrecht der gesunden Vernunft allzuleicht vergessen hatte: die menschliche Irrtumsbefangenheit[22]. Seine eigenen Vorurteile — nicht nur die der Alten oder die von Gegnern — bemühte er sich an der neuen „sachlichen“ Autorität zu überwinden: an der Natur der Dinge[23]. Die „Natur der Dinge“ bildete in diesem Zusammenhang keine Grundlage für normative Aussagen[24]; aus ihr sprach zwar die Überzeugung, die aufgestellten Prinzipien erklärten eine in den Dingen selbst waltende Vernünftigkeit; für die wissenschaftliche Argumentationsweise war diese spekulative Annahme aber gleichgültig. Denn die Aussage über einen Wahrnehmungsgegenstand kann auch heute noch als die einzige Grundlage einer intersubjektiv möglichen Überprüfung natur- und sozialwissenschaftlicher Theorien angesehen werden[25].

3. Die besondere Form, in der Montesquieu die naturwissenschaftliche Methode auf sozialpolitische Zusammenhänge anwandte, barg aber gleichwohl die Möglichkeit, zu normativen Aussagen hinüberzugleiten. Wie Cassirer im einzelnen dargelegt hat, faßte Montesquieu als erster zur Beschreibung sozialpolitischer Zusammenhänge den Gedanken des „Idealtypus“, durch den die verschiedenen Verhaltensmuster in einer Gesellschaft als Ausdruck einer bestimmten präformierenden Struktur begriffen werden können[26]. Alle konstituierenden Faktoren einer Gesellschaft stünden danach an sich in einem streng korrelativen Verhältnis zueinander: Regierungsform und politische Gesinnung der Bürger, Erziehung und gesellschaftliche Moral bedingen sich in ihren jeweiligen Gestalten wechselseitig. Republik, Monarchie und Despotie bildeten für Montesquieu solche Grundtypen politischen Zusammenlebens. Aber sie ließen sich gleichwohl nicht unbedingt in den konkreten historischen Staaten nachweisen. Als Idealtypen stellten sie insofern eher normative

---

[21] Esprit, Préface, Bd. 1, S. 1, *Forsthoff*, a.a.O., Bd. 1, S. 5.

[22] Vgl. Esprit 1, 1, Bd. 1, S. 6.

[23] Vgl. Esprit, Préface, Bd. 1, S. 1: „Je n'ai point tiré mes principes de mes préjugés, mais de la nature des choses.“

[24] Vgl. aber *G. Radbruch*, Die Natur der Sache als juristische Denkform (1948), 1964, S. 25 f.

[25] Vgl. *K. R. Popper*, The Logic of Scientific Discovery, 2. Aufl. 1961, Sect. 26—30.

[26] *E. Cassirer*, a.a.O., S. 281.

Anforderungen, als daß sie historische Staatsformen erschöpfend beschrieben[27]. Dies war der Weg, auf dem Montesquieu die macchiavellistisch utilitäre Frage nach den zur Erhaltung und Förderung eines Staatswesens erforderlichen Maßnahmen in seine Untersuchungen einbeziehen konnte. Da Montesquieu aber allgemein den Geist der Gesetze aufklären wollte, weitete sich die utilitäre Fragestellung zu dem Problem, wie überhaupt Gesetze beschaffen sein müssen, um eine Gesellschaft in ihrer Struktur stabil zu erhalten[28]. Dazu, so schien es ihm — und das darf als der Grundgedanke seines Werkes angesprochen werden —, müßten die politischen und bürgerlichen Gesetze bezogen sein auf die Gesamtheit der natürlichen, sozialen und politischen Bedingungen, unter denen die Bürger leben[29].

4. Der Relationsgedanke gewann dadurch auch Bedeutung für die Konstruktion eines wohl verfaßten Staates. Aus vielen Wendungen, die eine gemäßigte Regierungsform empfehlen[30], läßt sich als Montesquieus staatstheoretische Leitidee heraushören, daß im politischen Kräftespiel gespannte Beziehungen einzurichten und aufrechtzuerhalten seien. In einer Monarchie bildeten die intermediären Gewalten ein Gegengewicht zur Macht des Fürsten[31]; zur „glücklichen" Verfassung einer Aristokratie trage es bei, wenn der Adel das Volk mittelbar an den Regierungsgeschäften beteilige[32]. In einer Demokratie müsse verhindert werden, daß der eine Bürger sich den Aufgabenkreis des andern anmaße und im Namen einer extremen Gleichheit alle Beamter, Minister, Ehegatte und Lehrherr zugleich sein wollten[33]. In einer Despotie schließlich seien alle gespannten Beziehungen aufgehoben, der Despot glaube, er sei alles und alle anderen seien nichts[34].

Aus dem Gedanken der Machtbalance folgte endlich die berühmte Forderung verfassungsgesetzlicher Gewaltenteilung. Denn trotz aller Liebe zur Freiheit und allen Hasses gegen die Gewalt blieben nach

---

[27] Vgl. Esprit, 3, 11, Bd. 1, S. 33: „Tels sont les principes des trois gouvernements: ce qui ne signifie pas que, dans une certaine république, on soit vertueux; mais qu'on devrait l'être. Cela ne prouve pas non plus que, dans une certaine monarchie, on ait de l'honneur: et que, dans un Etat despotique particulier, on ait de la crainte; mais qu'il faudrait en avoir: sans quoi le gouvernement sera imparfait." Dazu *Cassirer*, a.a.O., S. 282 f.

[28] Vgl. *Meinecke*, a.a.O., S. 139: „Staatsutilitarismus auf breitester empirischer Basis war der vorwaltende Geist seines Werkes." Vgl. Esprit 26, 23 Bd. 2, S. 191.

[29] Esprit 1, 3, Bd. 1, S. 10 f.; vgl. Esprit 6, 12, Bd. 1, S. 91.

[30] Vgl. *Shackleton*, a.a.O., S. 273 f.; zur Idee der „Modération" vgl. *R. Derathé*, La Philosophie des lumières en France: Raison et Modération selon Montesquieu, in: Revue Internationale de Philosophie, Vol. 6 (1952), S. 275 ff.

[31] Esprit 2, 4, Bd. 1, S. 21, *Forsthoff*, a.a.O., Bd. 1, S. 30.

[32] Esprit 2, 3, Bd. 1, S. 17, *Forsthoff*, Bd. 1, S. 25.

[33] Esprit 8, 2, Bd. 1, S. 119 ff., *Forsthoff*, Bd. 1, S. 156 ff.

[34] Esprit 2, 5, Bd. 1, S. 22, *Forsthoff*, Bd. 1, S. 31.

Montesquieus Auffassung die meisten Menschen despotischen Regierungen unterworfen, weil zu ihrer Begründung nur der Appell an Emotionen erforderlich sei[35]. Um gemäßigte Regierungen zu schaffen, müsse man aber „die verschiedenen Gewalten miteinander verbinden, sie ordnen, mäßigen, zum Einsatz bringen, der einen sozusagen Ballast mitgeben, damit sie der anderen widerstehen kann"[36]. Nur durch ein „Meisterwerk der Gesetzgebungskunst" (un chef-d'oeuvre de législation) könne deshalb eine gemäßigte Regierungsform dauerhaft konstituiert werden[37]. Den Ausdruck „Constitution" führte Montesquieu in die französische Sprache ein[38]; von seinen Gedanken her lag es nahe, den Begriff Verfassung mit dem des gewaltenteilenden Verfassungsgesetzes zu identifizieren. Die Denkform der Relation ermöglichte es Montesquieu daher nicht nur, auf utilitaristischer Grundlage die soziale Verflochtenheit der positiven Gesetze, ihren „Geist"[39] zu untersuchen, sie gab ihm auch ein Konstruktionsprinzip in die Hand, das auf die Institutionalisierung sozialer Bezugssysteme in positive Gesetze abzielte[40].

5. Der Ausdruck „Rapport" kann somit als der entscheidende neue Topos in der Argumentationsweise Montesquieus bezeichnet werden. Die Relation war zwar als Aussageform der aristotelischen Logik bekannt, aber sie bildete nicht eine selbständige Grundlage, Allgemeines zu denken. *Aristoteles* zählte sie zu den Kategorien[41], sie bezeichnete nach seiner Lehre dasjenige eines Dinges, was von diesem in Hinblick auf ein anderes Ding gesagt werden kann[42]. In dieser Definition als Kategorie war die Relation nicht Aussagesubjekt, vielmehr diente sie zur Kennzeichnung einer einzelnen Sache. Von dem einen Ding sollte ein Allgemeines gesagt werden, nicht sollte eine Beziehung durch die Regelmäßigkeit der Korrelation von zwei oder mehreren Bezugspunkten allgemein charakterisiert werden. Dieser auf die einzelne Sache gerichtete Denkansatz prägte auch die aristotelische Gerechtigkeitsidee. Das Gerechte bestimmte Aristoteles zwar als „etwas Proportionales"[43]. Die Proportion brauchte aber in den einzelnen Bereichen des sozialen Lebens nicht gefunden zu werden, sie bestand schlechthin in der arith-

---

[35] Esprit 5, 14, Bd. 1, S. 69, *Forsthoff*, Bd. 1, S. 92.

[36] a.a.O., S. 68 f., *Forsthoff*, a.a.O.

[37] a.a.O., S. 69, *Forsthoff*, a.a.O.

[38] Vgl. die Überschrift von Esprit 11, 6: „De la Constitution d'Angleterre", dazu: *Shackleton*, a.a.O., S. 284.

[39] Esprit 1, 3, Bd. 1, S. 11, *Forsthoff*, Bd. 1, S. 16.

[40] Vgl. Montesquieus These, daß in einer Monarchie die positiven Gesetze die Bürger von der Vaterlandsliebe, der „vertu" der Demokratie, dispensieren; Esprit 3, 5, Bd. 1, S. 27, *Forsthoff*, Bd. 1, S. 38 f.

[41] *Aristoteles*, Kategorien, in der Übers. von E. Rolfes (1925), 1962, 4 II a 1.

[42] *Aristoteles*, Kategorien, 7 VI a 40.

[43] *Aristoteles*, Die Nikomachische Ethik, in der Übers. v. O. Gigon, 2. Aufl. 1967, 5, 1131 a 29.

metischen oder geometrischen „Gleichheit der Verhältnisse“[44]. Die Frage der Gerechtigkeit entschied sich daher an den Merkmalen der jeweils in Betracht gezogenen Person oder Sache; es war die Aufgabe des Richters, „durch die Strafe auszugleichen, indem er den Gewinn wegnimmt“[45].

Demgegenüber war für *Montesquieu* eine Beziehung nicht von vornherein durch eine mathematische Gleichheit der Bezugspunkte bestimmt. Das Verbrechen verstand er z. B. aus dem sozialen Zusammenhang heraus als „quelque inconvénient“[46], das der Gesetzgeber durch Kriminalstrafen zu bekämpfen suche. Auf Grund der Untersuchung ihrer sozialen Ursachen und Wirkungen konnte er feststellen, daß Strafen, wie hart sie immer sein mögen, nur einen begrenzten Abschreckungseffekt erzielen können[47] und rohe Strafen durch ihre Nebenwirkungen die Verbrechen im Ergebnis eher vermehren als verhindern[48]. Es genügte deshalb nicht, sich um eine Gleichheit zwischen Verbrechen und Strafe zu bemühen; vordringlich erschien es, geeignete Maßnahmen zu treffen, um die Verbrechen zu verhüten[49]. Die Talion war deshalb kein Maßstab für die Art der Strafe mehr, letztlich konnte jedes Übel eine Strafe sein, sofern das Gesetz es als solche bezeichnete[50]. Weniger reflektiert hatten schon vor Montesquieu Sozialtheoretiker die Kategorie der Relation angewandt. So hatte z. B. *Thomas Morus* die Häufung von Diebstählen aus den sozialen Bedingungen bestimmter Schichten zu erklären versucht[51]. Die Denkform der Relation als Prinzip vernünftiger Welterklärung mag bis zum Stoiker *Chrysipp* zurückverfolgt werden können[52], systematisch wurde sie erst mit der resolutiv-kompositorischen Methode der neuen Wissenschaften auf die Naturerklärung angewandt[53]. Deshalb kann Montesquieu als der erste bezeichnet werden, der die Relationsform bewußt und mit anhaltender Energie auf die Erforschung des Zusammenhangs von positiven Gesetzen und sozialen Phänomenen übertrug.

---

[44] *Aristoteles*, Nik. Ethik 5, 1131 a 31 ff.

[45] *Aristoteles*, Nik. Ethik 5, 1132 a 9 f.

[46] Esprit 6, 12, Bd. 1, S. 91; *Forsthoff*, Bd. 1, S. 121, übersetzt mit „irgend ein Übel“.

[47] Esprit, a.a.O.: „L'expérience a fait remarquer que, dans les pays où les peines sont douces, l'esprit du citoyen en est frappé, comme il l'est ailleurs par les grandes.“

[48] Vgl. Esprit 6, 12, Bd. 1, S. 92; 6, 13 u. 6, 14, Bd. 1, S. 94 f.; *Forsthoff*, Bd. 1, S. 121 ff.

[49] Esprit 6, 9, Bd. 1, S. 88 f.; *Forsthoff*, Bd. 1, S. 118.

[50] Esprit, a.a.O., S. 89: „En un mot, tout ce que la loi appelle une peine est effectivement une peine.“

[51] *Th. Morus*, Utopia (1516), in der Übers. v. G. Ritter, 1964, S. 14 ff.

[52] Vgl. *Pohlenz*, Die Stoa, 3. Aufl. 1964, S. 28 f.

[53] Vgl. oben S. 57 f.

6. Die Denkform der Relation erlaubte Montesquieu aber nicht nur eine empirisch-utilitaristische Analyse sozialpolitischer Abhängigkeiten, sie diente ihm nicht nur als staatstheoretisches Konstruktionsprinzip, sie galt ihm auch als die Form, durch die das Recht objektiv erfaßt werden konnte. Bereits in den *Lettres Persanes* definierte er die Gerechtigkeit als „ein Verhältnis der Übereinstimmung, welches zwischen zwei Gegenständen tatsächlich stattfindet“[54]. Im berühmten Eingangssatz des *Esprit* bestimmte er die Gesetze auch im normativen Sinn als „die notwendigen Beziehungen, die sich aus der Natur der Dinge herleiten“[55]. In diesem Zusammenhang mag man in dem Ausdruck „Natur der Dinge“ den scholastischen Gedanken der „essentia“ wiedererkennen[56]; die Ableitung von notwendigen Beziehungen aus der Natur der Dinge findet zwar in der aristotelisch-scholastischen Tradition keine genaue Parallele, aber insofern entspricht die Formulierung Tendenzen der rationalistischen Philosophie des 17. und beginnenden 18. Jahrhunderts. Ähnliche Auffassungen hatten, wie schon David Hume bemerkte, z. B. Malebranche, Cudworth und Clarke vertreten[57]. In Analogie zu den Naturgesetzen hatte insbesondere *Samuel Clarke*[58] die Objektivität des

[54] Lettres Persanes, Ed. P. Vernière, Garnier 1960, L 83, S. 174: „La Justice est un rapport de convenance, qui se trouve réellement entre deux choses“. Die Übers. folgt der Übertragung von A. Strodtmann (1866) in der Ausgabe der Fischer Bücherei (Exempla classica 94) 1964, S. 151 f.; vgl. außerdem: Analyse du Traité des Devoirs (1725), in: Montesquieu, Oeuvres (Oster), S. 182: „La plupart des vertus ne sont que des rapports particuliers, mais la Justice est un rapport général; elle concerne l'homme en lui-même; elle le concerne par rapport à tous les hommes.“

[55] Esprit 1, 1, Bd. 1, S. 5: „Les lois, dans la signification la plus étendue, sont les rapports nécessaires qui dérivent de la nature des choses ...“; Forsthoff übersetzt mit einer Akzentverschiebung zum Begriff der Natur der Dinge: „Gesetze im weitesten Sinne des Wortes sind Beziehungen, die sich aus der Natur der Dinge mit Notwendigkeit ergeben.“ (Bd. 1, S. 9).

[56] Vgl. *E. W. Böckenförde*, Gesetz und gesetzgebende Gewalt, 1958, S. 33; vgl. noch *Chr. Wolff*, Philosophia Practica Universalis, Pars. I, 1738, § 135: „Lex naturalis est, quae rationem sufficientem in ipsa hominis rerumque essentia atque natura agnoscit.“

[57] *D. Hume*, Enquiry concerning the Principles of Morals (1751), ed. Selby-Bigge, 2. Aufl. (1902) 1961, Sect. 3, P. 2, S. 197 Anm. 1; zum Bezug auf Malebranche vgl. *Shackleton*, a.a.O., S. 246; zu Cudworth vgl. dessen 1731 posthum erschienene Abhandlung „A Treatise concerning eternal and immutable morality, abgedr. in: Cudworth, The True Intellectual System of the Universe, übers. v. J. Harrison, Bd. 3, 1845, S. 532: „... when things exist, they are what they are, this or that, absolutely or relatively, not by will or arbitrary command, but by the necessity of their own nature ... Wherefore the natures of justice and injustice cannot be arbitrarious things, that may be applicable by will indifferntly to any actions or dispositions whatsoever. For the modes of all subsistent beings, and the relations of things to one another, are immutably and necessarily what they are, and not arbitrary, being not by will but by nature ...“ Dazu vgl. *E. Cassirer*, Die platonische Renaissance in England und die Schule von Cambridge, 1932, S. 38 ff., 58 f.

[58] Zu Clarkes Leben, insbesondere zu seinen Beziehungen zu Newton vgl. *W. Whiston*, Historical Memoires of the Life of Dr. S. Clarke, 1730; *R. Zimmermann*, Samuel Clarke's Leben und Lehre. Ein Beitrag zur Geschichte des

Rechts aus der „Geeignetheit (fitness)“ einer Sache für eine andere abgeleitet und die Geeignetheit in der Natur der Dinge begründet gefunden[59]. Damit wollte er den Voluntarismus des Thomas Hobbes bekämpfen[60] und zugleich die Vernünftigkeit des christlichen Glaubens unter Beweis stellen[61]. Die Emanzipation des Rechts von der Theologie behandelte Montesquieu als selbstverständlich[62]. Gegen Hobbes sollte auch noch der Eingangssatz des Esprit polemisieren[63]. Angeregt von *Shaftesbury*[64] verbreitete sich aber in der englischen Moralphilosophie seit *Hutchesons* Lehre vom „moral sense“[65] die Auffassung, daß normative Urteile sich nicht in rationaler Erkenntnis der Dinge erschöpften, sondern auf einem aktiven Gefühl des Billigens oder Mißbilligens beruhten. Mit dieser Unterscheidung zwischen der Erkenntnis der tatsächlichen Umstände und Verhältnisse durch den Verstand und der Wertung nach

---

Rationalismus in England, Denkschr. d. kaiserl. Akademie d. Wiss., Phil.-hist. Klasse, Bd. 19 (1870).

[59] Vgl. *S. Clarke*, A Discourse concerning the Being and the Attributes of God, and the obligations of Natural Religion and the Truth and Certainty of the Christian Revelation, 8. Aufl. 1732, S. 176: „The same necessary and eternal different Relations, that different Things bear one to another; and the same consequent Fitness or Unfitness of the Application of different things or different Relations one to another, with regards to which, the Will of God always and necessarily does determine itself ... ought likewise constantly to determine the Wills of all subordinate rational Beings ... (S. 177:) ... that there is a Fitness or Suitableness of certain Circumstances to certain Persons, and an Unsuitableness of others; founded in the nature of Things and the Qualifications of Persons, antecedent to all positive appointment whatsoever; Also that from the different relations of different Persons one to another, there necessarily arises a fitness or unfitness of certain manners of Behaviour of some Persons towards others: Is as manifest, as that the Properties which flow from the Essences of different mathematical figures, have different congruities or incongruities between themselves; or that, in Mechanicks, certain Weights or Powers have very different Forces, and different Distances, or different Positions and Situations in respect of each other ...“ dazu *L. Stephen*, History of English Thought in the Eighteenth Century, Vol. II, 2. Aufl. (1902) 1962, Ch. IX Sect. 6—9; *B. Willey*, a.a.O., S. 62 f.; *A. N. Prior*, Logic and the Basis of Ethics, 1949; zur Beziehung Montesquieus zu Clarke vgl. *Shackleton*, a.a.O., S. 246; Montesquieu besaß ein Exemplar der Clarkeschen Abhandlung, vgl. Desgraves (Hrsg.), Catalogue de la Bibliothéque de Montesquieu, 1954, S. 34, Nr. 432.

[60] Vgl. *Clarke*, a.a.O., S. 179 ff.

[61] Vgl. *Willey*, a.a.O., S. 13.

[62] Vgl. Esprit 25, 13, Bd. 2, S. 164 f.; *Forsthoff*, Bd. 2, S. 199 f.; von seiner soziologischen Betrachtungsweise aus war dies konsequent, die französ. Rechtspflege schien davon freilich noch fast unberührt, vgl. *E. Hertz*, Voltaire und die französische Strafrechtspflege im 18. Jahrhundert, 1887.

[63] Vgl. *Montesquieu*, Défense de l'Esprit des Lois (1750), Oeuvres (Oster) 1964, S. 1809; siehe auch schon Lettres Persanes L. 11—14 S. 28 ff.; Analyse du Traité des Devoirs (1725), Oeuvres S. 181 f.; Pensées, Nr. 615, Oeuvres S. 942. Dazu: *P. Dimoff*, Cicéron, Hobbes et Montesquieu, in: Annales Universitatis Saraviensis, Vol. 1, 1952, S. 19 ff.

[64] Vgl. *Willey*, a.a.O., S. 60 ff.

[65] Vgl. *Stephen*, a.a.O., Ch. IX Sect. 59 f.

Recht und Moral durch das Herz begründete auch Hume seine Kritik an Montesquieu[66].

Indes gehört es zu den vielfach beobachteten Formulierungsschwächen des ersten Buches des Esprit[67], daß Montesquieu an sich der Unterschied zwischen der Erkenntnis des Verstandes und dem aktiven Gefühl des Herzens durchaus geläufig war. In den Lettres Persanes hatte er das „gerechte Herz" gepriesen[68]; er liebe es, vertraute er seinen Pensées an, unvergleichlich mehr, von seinem Herzen als von seinem Geist gequält zu werden[69]. Sogar gegen Hobbes berief er sich auf ein inneres moralisches Prinzip im Herzen der Menschen, das ihn vor ihnen schütze[70]. Dementsprechend nahm sein Vernunftbegriff im Hinblick auf die Nationen individualistische Züge an[71]; von daher wird seine Beobachtung verständlich, daß jeder Staatsstruktur ein inneres Prinzip in der politischen Haltung der Bürger entspreche, das die Struktur in Bewegung halte[72], — eine Einsicht, die auch in rechtsstaatlich verfaßten Demokratien nicht gegenstandslos geworden sein muß.

Aber gerade in seinem gewaltenteilenden Verfassungsmodell blieb der dogmatische Kern seines Rationalismus spürbar. Die Freiheit der Bürger, die durch eine gesetzlich verankerte Gewaltenteilung ermöglicht wird, bestand nicht wie später bei Rousseau und Kant in der prinzipiellen Autonomie der Person, sondern allein in der „Ruhe des Gemüts, die aus dem Vertrauen erwächst, das ein jeder zu seiner Sicherheit hat"[73]. Der Freiheitsbegriff blieb defensiv und sollte nur im Sinne des englischen „Possessive Individualism"[74] Person und Vermögen vor gesetzlosem, willkürlichem Zugriff bewahren[75]. Der Freiheitsgedanke konnte sich deshalb bei Montesquieu mit einem streng objektiven

---

[66] *Hume*, a.a.O., App. 1, Sect. II 240.

[67] Vgl. *V. Klemperer*, Montesquieu, Bd. 2, 1915, S. 3 ff.; *Meinecke*, a.a.O., S. 132 f.; zu seinem persönlichen Verhältnis zu den „Philosophen" vgl. *Shaekleton*, a.a.O., S. 386 ff.

[68] Lettre 83 S. 176.

[69] Pensées Nr. 19, Oeuvres (Oster) S. 855: „J'aime incomparablement mieux être tourmenté par mon coeur que par mon esprit."

[70] Pensées Nr. 615, Oeuvres S. 942: „J'en (sc. de Hobbes) suis fâché car étant obligé de vivre avec les hommes, j'aurais été très aise qu'il y eût dans leur coeur un principe intérieur qui me rassurât contre eux."

[71] Vgl. Esprit 1, 3, Bd. 1, S. 10: „Elles (sc. les lois politiques et civiles) doivent être tellement propre au peuple pour lequel elles sont faites, que c'est un très grand hasard si celles d'une nation peuvent convenir à une autre." Zur Individualitätsidee bei Montesquieu vgl. *Meinecke*, a.a.O., S. 155 ff.

[72] Vgl. Esprit 3, 1, Bd. 1, S. 23.

[73] Esprit 11, 6, Bd. 1, S. 164; *Forsthoff*, Bd. 1, S. 215.

[74] Vgl. *C. B. Macpherson*, The Political Theory of Possessive Individualism. Hobbes to Locke, 1962.

[75] Vgl. die berühmte Qualifizierung der Richter in Esprit 11, 6, Bd. 1, S. 165, 168, 171 als „la bouche qui prononce les paroles de la loi; des êtres inanimés qui n'en peuvent modérer ni la force ni la rigueur." (S. 171)

Rechtsbegriff verbinden. Da er nicht nur den Richtern[76], sondern auch dem historischen Gesetzgeber kritisch gegenüberstand[77], hielt er es für den „Triumph der Freiheit, wenn die Strafgesetze jede Strafe der besonderen Natur der Straftat entnehmen"[78]. Alle Willkür entfalle dann, und die Strafe hänge „nicht von der Laune des Gesetzgebers ab, sondern von der Natur der Sache". Daher teilte er die Verbrechen nach dem verletzten Rechtsgut in vier Klassen ein und suchte ähnlich wie einige Jahre später Engelhard[79] jeder Deliktsklasse eine besondere Straftat zuzuordnen. Da ihm nach der Natur der Sache nur das Prinzip der Gleichheit als Maßstab der Zuordnung zur Verfügung stand, sollte der Täter an dem Rechtsgut geschädigt werden, das er mit seiner Tat verletzt hatte[80]. Das Talionsprinzip, das er ausdrücklich bei Verbrechen gegen die Sicherheit der Bürger anwandte[81], war damit wieder in sein Recht eingesetzt.

Vergleicht man diese Straftheorie mit jener, die er aus der funktionalen Analyse der sozialen Wechselwirkungen von Verbrechen und Strafe entwickelt hatte[82], wird deutlich, in welchem Ausmaß die Formel der Natur der Sache die naturrechtliche, rückwärts gewandte Seite seines Januskopfes anzeigt. Der Eingangssatz des Esprit des Lois kann deshalb in der Tat als Schlüssel für das Verständnis Montesquieus angesehen werden[83]. Die regelmäßigen Beziehungen und die Natur der Dinge bezeichnen die Spannungspole seiner Argumentation. Die objektive Rechtstheorie hinderte ihn daran, Reformen ausdrücklich zu verlangen; er wolle, so ließ er vorsichtshalber im Vorwort verlauten, nur

---

[76] Vgl. Esprit 6, 3, Bd. 1, S. 82: „Dans le gouvernement républicain il est de la nature de la constitution que les juges suivent la lettre de la loi. Il n'y a point de citoyen contre qui on puisse interpréter une loi, quand il s'agit de ses biens, de son honneur, ou de sa vie."

[77] Vgl. Lettres Persanes L. 129, S. 270: „La plupart des législateurs ont été des hommes bornés, que le hasard a mis à la tête des autres, et qui n'ont presque consulté que leurs préjugés et leurs fantaisies." Ähnlich noch Esprit 29, 19, Bd. 2, S. 296; *Forsthoff*, Bd. 2, S. 372.

[78] Esprit 12, 4, Bd. 1, S. 198; *Forsthoff*, Bd. 1, S. 260.

[79] Vgl. oben S. 48 f.

[80] Esprit, a.a.O.

[81] Esprit, a.a.O., S. 200: „C'est une espèce de talion, qui fait que la societé refuse la sûreté à un citoyen qui en a privé, ou qui a voulu en priver un autre." Montesquieu rechtfertigt daher die Todesstrafe, allerdings in der Sprache des Staatsutilitarismus: als ein Heilmittel der kranken Gesellschaft. Daß nur die Todesstrafe eine solche Heilung bewirken kann, wird vorausgesetzt. Die Passage beleuchtet deutlich wie die alte, dogmatische Denkweise aus der „Natur" einer Sache in der funktionalen nachwirken kann.

[82] Vgl. oben S. 62 f.

[83] So die h. M., freilich mit anderer Begründung, vgl. *P. Hazard*, Die Herrschaft der Vernunft, 1959, S. 229 ff.; *M. Göhring*, Montesquieu. Historismus und moderner Verfassungsstaat, 1956, S. 20; *G. Radbruch*, Die Natur der Sache als juristische Denkform (1948), 1964, S. 24 f.; *A. Baratta*, Natur der Sache und Naturrecht (1959), in: Arthur Kaufmann, Hrsg., Die ontologische Begründung des Rechts, 1965, S. 122 mit weiteren Nachweisen.

neue Vernunftgründe für die Verhaltensregeln der jeweiligen Völker darlegen[84]. Aber in seiner Toleranz lagen bereits die Gründe bereit, auf die ein leidenschaftlich freier Mensch nur aufzubauen brauchte, um neue, humane Rechtsvorstellungen den alten Gewohnheiten entgegenzusetzen.

II. Der Gesetzgeber als Arzt der Gesellschaft: Beccaria und das Unbehagen der deutschen Jurisprudenz an sich selbst

Der europäischen Strafrechtspflege erstand ein solch leidenschaftlich freier Mann in dem Mailänder Marchesen *Cesare B. Beccaria* (1738—1794)[1]. Mit seinem zuerst im Jahre 1764 anonym veröffentlichten „Trattato dei Delitti e delle Pene"[2] gelang es ihm, die kriminalpolitischen Ideen der Aufklärung in zündender Sprache zusammenzufassen und ihnen damit — bei allen Abstrichen in einzelnen Punkten — im Bewußtsein der führenden Schichten zum Durchbruch zu verhelfen[3]. Seinem „unsterblichen Werk" (Hommel)[4] folgte insbesondere auch die deutsche kriminalpolitische Aufklärung, die, angeregt durch die Preisaufgabe der Berner Ökonomischen Gesellschaft für den „vollständigsten und ausführlichsten Plan einer guten Kriminalgesetzgebung" aus dem Jahre 1777, Anfang der achtziger Jahre den deutschen Büchermarkt mit einer literarischen „Hochflut" (Landsberg)[5] überschwemmte.

1. Beccaria berief sich weder auf die göttliche Gerechtigkeit nach der Offenbarung noch auf das Gesetz der Natur. Er wollte die aus menschlichen Übereinkünften fließende Gerechtigkeit erforschen[6]; zu ihren Grundsätzen müßten sich auch die „Hartnäckigsten und Ungläubigsten"[7] bekennen, denn sie seien „das unvermeidliche Band, um die partiku-

[84] Esprit, Préface, Bd. 1, S. 2: „Je n'écris point pour censurer ce qui est établi dans quelque pays que ce soit. Chaque nation trouvera ici les raisons de ses maximes ..."; *Forsthoff*, Bd. 1, S. 6.

[1] Vgl. zuletzt: *W. Alff*, Zur Einführung in Beccarias Leben und Denken, in: C. Beccaria, Über Verbrechen und Strafen. Nach der Ausgabe von 1766 übersetzt und herausg. v. W. Alff, 1966, S. 7 ff.

[2] Zit. nach der in Anm. 1 genannten Ausgabe.

[3] Vgl. *Alff*, a.a.O., S. 16 ff.; *Esselborn*, Beccarias Leben und Werke, in dessen deutscher Ausg. des Trattato, 1905, S. 16 f.; *M. T. Maestro*, Voltaire and Beccaria as Reformers of Criminal Law, 1942, S. 51 ff., 73 ff.; *E. Hertz*, Voltaire und die französische Strafrechtspflege im 18. Jahrhundert, 1887, S. 306 ff.

[4] *K. F. Hommel*, Vorrede zu des Herrn Marquis von Beccaria unsterblichem Werk von Verbrechen und Strafen, 1778; vgl. auch J. v. Sonnenfels, Grundsätze der Policey, Handlung und Finanzwissenschaft, 5. Aufl. 1787, S. 484.

[5] *Landsberg*, Geschichte der deutschen Rechtswissenschaft, Abt. 3, Halbbd. 1, S. 363, 411 ff.

[6] *Beccaria*, Von Verbrechen und Strafen, S. 44 f.

[7] *Beccaria*, a.a.O., S. 45.

laren Interessen vereint zu halten"[8]. Während die göttliche und die natürliche Gerechtigkeit unveränderlich seien, weil sie das Verhältnis zwischen zwei sich gleichbleibenden Gegenständen beträfen, seien die Grundsätze der politischen Gerechtigkeit dem Wandel unterworfen, da sie im Verhältnis zwischen der menschlichen Tätigkeit und dem wechselnden Zustand der Gesellschaft beständen[9]. Daher begriff Beccaria die Strafe nicht als Sühne für ein religiös oder metaphysisch begründetes Unrecht, sondern als „politische Hemmung", die die üblen Wirkungen menschlicher Leidenschaften verhindern solle[10]. Der Maßstab zur Beurteilung der Schwere eines Verbrechens war für ihn dementsprechend der der Gesellschaft zugefügte Schaden[11]. Schaden und Nutzen einer menschlichen Tätigkeit maß er aber nicht an der angeblichen Opportunität der Handlung im konkreten Fall, sondern nach ihrer Typisierung an dem Gesamtinteresse der Gesellschaft und der Menschheit überhaupt. Auch die gesetzlich typisierten Strafen konnten deshalb nach ihrer Förderung des Gemeinwohls oder, wie Beccaria es in Anlehnung an den englischen Utilitarismus formulierte, an dem „great-happiness-Prinzip" beurteilt werden: „das größte Glück verteilt auf die größte Zahl von Menschen[12]." Der Gesetzgeber solle, wie es die Preisträger der Berner Ökonomischen Gesellschaft, *Globig* und *Huster*, später ausdrückten, der „Arzt des Staates" sein, der die „Gebrechen" der Gesellschaft zu heilen suche[13].

2. Am eindrucksvollsten wird der Wandel des Weltverständnisses, der sich in dieser Konzeption von Verbrechen und Strafe offenbart, an dem Horizont der Empfindung für den unschuldig Bestraften sichtbar. Nur ein gutes Jahrhundert zuvor hatte *Andreas Gryphius* den unschuldig Leidenden mit dem „unendlich Preiß" der Ewigkeit getröstet, denn: „Der ist kein rechter Christ, dem für dem Creutze grauet[14]." Jetzt aber

---

[8] *Beccaria*, a.a.O., S. 53.

[9] *Beccaria*, a.a.O., S. 46.

[10] *Beccaria*, a.a.O., S. 61.

[11] *Beccaria*, a.a.O., S. 64, vgl. dazu unten S. 71 f.

[12] *Beccaria*, a.a.O., S. 48; zum Ursprung des Prinzips bei Hutcheson vgl. *Stephen*, a.a.O., Vol. II ch. IX Sect. 62.

[13] H. E. v. *Globig* und *J. G. Huster*, Abhandlung von der Criminal-Gesetzgebung, 1783, S. 10.

[14] *Andreas Gryphius*, Sonette, 1. Buch XXXIV, in: Dichtungen, hrsg. v. K. O. Conrady, 1968, S. 26 f.:

„Ein Brand-Pfall und ein Rad, Pech, Folter, Bley und Zangen,
Strick, Messer, Hacken, Beill, ein Holtzstoß und ein Schwerdt
Und sidend Oel, und Bley, ein Spiß, ein glüend Pferd,
Sind den'n nicht schrecklich, die was schrecklich nicht begangen.
Wer umb die Tugend leid't, umb recht-thun wird gefangen
Und wenn es Noth sein Blutt, doch ohne Schuld gewehrt
Dem wird für kurtze Pein unendlich Preiß beschert,
Er wird den Ehren-Krantz, der nicht verwelckt erlangen.

hieß es: „Wer erschauert nicht beim Lesen der Geschichte über die barbarischen und unnützen Qualen, welche von Menschen, die sich weise dünkten, kalten Herzens erfunden und angewandt wurden[15]?" Jetzt fühlte man sich in präsozialistischer Einstellung solidarisch mit den Armen und Unterdrückten und suchte sich in die Gedanken eines Räubers einzufühlen: „Wer hat die Gesetze gemacht? Reiche und mächtige Menschen, die sich nie dazu herabließen, die dürftige Hütte des Armen zu besuchen, die nie ein verschimmeltes Brot unter dem unschuldigen Schreien der hungernden Kinder, unter den Tränen der Gattin verteilten[16]." Fast ideologiekritisch sprach Beccaria von dem Zustand, wo „die Diener der evangelischen Wahrheit sich die Hände mit Blut befleckten, die jeden Tag den Gott der Sanftmut berührten"[17].

Der Bruch mit dem bisherigen Strafensystem war vollständig. An keiner Stelle wurde der Gewohnheit, dem Herkommen oder der „gesunden" Vernunft gehuldigt. Im Gegenteil, von der Folter hieß es, sie sei eine „bei den meisten Nationen durch den Brauch geheiligte Grausamkeit"[18]. Je verbreiteter eine Auffassung sei, desto weniger werde ihre Widersprüchlichkeit erkannt[19]. Gegen verbreitete Irrtümer, gegen die Meinung der „Alltagsklugheit", der die wichtigsten Regelungen bislang meistens überlassen gewesen seien[20], wollte Beccaria gerade ankämpfen. Er vertraute dabei nicht auf Emotionen, sondern auf die Überzeugungskraft seiner vernünftigen Überlegungen, jener einzigen Kraft, durch die der „allzu freie Lauf der schlecht gelenkten Gewalt" gezügelt werden könne[21]. Denn er hoffte, seine Fragen mit „jener mathematischen Genauigkeit" zu lösen, „vor welcher weder der Nebel der Sophismen noch die Verführungskunst der Beredsamkeit noch ein furchtsamer Zweifel zu bleiben vermögen"[22].

3. Maßstab aller seiner Darlegungen war ein Prinzip, das wir heute als Grundsatz der Verhältnismäßigkeit bezeichnen würden: „Jeder Akt der Herrschaft eines Menschen über einen Menschen, der nicht auf

---

Er lebt in dem er stirbt, er steigt in dem er fällt,
Er pocht was tödtlich ist und trotzt die große Welt,
Und küst die Ewigkeit die er ihm anvertrauet.
Hat nicht der höchste selbst sein höchstes Wunderwerck
Auff Salems Schädelberg vollbracht in höchster Stärck?
Der ist kein rechter Christ, dem für dem Creutze grauet."

[15] *Beccaria*, a.a.O., S. 90.

[16] *Beccaria*, a.a.O., S. 114 f.; vgl. *Globig* und *Huster*, a.a.O., S. 6 f.; *Voltaire*, Prix de la Justice et de l'Humanité (1777), Oeuvres, Baseler Ausg. 1784 Bd. 29, S. 270.

[17] *Beccaria*, a.a.O., S. 60.

[18] *Beccaria*, a.a.O., S. 81.

[19] *Beccaria*, a.a.O., S. 63.

[20] *Beccaria*, a.a.O., S. 48; vgl. S. 66, 91.

[21] *Beccaria*, a.a.O., S. 49.

[22] *Beccaria*, a.a.O., S. 73.

unausweichlicher Notwendigkeit folgt, ist tyrannisch[23]." Von daher gelangte er zur Verurteilung der Folter, jenes „sichere(n) Mittel(s), kräftige Verbrecher freizusprechen und schwache Unschuldige zu verurteilen"[24]. Die Todesstrafe bekämpfte er, weil ihre Vollstreckung für die meisten ein bloßes „Schaustück und für einige zu einem Gegenstand des mit Verachtung gemischten Mitleids" geworden sei[25]. Vor allem sei es „widersinnig", daß die Gesetze einen öffentlichen Mord anordnen, um die Bürger vom Morden abzuhalten[26]. Beccaria wiederholte deshalb mit eindringlichen Worten die Erkenntnis Montesquieus, daß auch rohe Strafen nur einen beschränkten Abschreckungseffekt erzielen können[27]; er entdeckte die wechselseitige Verbundenheit von Gesetzgeber und Verbrecher: „Die Länder und Zeiten des grausamsten Strafvollzugs waren stets auch die der blutigsten und unmenschlichsten Taten, weil vom selben Geist der Barbarei, der die Hand des Gesetzgebers führte, auch die des Mörders gelenkt wurde[28]."

4. Dem gleichen Bemühen, Verbrechen und Strafen aus ihren sozialen Anlässen und Wirkungen zu begreifen und die Strafen an ihrem generalpräventiven Abschreckungszweck zu messen, entsprangen im Prinzip auch die Reformvorstellungen der deutschen kriminalpolitischen Aufklärer. Bei der Analyse des „Schlüsseldelikts aller strafrechtsreformerischen Bestrebungen des 18. Jahrhunderts"[29], des Kindermords, unterschied der Graf *Soden* z. B. fünf regelmäßige Bezugspunkte dieses Verbrechens: die freie Wollust, die mit einem unrichtigen Begriff vom Wert des Kinderlebens einhergehe, die Furcht der Mutter vor öffentlicher Schande, ihre Furcht vor der Mißhandlung durch die Eltern oder andere Verwandte und schließlich die Sorge um den Unterhalt für das Kind[30]. Getreu dem Prinzip, Vorbeugen ist besser als Strafen, schlug er deshalb u. a. vor, die Kirchenbuße für uneheliche Mütter abzuschaffen, die Verheimlichung der Schwangerschaft zu bestrafen und durch eine bessere Einrichtung der Findelhäuser und durch eine Beitragspflicht des Vaters den Unterhalt des Kindes zu sichern[31].

---

[23] *Beccaria*, a.a.O., S. 52 mit Bezug auf den „großen Montesquieu".

[24] *Beccaria*, a.a.O., S. 82.

[25] *Beccaria*, a.a.O., S. 112.

[26] *Beccaria*, a.a.O., S. 116.

[27] *Beccaria*, a.a.O., S. 108.

[28] *Beccaria*, a.a.O., S. 107.

[29] *G. Radbruch* u. *H. Gwinner*, Geschichte des Verbrechens, 1951, S. 242.

[30] *J. Graf v. Soden*, Geist der peinlichen Gesetzgebung Teutschlands, 2. Aufl. 1792, Bd. 1, §§ 256 ff.; zu Soden vgl. *Eb. Schmidt*, Einführung in die Geschichte der deutschen Strafrechtspflege, 3. Aufl. 1965, § 213.

[31] Vgl. *v. Soden*, a.a.O., § 264: „Wieviel Morde wird der Strohkranz oder die gänzliche Beraubung des Kranzes, oder des öffentlichen Kirchgangs noch veranlassen?"

Aber allerorten brach sich in Deutschland der aufklärerische Ansatz an der tradierten Denkweise. Schon in der Strafrechtspraxis traten solche Spannungen auf. Dem Bemühen der Aufklärung, die allgemeinen, typischen sozialpsychologischen Zusammenhänge zwischen dem geltenden Recht und dem Zustand der Gesellschaft aufzudecken, entsprach in der Form der Durchsetzung an sich nur das allgemeine Gesetz. Dem trug die Theorie der liberalen Aufklärer Rechnung. Nicht nur Beccaria verlangte, jedes Ermessen des Richters bei der Urteilsfällung auszuschließen und ihn bis hin zum Strafmaß an den Buchstaben des Gesetzes zu binden[32]; auch *Globig* und *Huster* erklärten, der Richter dürfe „nur der mechanische Ausübende der klaren Bestimmungen des Gesetzes sein“[33]; lieber seien die Mängel des Gesetzes in Kauf zu nehmen, als daß ihre Verbesserung „dem Gutbefinden der Richter und Urteilssprecher“ überlassen werden dürfe[34]. Ähnliche Auffassungen vertraten in der Theorie auch die Verfasser des Allgemeinen Landrechts für die Preußischen Staaten von 1794[35]. Aber die Strafrechtspraxis begann entsprechend dem althergebrachten Richterverständnis[36] die Reformvorstellungen von sich aus zu verwirklichen. Ohne gesetzliche Absicherung hielt es z. B. die Erlanger Juristenfakultät für rechtmäßig, außerehelich Schwangere zur Verhütung eines Kindsmords in Haft zu nehmen[37]. Bekannt sind die Sicherungsmaßnahmen, die die Hallische Juristenfakultät nach 1791 unter dem Einfluß von *Ernst Ferdinand Klein* ohne gesetzliche Ermächtigung verhängte[38]. Nach Kleins Auffassung hatte der Verbrecher kein Recht, mit einer „gewissen, vorher angekündigten bestimmten Strafe“ belegt zu werden, er müsse sich „bei an sich unerlaubten Handlungen jede Strafe gefallen lassen, welche durch seine unerlaubte Handlung nothwendig geworden ist“[39]. Mit seinem lebhaften Interesse für das weitere Ergehen der unter seinem Einfluß verurteilten Personen bewies Klein allerdings, daß eine solche

---

[32] *Beccaria*, a.a.O., S. 55 ff.

[33] *Globig* und *Huster*, a.a.O., S. 31.

[34] *Globig* und *Huster*, a.a.O., S. 30.

[35] Vgl. *C. G. Svarez*, Inwiefern können und müssen Gesetze kurz sein? (1788), in: Vorträge über Recht und Staat, hrsg. v. H. Conrad und G. Kleinheyer, 1960, S. 628; *E. F. Klein*, Annalen der Gesetzgebung und Rechtsgelehrsamkeit, Bd. 2, 1789, S. 33, 343; kritisch: *J. G. Schlosser*, Briefe über die Gesetzgebung überhaupt und den Entwurf des preußischen Gesetzbuchs insbesondere, 1789, S. 198 f.

[36] Vgl. *W. Küper*, Die Richteridee der Strafprozeßordnung und ihre geschichtlichen Grundlagen, 1967, S. 93 ff.; mit anderer Wertung: *Thieme*, Die Zeit des späten Naturrechts, SZ Germ. Abt. 56, S. 238.

[37] Vgl. *G. Baumgärtel*, Die Gutachter- und Urteilstätigkeit der Erlanger Juristenfakultät in dem ersten Jahrhundert ihres Bestehens, 1962, S. 70.

[38] Vgl. *K. Fuhr*, Strafrechtspflege und Socialpolitik, 1892, S. 6 ff.; *U. Hoffmann*, Ernst Ferdinand Kleins Lehre vom Verhältnis von Strafen und sichernden Maßnahmen, Diss. Breslau 1938.

[39] *E. F. Klein*, Grundsätze des gemeindeutschen und preußischen peinlichen Rechts, 1796, § 13.

richterliche Machtfülle nicht nur gefährliche Folgen nach sich ziehen mußte[40]. Durch ihre eigenmächtige Verwirklichung aufklärerischer Reformideen geriet die Praxis aber insgesamt in verwechselbare Nähe zu einem Judizieren nach konkreter Nützlichkeit, das bereits die naturrechtlich-gemeinrechtliche Dogmatik gelegentlich unterstützt hatte[41].

5. Nach einer unter den deutschen Juristen verbreiteten Auffassung sollte ein allgemeines Gesetzbuch aber nicht nur die Willkür der Richter eindämmen, es sollte vor allem auch die einfachen Bürger von den Streitigkeiten der Jurisprudenz befreien. So hofften die Juristen Globig und Huster, dank des neuen Gesetzbuches werde „die Rechtsgelehrsamkeit aufhören, eine Wissenschaft zu seyn"[42]; viele „Schwätzer" und „spitzfindige Ausleger" würden endlich gezwungen werden, „dem Staat durch gute Künste und Wissenschaften nützlich zu seyn"[43]. Pessimistischer urteilte *Christian Gottlob Biener* (1748—1828), Professor der Rechte zu Leipzig[44]; er stellte im Jahre 1781 resignierend fest, Deutschland sei „zu einer ewigen Verwirrung in den Gesetzen verdammt"[45], denn die Juristen würden auch über einen Nationalkodex wie die Bienen um den Weiser herfallen und ihn durch ihre Auslegungskünste zu einem „fürchterlichen Klumpen" und damit zu einem Herd neuer Verwirrung werden lassen[46].

Diese Verzweiflung der Juristen über ihre eigene Disziplin dürfte in der noch immer vorherrschenden naturrechtlichen Denkweise ihren Grund gehabt haben. Soweit sie sich nämlich in philosophischer Reflexion der Grundlagen des Rechts zu vergewissern suchten, griffen sie entweder auf die Klassiker des rationalistischen Naturrechts zurück[47] oder bemühten sich, aus einem eigens formulierten obersten Grundsatz ein System des natürlichen Rechts zu entwickeln[48]. Alle Vertreter des

---

[40] Vgl. *E. F. Klein*, Merkwürdige Rechtssprüche der Halleschen Juristenfakultät, 5 Bde., 1796—1802, bes. Vorreden zu Bd. 1, 2 u. 3.

[41] Vgl. *J. S. Böhmer*, Elementa Jurisprudentiae Criminalis, 2. Aufl. 1738, Sect. 2 Cap. 1 § 2; ders., Meditationes in Constitutionem Criminalem Carolinam, 1774, Art. 105, § 3; *R. Engelhard*, a.a.O., § 221; dazu: *Eb. Schmidt*, a.a.O., § 154; *L. v. Bar*, Geschichte des deutschen Strafrechts und der Strafrechtstheorie, 1882, S. 149, vgl. auch oben S. 48.

[42] *Globig* und *Huster*, a.a.O., S. 6.

[43] *Globig* und *Huster*, a.a.O., S. 32.

[44] Vgl. *Muther*, ADB 2, S. 626.

[45] *Chr. G. Biener*, Bedenklichkeiten bey Verbannung der ursprünglich fremden Rechte aus Deutschland und Einführung eines allgemeinen deutschen National-Gesetzbuches, 1781, S. 62.

[46] *Biener*, a.a.O., S. 58; weitere Hinweise bei *Thieme*, a.a.O., SZ 57, 367.

[47] Vgl. *C. A. v. Martini*, Sechs Übungen über das Naturrecht, 1783, S. 12 ff. mit Zitaten von Cudworth, Cumberland, Thomasius u. a.; zu Martini vgl. auch oben S. 26.

[48] Vgl. die Übersicht bei *G. Hufeland*, Versuch über den Grundsatz des Naturrechts, 1785, und den Bericht von *G. Hugo* in der Einleitung zu seinem „Lehrbuch des Naturrechts als einer Philosophie des positiven Rechts", 2. Aufl. 1799.

Naturrechts, resümierte *Thibaut* im Jahre 1797, stimmten darin überein, daß es nur eine Vernunft und eine Wahrheit gebe[49]; aber sie wichen „doch völlig von einander ab, sobald es auf die Bestimmung der Fragen ankomm(t)e, welches der höchste Grundsatz des Naturrechts, welches die eigentliche Stimme der Vernunft sei"[50]. Für die Fachjurisprudenz aber stellte *von Tevenar* schon im Jahre 1777 fest, daß es den Naturrechtlern „an einer Leiter" fehle, „sich den Gegenständen zu nähern und ihren dogmatischen Regeln recht anzupassen"[51]. Da aber gerade das Naturrecht als subsidiäre Rechtsquelle allgemeine Regeln enthalten sollte, blieb die Rechtsgelehrsamkeit „ein Ideal, welches der practische Rechtsgelehrte nur im Geiste sieht, sich aus Erfahrung bekannt macht, aber in keinem Lehr- und Gesetzbuche vollständig und durchgängig brauchbar findet"[52]. Die Verzweiflung der naturrechtlichen Jurisprudenz über sich selbst macht ihre Unterstützung der Kodifikationsbestrebungen verständlich; rief doch der Naturrechtler Thibaut[53] nach einem nationalen Gesetzbuch, während *von Savigny* im Zeichen einer historischen Rechtsschule seiner Zeit den Beruf zur Gesetzgebung absprach, um die erst zu schaffende Rechtswissenschaft zu schützen[54].

6. Neben dem axiomatischen Naturrecht machte sich aber gegen Ende des Jahrhunderts zunehmend eine Richtung innerhalb der Fachjurisprudenz bemerkbar, die man wegen ihrer geringen gedanklichen Geschlossenheit nach ihren Beteuerungsformeln als Naturrecht der „Natur der Sache" oder der „gesunden Vernunft" bezeichnen könnte. Thieme nannte sie „empirisch" und „pragmatisch" und schrieb ihr statt inhaltlicher Leitsätze nur eine Methode des juristischen Denkens zu[55]. Uns will scheinen, als ob der Eindruck einer neuen differenzierbaren Methode im wesentlichen durch die Verbindung des aufklärerischen Denkansatzes der westeuropäischen Sozialphilosophie mit dem seit Beginn des Jahrhunderts geläufigen Befragens der „Sache selbst" und der gemeinen Vernunft entstehen konnte. Die westeuropäische Philosophie der Aufklärung, wie sie hier nur an Montesquieu und Beccaria skizziert wurde, gewann einen reflektierten Einfluß auf die deutschen Juristen allerdings erst etwa seit Reitemeier und Hugo; *Johann Friedrich Reite-*

---

[49] *A. F. J. Thibaut*, Juristische Encyclopädie und Methodologie, 1797, S. 9.

[50] *Thibaut*, a.a.O., S. 17 f.; vgl. auch seine Klage über die große Zahl neuer Naturrechte, die zu fast jeder Buchmesse erscheine, a.a.O., S. 18; eine ähnliche Feststellung traf *Hugo*, a.a.O., S. 48.

[51] *J. W. v. Tevenar*, Versuch über die Rechtsgelahrtheit, 1777, S. 27 f.; zu *v. Tevenar* vgl. oben S. 25 f.

[52] *v. Tevenar*, a.a.O., S. 27.

[53] Thibaut hielt ausdrücklich am Naturrechtsgedanken fest, vgl. a.a.O., S. 18 f.

[54] Vgl. *F. C. v. Savigny*, Vom Beruf unserer Zeit für Gesetzgebung und Rechtswissenschaft, 1814, in: Thibaut und Savigny, Ein programmatischer Rechtsstreit auf Grund ihrer Schriften ... hrsg. v. J. Stern (1914), 1959, S. 166.

[55] *Thieme*, a.a.O., SZ Germ. Abt. 56, S. 230, 235 f. u. ö.

meier (1755—1839)[56] unterschied zwischen rechtspolitischer und rechtsadministrativer Betrachtungsweise der Gesetze, nur die rechtspolitische lehre den „Geist der Gesetze“ erkennen, indem sie in pragmatischer Beobachtung „aus den individuellen Lagen und Beschaffenheiten der Staaten“ die besonderen Gründe der Gesetze erschließe. Diese „Theorie der Gesetzgebung“ (Reitemeier) bezeichnete *Gustav Hugo* (1764—1844)[57] als ein Naturrecht besonderer Art: als Philosophie des positiven Rechts[58]. Philosophisch weniger reflektiert hatte sich aber die aufklärerische Beachtung von Geschichte und sozialer Erfahrung bereits zuvor im Namen der gesunden Vernunft oder unter Berufung auf die „Natur der Sache“ Geltung verschafft. Globig und Huster etwa stützten ihre Forderungen auf die gesunde Vernunft, sie habe bislang „bey dem Stuhle der Gerechtigkeit zu wenig Zutritt gefunden ...“[59]. Auch im Zeichen einer Philosophie des positiven Rechts konnte deshalb auf diese Tradition zurückgegriffen werden. *Ludwig Harscher von Almendingen* (1766—1827), der die neuere Richtung mit seiner „Metaphisik des Civilprozesses“[60] in etwa fortsetzte, beschrieb z. B. den bestimmten Zustand einer Gesellschaft als die Aufgabe, zu der sich das vom Gesetzgeber sanktionierte Rechtsinstitut wie die Lösung zum Problem verhalte[61]; aber er meinte, die Lösung folge mit Notwendigkeit aus dem vorgegebenen Problem und damit, wie er im Anschluß an seine prozessualistischen Vorgänger formulierte[62], aus der „Natur der Sache“[63].

Man muß sich daher hüten, die „Natur der Sache“ zum Schlüsselwort einer eigenständigen juristischen oder gar rechtsphilosophischen Methode aufzuwerten[64]. Sie war eher so etwas wie ein Kampfruf, mit der aus naturrechtlicher Überzeugung die Objektivität eines Rechtssatzes oder aus patriotischer Gesinnung die Allgemeinheit einer Regel i. S. ihrer gemeindeutschen Verbindlichkeit verkündet wurde. Deshalb bil-

[56] Vgl. *J. F. Reitemeier*, Encyclopädie und Geschichte der Rechte in Deutschland, 1785, S. XIX; *Thieme*, a.a.O., S. 213 f.

[57] Vgl. *G. Hugo*, Lehrbuch des Naturrechts als einer Philosophie des positiven Rechts, 1. Aufl. 1798, Vorr. S. V., 2. Aufl. 1799, S. 27 ff.

[58] Vgl. *Hugo*, a.a.O., 2. Aufl. 1799, S. 27 ff.

[59] *Globig* und *Huster*, a.a.O., S. 6, vgl. S. 27, 31.

[60] Erster und einziger Band 1808; zu v. Almendingen vgl. *E. Landsberg*, Geschichte der deutschen Rechtswissenschaft, 3. Abt., 2 Hb., S. 144 ff.; Notenband S. 72 f.

[61] *v. Almendingen*, a.a.O., S. 6.

[62] Zu Almendingens Anlehnung an Gönner vgl. *Landsberg*, a.a.O., S. 146 f.; zu Gönners Anlehnung an Danz vgl. *H. Th. Gönner*, Erörterungen über den gemeinen Prozeß. Ein Zusatz zu den Grundsätzen des Herrn Prof. Danz, 1799; zur Anlehnung von Danz an Runde siehe *W. A. F. Danz*, Handbuch des heutigen deutschen Privatrechts. Nach dem System des Herrn Hofraths Runde, 1. Aufl. 1. Bd. 1796; zu Runde unten S. 93 ff.

[63] Vgl. *Almendingen*, a.a.O., S. 4 ff.

[64] So aber *H. Marx*, Die juristische Methode der Rechtsfindung aus der Natur der Sache bei den Göttinger Germanisten Johann Stephan Pütter und Justus Friedrich Runde, Diss. Göttingen 1967.

det ihr Auftreten nur einen Hinweis auf die Entwicklungsstufen, auf denen unter fortschreitender Rezeption eines funktional-liberalen Argumentationsansatzes eine neue gemeindeutsche Rechtswissenschaft entstehen konnte. Diese stufenweise Entwicklung bezeugen drei in ihrer Zeit hoch geachtete Rechtsgelehrte: Johann Stephan Pütter, Justus Friedrich Runde und Adolph Dieterich Weber. Ihnen sei der letzte Abschnitt unserer Studien gewidmet.

Vierter Abschnitt

Die Anfänge einer neuen deutschen Rechtswissenschaft

I. Historische Rechtsuntersuchungen: Johann Stephan Pütter

1. In einem weiten Sinn kann *Johann Stephan Pütter* (1725—1807)[1] als Schüler Christian Wolffs bezeichnet werden. Zu Beginn seines Studiums hörte er in Marburg in den Jahren 1738/39 bei Wolff „mit großem Vergnügen und Nutzen"[2] reine Mathematik und Metaphysik. Nachdem er im Herbst 1739 an die Universität Halle gezogen war, beschloß er zwei Jahre später, sich einem Lieblingsschüler Gundlings, *Johann Georg Estor* (1699—1773)[3], anzuschließen. Während er an Wolff den systematischen Sinn verehrte, schätzte er an Estor die Liebe zum Detail und zum praktischen Rechtsleben. Die „bürgerliche Rechtsgelehrsamkeit der Teutschen" von Estor[4] zeichnete sich durch die Mannigfaltigkeit der darin abgehandelten Gegenstände aus; von Raupen, Kleidung, Hagestolzen und besonderen Vertragsformen war in ihr die Rede, vergeblich suchte der Leser nur Grundsätze, die ihm die Vielfalt durchsichtig machten[5]. An Wolff und Estor geschult, vermochte Pütter beide zu kritisieren. Einigen Anhängern Christian Wolffs warf er z. B. vor, daß es ihnen genug sei, „eine Reyhe von Begriffen und Sätzen in gewissen Zusammenhang" zu bringen. Dadurch habe man angefangen, „Sprachen, Philologie, Alterthümer, Geschichte, Erfahrungen, Beobachtungen, Gesetze und alle Quellen von der Art, zu denen der Zutritt etwas mühsamer als eine bloß durch Nachdenken herausgebrachte Definition und Demonstration ist, so zurück zu setzen, daß Teutschland allerdings Gefahr lief, in eine wahre Barbarey zurückzufallen ...[6]". Aber Pütter wußte auch die Vorzüge von Wolffs „natürlichem, gründlichem und

[1] Biographisch vgl. *J. St. Pütter*, Selbstbiographie, 2 Bde, 1798; *Frensdorff*, ADB 26, S. 749 ff.; Landsberg, Gesch. d. dt. Rechtswiss., Abt. 3, 1. Halbband, S. 333 ff.

[2] *Pütter*, a.a.O., Bd. 1, S. 28.

[3] Vgl. *Adelung*, in: Fortsetzungen und Ergänzungen zu Jöchers Allgemeinen Gelehrten-Lexico, Bd. 2, 1787, Sp. 947 ff.; *Landsberg*, a.a.O., S. 240.

[4] *Estor*, Bürgerliche Rechtsgelehrsamkeit der Teutschen, ausgefertiget von J. A. Hofmann, 3 Teile, 1757—1767.

[5] Vgl. *C. F. Gerber*, Das wissenschaftliche Prinzip des gemeinen deutschen Privatrechts, 1846, S. 34.

[6] *J. St. Pütter*, Litteratur des Teutschen Staatsrechts, Theil I, 1776, S. 444 f.

deutlichem" Vortrag zu schätzen[7] und fürchtete seit dem Sinken des Wolff'schen Ansehens, daß durch den Geschmack an Geschichte, Philologie und schönen Wissenschaften die Vorzüge seiner Philosophie „verdunkelt oder unterdrückt" würden[8]. Er erstrebte daher zeit seines Lebens eine systematische Durchdringung des jeweiligen untersuchten Problemgebiets.

2. Ähnlich wie Wolff bemühte sich Pütter vor allem um eine richtige Lehrart im akademischen Vortrag. Schon am Beginn seiner Unterrichtstätigkeit in Göttingen mußte er sich im Jahre 1749 mit *Johann Jakob Mosers* Plänen einer Staatsakademie auseinandersetzen und formulierte deshalb seine eigenen Vorstellungen über ein zügiges, aber gründliches Studium des Staatsrechts[9]. In der Vorrede zu seinem neuen Versuch einer juristischen Enzyklopädie[10] bekannte er im Jahre 1767, er habe seit dem Anfang seiner akademischen Vorlesungstätigkeit vor über zwanzig Jahren „bei jeder Gelegenheit über die in der Rechtsgelehrsamkeit bisher gewöhnliche Lehrart nachgedacht"[11]; um seiner Hörer willen bemühe er sich ständig, „die ganze Wissenschaft so viel möglich in richtigen Begriffen und Grundsätzen zu fassen"[12]. Auf dem Bemühen und dem „so viel möglich" muß, historisch gesehen, der Akzent liegen. Die bisherigen Lehrarten wurden überwiegend in metaphysisch-logischer Spekulation gewonnen und, einmal entwickelt, in allen Fragen gleichmäßig angewandt. Mit dieser topischen Tradition einer bestimmten ars veritatem inveniendi brach Pütter. Seine doppelte Leidenschaft für das historische Detail und die allgemeine, systematische Verknüpfung der Daten ließ ihn keine bestimmte Lehrart finden. Jahr um Jahr stieg sein Wissen um die Verästelungen des alten Reichsrechts und damit seine Autorität in allen Angelegenheiten des damaligen deutschen Staatsrechts[13]. Noch heute vermitteln seine „Auserlesene Rechtsfälle aus allen Theilen der in Teutschland üblichen Rechtsgelehrsamkeit..."[14] eine Anschauung von seinem weit verzweigten praktischen Wirken. Aber in dem gleichen Maße, wie sich sein Detailwissen mehrte, wuchs auch seine Kraft zur systematischen Durchdringung der untersuchten historischen Epochen. Pütters „historische Entwicklung der heutigen

[7] *Pütter*, a.a.O., S. 442.

[8] *Pütter*, a.a.O., S. 445.

[9] Vgl. Pütters handschriftlichen Entwurf zum „Plan, nach welchem Studierende besonders Standes-Personen in Göttingen näher und geschwinder als anderwärts zu Staats-Canzley-Sachen vorbereitet werden können", vom 24. 3. 1749, St. u. Univ. Bibliothek Göttingen, Cod. MS-Pütter 37.

[10] *J. St. Pütter*, Neuer Versuch einer juristischen Encyclopädie und Methodologie, 1767.

[11, 12] *J. St. Pütter*, a.a.O., Vorrede.

[13] *F. Chr. Schlosser*, Geschichte des 18. Jahrhunderts und des neunzehnten bis zum Sturz des französischen Kaiserreichs, 4. Aufl., Bd. 4, 1856, S. 222.

[14] Vgl. Bd. 1 bis 3 in 10 Theilen, 1760—1778.

Staatsverfassung des Teutschen Reichs"[15] gilt nicht ohne Grund als „wahrhaft literarische Kunstleistung"[16]. Pütter ist damit der erste deutsche Rechtsgelehrte im 18. Jahrhundert, der bewußt historische Daten in allgemeinen Leitlinien zusammenzufassen suchte. Bei ihm kann jenes Hin und Her von Tatsachenermittlung und Theorienbildung festgestellt werden, das in Anlehnung an das naturwissenschaftliche Methodenmodell bei Montesquieu zu beobachten war. Eine der spätesten und besten Monographien Pütters deutet diese Verwandtschaft mit dem großen Franzosen schon im Titel an: „Geist des westphälischen Friedens, nach dem inneren Gehalte und wahren Zusammenhange der darin verhandelten Gegenstände historisch und systematisch dargestellt[17]."

3. Auch seine persönlichen Vorstellungen über die Bedingungen einer guten Staatsverfassung ähnelten Montesquieus Anschauungen. Den katholischen geistlichen Stand betrachtete Pütter argwöhnisch, weil durch seinen Einfluß „das zur Vollkommenheit und Wohlfahrt eines jeden Staates so nöthige Gleichgewicht der verschiedenen Stände hier zum Nachtheile des weltlichen Standes bald unwiederbringlich Noth litt"[18]; auch habe dessen Monopol der Glaubenslehre die Verdammung Andersdenkender als Ketzer ermöglicht[19]. Vor allem aber war Pütter um die Unabhängigkeit der Reichsjustizbehörden besorgt. Immer wieder drängte er darauf, daß in ihrer Rechtsprechung „einerlei richtige Grundsätze" befolgt würden und jeder „Ministerialeinfluß" verhindert werde, damit „ohne alle Rücksichten oder Nebeneinflüsse" an beiden Reichsgerichten eine „gerade durchgehende Gerechtigkeit gehandhabt" werde[20].

4. Pütter vermochte indes nicht von den historischen Situationen zu abstrahieren und allgemeine Modelle zu konstruieren. Er beargwöhnte zwar den politischen Einfluß der katholischen Kirche, aber er erhob die Toleranz nicht zum Prinzip eines liberalen Staates. Am Zustand des Reichskammergerichts exemplifizierte er nicht den allgemeinen Grundsatz der Unabhängigkeit der Rechtspflege[21]. Nur in seinen historischen

---

[15] 3 Teile, 1786/1787.

[16] *Landsberg*, a.a.O., S. 339; vgl. *J. W. Goethe*, Dichtung und Wahrheit, 2. Teil, 7. Buch, Hamburger Ausgabe, Bd. 9, S. 277.

[17] *Göttingen*, 1795; zum Einfluß von Montesquieu auf Pütter vgl. *H. Marx*, Die juristische Methode der Rechtsfindung aus der Natur der Sache ..., Diss. 1967, S. 112 ff.

[18] *Pütter*, Historische Entwicklung der heutigen Staatsverfassung des teutschen Reiches, T. I, 1787, S. 20.

[19] *Pütter*, a.a.O., S. 23.

[20] *Pütter*, Historische Entwicklung der heutigen Staatsverfassung des teutschen Reiches, Bd. 3, S. 169; vgl. *Pütter*, Patriotische Abbildung des heutigen Zustandes beyder höchsten Reichsgerichte, 1749; ders., Patriotische Gedanken über einige das Kayserliche und Reichs-Cammergericht und dessen Visitation betreffende Fragen, 1768.

[21] Vgl. *Eb. Schmidt-Aßmann*, Aufklärung und Verfassungslehre, 1967, S. 35 ff.

Untersuchungen gelang es Pütter, leitende Grundsätze auf empirische Daten zu beziehen. Wie stark er sich aber auch systematisch bemühte, am naturwissenschaftlichen Vorbild anzuknüpfen, zeigt sein Aufsatz „Von dem Werthe richtig bestimmter allgemeiner Grundsätze oder auch bloßer Hypothesen in der Rechtsgelehrsamkeit...", den er im Jahre 1777 in seinen „Beiträgen zum teutschen Staats- und Fürstenrechte" veröffentlichte. „Ohne allgemeine Grundsätze", schrieb er dort, „ist keine gründliche Rechtsgelehrsamkeit, kein Rechtssystem, das den Namen einer Wissenschaft verdienet, und selbst keine Kenntniß der Analogie der Rechte ... jemals möglich[22]." Solche Prinzipien, durch die mehrere Fälle einer Art richtig entschieden werden könnten, seien zwar keine Gesetze; aber selbst wenn ein Grundsatz anfangs noch nicht richtig bestimmt sei, so gebe er doch den Gelehrten oder anderen Lehrern Anlaß, „noch genauer und richtiger darüber nachzudenken, und so doch nach und nach vielleicht den Weg zu völlig richtig bestimmten Rechtsgrundsätzen zu bahnen"[23]. Solche Prinzipien seien etwa das, „was man in anderen Wissenschaften Hypothesen nennt, — Sätze nehmlich, die man nicht völlig als ungezweifelte Wahrheiten beweisen kann, die man aber aus erheblichen Gründen einsweilen für wahr annimmt, bis man in der Folge etwa eines bessern belehrt wird..."[24].

Pütter hoffte solche Prinzipien auf induktivem Wege zu gewinnen. Zunächst müßte „eine Anzahl solcher Fälle, wie sie durch Gesetz oder Gewohnheitsrechte entschieden sind, in Reihen" gestellt werden[25]. Nach ihrer Ähnlichkeit und Unterschiedlichkeit sollten sie darauf verglichen, nach ihrem historischen Motiv und Rechtsgrund erwogen und schließlich in solche Grundsätze zusammengefaßt werden, bei denen die Folgen des sprachlichen Ausdrucks sorgsam bedacht worden seien. Die Grundsätze folgten also nicht mehr aus dem unveränderlichen Wesen der Sache, es genügte auch nicht, sich mit der Kenntnis von Gesetzen und einzelnen Fällen zu bescheiden. In der Suche nach den gemeinsamen Grundsätzen und in der Analyse der historischen Entstehungsbedingungen einer Rechtsregel war Pütter kritisch geworden. In keiner Vorlesung, bezeugte Gustav Hugo, sei er so sehr wie in der Pütter'schen „davon entwöhnt worden, einen Satz des positiven Rechts für den einzig möglichen zu halten"[26]. Aber diese Kritik blieb im Rahmen der historischen Analyse stehen, sie transzendierte nicht die geltende Rechtsordnung.

Dies mag daraus erklärt werden, daß Pütter nicht die grundlegende Kategorie der naturwissenschaftlichen Forschung erkannte: das Ver-

[22] *Pütter*, Von dem Werthe richtig bestimmter allgemeiner Grundsätze..., in: Beiträge zum teutschen Staats- und Fürstenrechte, Bd. 1, 1777, S. 5.
[23] *Pütter*, a.a.O., S. 6.
[24] *Pütter*, a.a.O., S. 6 f.
[25] *Pütter*, a.a.O., S. 4.
[26] *G. Hugo*, Pütter, in: Civilistisches Magazin, Bd. 3, 1814, S. 96.

hältnis. Er bedachte auch nicht die Bedeutung jener Instanz, auf die Hume gegen Montesquieus Relationstheorie aufmerksam machte: die Möglichkeit aktiver individueller Wertung durch das ‚Herz'. Für Pütter lag der „tiefste Grund" aller Rechtssätze „bald in der Natur der Sache, bald in den Sitten jedes Volkes, bald in der Verfassung jedes Landes, bald in allen diesen Dingen zusammengenommen"[27]. Seine systematische Methode blieb deshalb enzyklopädisch; kein Prinzip außerhalb der beobachtbaren Erscheinungen half ihm die Rechtsverhältnisse zu begreifen.

5. Man hat Pütter den Mangel prinzipieller Kritikfähigkeit oft vorgeworfen, er sei nur ein Jurist, kein Philosoph gewesen[28]. Seine Unselbständigkeit war in der Tat erstaunlich; kaum 21 Jahre alt, verpflichtete er sich, sein Leben lang in Göttingen zu lehren und erfüllte diese Verpflichtung trotz aller verlockenden Angebote bis ans Ende seiner physischen Leistungsfähigkeit. Nur ein einziges juristisches Werk verfaßte er ohne besondere Aufforderung; aber sogar den patriotischen Eifer, mit dem er diese erste Abhandlung über das Reichskammergericht im Jahre 1749 geschrieben hatte[29], suchte er später durch einen Hinweis auf eine Bitte des Kurfürstenkollegiums aus dem Jahre 1742 zu rechtfertigen[30]. Kaum zu übersehenden Mißständen glaubte er noch gute Seiten abgewinnen zu können. Den Vorzug der Reichsverfassung nach dem westfälischen Frieden sah er etwa darin, „daß, wenn alles in der gehörigen Ordnung ist, ein jeder Landesherr Mittel und Wege genug hat, in seinem Lande gutes zu thun, und wenn er hingegen Böses thun möchte, entweder die Landstände dawider ins Mittel treten, oder auch alle und einige Unterthan noch bey einem höheren Richter Hülfe suchen können"[31]. Insgesamt habe das Reich daher eine „glückliche Verfassung"[32]. Pütter lebte ganz im Einklang mit der herrschenden Schicht seines Landes und pries sich glücklich, in einem Staate zu leben, „dessen Obere keine andere Staatsmaxime kennen, als die auf Wahrheit und Gerechtigkeit gegründet ist, wo also ein jeder, der nur diese sucht, frey athmen, denken, lehren und schreiben kann"[33]!

[27] *Pütter*, a.a.O., S. 8.

[28] Vgl. *R. von Mohl*, Die Geschichte und Literatur der Staatswissenschaften, Bd. 2, 1855, S. 435; *U. Schlie*, Johann Stephan Pütters Reichsbegriff, 1961, S. 3; *Landsberg*, Gesch. d. dt. Rechtswiss., Abt. 3, Halbbd. 1, S. 353.

[29] Vgl. *Landsberg*, a.a.O., S. 334.

[30] Vgl. *Pütter*, Patriotische Gedanken über einige das Kayserliche und Reichs-Cammergericht und dessen Visitation betreffende Fragen, 1768, Vorbericht, S. 1.

[31] *Pütter*, Historische Entwicklung der heutigen Staatsverfassung des teutschen Reiches, Teil 2, S. 183 f.

[32] *Pütter*, a.a.O., S. 184.

[33] *Pütter*, Von dem Werthe richtig bestimmter allgemeiner Grundsätze, in: Beiträge zum teutschen Staats- und Fürstenrechte, Bd. 1, S. 14.

Scharfsinnig und rührig in der Ermittlung und gedanklichen Durchdringung historischer Zusammenhänge brauchte man Pütter in Fragen des geltenden Rechts nur die Richtung anzugeben, die Feder wußte er dann wohl zu führen[34]. Die historischen Fakten vermochte er zu sammeln und zu ordnen, in ihrer dogmatischen Begründung mußte er, wenn er sich nicht auf positive Regeln stützen konnte, auf die vermutete Zustimmung der Leser hoffen. Angesichts dieser Unsicherheit ist es verständlich, daß er in Gutachten und Urteilen besonders treu an der dichotomischen Kumulationsmethode, am topischen Wägen von Für und Wider festhielt[35].

6. An keinem Beispiel können Pütters methodische Möglichkeiten und Grenzen besser gezeigt werden als an seiner epochemachenden Schrift gegen den Büchernachdruck[36]. Hier schien er einen Sinn für das „werdende Recht“[37] zu beweisen. Er versuchte zu zeigen, daß der Büchernachdruck nach den Grundsätzen der Natur der Sache ungerecht sei; für den späteren Leser hob er am auffallendsten den Gedanken des geistigen Eigentums an dem geschaffenen Werk hervor, deshalb wird bis in unsere Tage der Gedanke des geistigen Eigentums mit der Rechtsbegründung aus der Natur der Sache assoziiert[38]. Diese Verbindung beruht indes auf einem Mißverständnis. Weder ist Pütter von seiner vorgegebenen Marschroute abgewichen, noch hat er aus der Natur der Sache ein neues Argument für die Lehre vom geistigen Eigentum entwickeln können. Bemerkenswert an seiner Schrift über den Büchernachdruck sind dagegen seine historischen und ökonomischen Überlegungen. So zeigt Pütters Abhandlung mustergültig die Ohnmacht eines empirischen Naturrechts aus der Natur der Sache und zugleich die Anfänge eines historisch-liberalen Denkens.

II. Pütters Abhandlungen über den Büchernachdruck

1. a) Der unerlaubte Büchernachdruck ist so alt wie die Erfindung des Buchdrucks in Europa überhaupt[1]. Lag bis dahin der überwiegende wirtschaftliche Wert eines Buchexemplars in der Mühe des Abschrei-

---

[34] Nach einem Wort eines Kollegen von Pütter, das Hugo überliefert hat; vgl. *G. Hugo*, Pütter, in: Civilistisches Magazin, Bd. 5, 1814, S. 80.

[35] Vgl. oben S. 28.

[36] *J. St. Pütter*, Der Büchernachdruck nach ächten Grundsätzen des Rechts geprüft, 1774.

[37] *Frensdorff*, ADB 26, S. 775.

[38] *E. Ulmer*, Urheber- und Verlagsrecht, 2. Aufl., 1960, S. 89 ff.; BGH, Urt. vom 18. 5. 1955 — I ZR 8/54, — BGHZ 17, 266 ff. (277); H. Lehmann, Über das Wesen des Urheberrechts, 1956, S. 7 f.

[1] Hierzu und zum folgenden vgl. *E. Kuhnert*, Geschichte des Buchhandels, neubearb. v. H. Widmann, 1950, S. 876; *L. Gieseke*, Die geschichtliche Entwicklung des deutschen Urheberrechts, 1957, S. 20, mit weiteren Nachweisen.

bens, waren seit der Möglichkeit prinzipiell unbeschränkter Vervielfältigung die Kosten des Druckbetriebes und der Beschaffung eines Manuskripts durch den Absatz der Buchexemplare zu decken. Während das Nachschreiben den Seltenheitswert eines Werkes wenig beeinträchtigte und daher die Abschreiber sich untereinander kaum Konkurrenz machten, ersparte sich der Nachdrucker nicht nur das Honorar für den Verfasser oder Herausgeber, er konnte auch die Marktgängigkeit einer Neuerscheinung abwarten und damit das Unternehmerrisiko von sich abwälzen. Schon die Buchhändler-Verleger des 15. Jahrhunderts suchten daher den Schutz der Obrigkeit gegen Nachdrucker. Dieser Schutz wurde durch ein Privilegium gewährt, das entweder den Nachdruck eines einzelnen Buches verbot oder alle Druckerzeugnisse einer Person betraf[2]. Das Privilegienwesen konnte den Nachdruck nie ganz unterdrücken, aber bis zur Mitte des 18. Jahrhunderts erfüllte es in Deutschland seine Aufgabe schlecht und recht, weil die Buchhändler-Verleger gegen Ende des 16. Jahrhunderts eine Handelsform entwickelt hatten, die sie weitgehend vor Schmarotzern bewahrte: das sogenannte Tauschsystem[3]. Danach tauschte jeder Verleger seine eigene Produktion gegen fremde nach dem Papiergewicht ein, um eigene und fremde Verlagsartikel als Sortimenter in seiner Buchhandlung zu veräußern.

b) Im Laufe des 18. Jahrhunderts verlor diese Handelsform durch das starke Anwachsen vor allem der schöngeistigen und praktischen Literatur[4] in zunehmendem Maße ihre wirtschaftliche Grundlage. Verlags- und Sortimenthandel trennten sich; den norddeutschen, insbesondere den Leipziger Verlegern gelang es dank des qualitativen literarischen Übergewichts des Nordens, die vielgelesenen Autoren des Jahrhunderts an sich zu ziehen. Mehr und mehr schränkten sie deshalb den Tauschverkehr auf bevorzugte Geschäftspartner ein und weigerten sich, ihre marktgängige Ware gegen minderwertige nach dem Papiergewicht abzugeben.

c) Diese Entwicklung trieb der „ebenso kluge wie rücksichtslose"[5] Leipziger Geschäftsmann *Philipp Erasmus Reich* (1717—1787)[6] mit der Einführung des sogenannten Nettosystems auf die Spitze. Reich verkaufte die Produktion der Weidmannschen Buchhandlung, deren Geschicke er seit 1747 bestimmte, nur gegen bar oder auf Kredit in halbjähriger Rechnung mit einem Buchhändlerrabatt von 16—25 %[7]. Da

---

[2] Vgl. *Gieseke*, a.a.O., S. 24.

[3] Vgl. *Kuhnert-Widmann*, a.a.O., S. 901 f.

[4] Vgl. *R. Jentzsch*, Der deutsch-lateinische Büchermarkt nach den Leipziger Ostermeßkatalogen von 1740, 1770 und 1800 in seiner Gliederung und Wandlung, 1912, S. 322 ff. u. ö.

[5] *Kuhnert-Widmann*, a.a.O., S. 904.

[6] Vgl. *Braun*, ADB 27, S. 611 ff.

[7] *Kuhnert-Widmann*, a.a.O., S. 904.

andere Verleger seinem Beispiel folgten, drohte sich das kulturelle Übergewicht des Nordens in eine wirtschaftliche Vormachtstellung der Leipziger Verleger umzumünzen. In dieser Situation griffen die süddeutschen Reichsbuchhändler seit den sechziger Jahren mehr und mehr zum systematischen Nachdruck der Leipziger Verlagsartikel[8].

Diesem Wirtschaftskampf war das Privilegienwesen nicht mehr gewachsen. Die Verselbständigung der Territorien nach dem Westfälischen Frieden beließ den kaiserlichen Privilegien praktisch nur noch auf der wirtschaftlich ständig bedeutungsloser werdenden Frankfurter Buchmesse eine unmittelbare Geltung. Als der Kaiser nach 1740 nicht mehr an der Spitze der österreichischen Erblande stand, wurden seine Schutzbriefe nicht einmal mehr dort anerkannt[9]. Mit Unterstützung des Hofes baute vielmehr Reichs großer Gegenspieler *Johann Thomas Trattner* (1717—1798)[10] in Wien das vermutlich größte auf dem Prinzip des Nachdrucks beruhende Verlagsunternehmen auf, das es in Deutschland je gab[11].

d) Zur Abwehr des Nachdrucks suchte Reich zur Leipziger Ostermesse 1765 eine Genossenschaft des deutschen Buchhandels zu gründen[12]. Mit seinem Appell an den „redlichen Theil der Buchhändler"[13] gewann er indes wenig Freunde. Die sächsische Regierung fürchtete ebenso wie der Rat der Universität zu Leipzig von einem solchen Zusammenschluß der Buchhändler einen neuerlichen Auftrieb der Bücherpreise[14]. Als Preisregulator wurde der Nachdruck allgemein geschätzt. Durch billige Ausgaben und durch eine rührige Absatzorganisation trugen die Nachdrukker nicht wenig zur Verbreitung der Aufklärung vor allem in Süddeutschland bei. Selbst die höheren Schichten, die den Nachdruck in der Theorie verurteilten, standen in wachsendem Maße nicht an, ein Nachdrucksexemplar zu kaufen[15]. Dennoch genehmigte die kursächsische Regierung im Jahre 1769 die Reich'sche Buchhändlervereinigung unter modifizierenden Bedingungen. Auch erließ sie zur Regelung des Verlagsrechts unter dem 18. 12. 1773 das sogenannte Kursächsische Man-

[8] *Kuhnert-Widmann*, a.a.O.; *J. Goldfriedrich*, Geschichte des deutschen Buchhandels, Bd. 3, 1909, S. 18 ff.

[9] Vgl. *F. Lehne*, Zur Rechtsgeschichte der kaiserlichen Druckprivilegien, 1939, S. 398.

[10] Vgl. *H. Cloeter*, Johann Thomas Trattner, Ein Großunternehmer im theresianischen Wien, 1952.

[11] *Goldfriedrich*, a.a.O., S. 5 ff.; *Gieseke*, a.a.O., S. 88.

[12] *Kuhnert-Widmann*, a.a.O., S. 904; *H. Widmann*, Der deutsche Buchhandel in Urkunden und Quellen, Bd. 1, 1965, S. 57 ff.; *Braun*, ADB 27, S. 613, *Goldfriedrich*, a.a.O., S. 20 ff.

[13] Rundschreiben von Philipp Erasmus Reich an den Buchhandel (1764), in: *H. Widmann*, Der deutsche Buchhandel in Urkunden und Quellen, Bd. 1, S. 58.

[14] *Goldfriedrich*, a.a.O., S. 23 f.

[15] *Goldfriedrich*, a.a.O., S. 72.

dat, das vor allem jeden Vertrieb von Nachdruckexemplaren auf der Leipziger Messe untersagte[16]. Aber diese Maßnahmen konnten nicht verhindern, daß sich nahezu „das ganze südliche Deutschland in eine einzige große Nachdruckermesse" verwandelte[17]. Erst als nach dem Tode von *Philipp Erasmus Reich* (1787) die Leipziger Verleger darin einwilligten, statt des bedrückenden Nettosystems das sogenannte Konditionensystem einzuführen, stellten die süddeutschen Buchhändler den systematischen Nachdruck ein. Da Neuerscheinungen danach gegenseitig mit dem Recht zugesandt wurden, die nicht abgesetzten Bücher zu einem bestimmten Termin zurückzuschicken und vom Erlös der verkauften Exemplare 33$^1/_3$ % des Ladenpreises einzubehalten[18], hatte die Nachdruckerpartei ihr Ziel erreicht und sich der drohenden „Sklaverei" entzogen[19].

e) Auf diesem Hintergrund muß Pütters Schrift über den Büchernachdruck aus dem Jahre 1774 gesehen werden. In den siebziger Jahren stand Pütter auf der Höhe seines allgemeinen Ansehens als bedeutendster Staatsrechtslehrer im damaligen Deutschland[20]. Er war als Freund der Leipziger Verleger bekannt, veröffentlichte er doch seine Schriften im Verlag der Witwe Vandenhoek, einem der in Süddeutschland bestgehaßten Unternehmen[21]. Ihn baten Reich und seine Freunde um Unterstützung in ihrer Sache. Nach Pütters eigener Darstellung hatte sich „eine Anzahl der vorzüglichsten teutschen Buchhändler vereinigt", um ihn zu einer rechtlichen Darstellung des Nachdrucks zu veranlassen[22].

Diese Vereinigung der Buchhändler kann keine andere als die von Reich ins Leben gerufene Genossenschaft oder ein anderer lockerer Kreis um den Leipziger Buchhändler gewesen sein. Dies bestätigt der Entwurf eines Briefes vom 18. 6. 1773, in dem sich Pütter an „Monsieur Reiche, Libraire très renommé à Leipzig" wandte, um sich für die Übersendung von 50 Dukaten für eine versprochene Arbeit zu bedanken[23]. Auch für seine Abhandlung über den Büchernachdruck besaß Pütter also eine feste Marschroute.

---

[16] Im einzelnen vgl. *Gieseke*, a.a.O., S. 66 f.

[17] Vgl. *Goldfriedrich*, a.a.O., S. 71.

[18] Vgl. *Kuhnert-Widmann*, a.a.O., S. 906.

[19] Vgl. *Braun*, ADB 27, S. 513.

[20] Vgl. *Landsberg*, a.a.O., S. 333; *H. Zachariä*, Johann Stephan Pütter und Karl Friedrich Eichhorn, in: Göttinger Professoren, 1872, S. 118; *Hugo*, Civilistisches Magazin, Bd. 5, S. 74.

[21] Vgl. *Goldfriedrich*, a.a.O., S. 55.

[22] *Pütter*, Selbstbiographie, Bd. 2, S. 606.

[23] Vgl. den handschriftlichen Entwurf: St. u. Univ. Bibliothek Göttingen, Cod. MS 2° Philos. 182; der Buchhändler Karl Christoph Reiche gründete erst 1781 die „Buchhandlung der Gelehrten" in Dessau, vgl. *Kuhnert-Widmann*, a.a.O., S. 906. Dieser kann also von Pütter nicht gemeint gewesen sein.

2. a) Pütter mußte davon ausgehen, daß kein allgemeines Gesetz das Urheber- und Verlagsrecht im deutschen Reich regelte. Wollte man nicht annehmen, daß der Nachdruck erlaubt sei, weil er weder im römischen noch im kanonischen Recht ausdrücklich verboten sei — eine Denkweise, die nach Pütters Darstellung noch immer weit verbreitet war[24] — bot sich das universale subsidiäre Naturrecht zur Lückenfüllung an. In Pütters Theorie eines allgemeinen subsidiären Rechts schwang indes ein dem deutschen Naturrecht wenig bekannter Ton mit. Die neueren Zeiten unterschieden sich seiner Auffassung nach darin von den mittleren, „daß alle Europäischen Staaten nicht nur in Kriegs- und Friedens-Geschäfften, sondern auch in Ansehung der Schifffahrt und Handlung und ... auch in Ansehung der Religion und Gelehrsamkeit untereinander weit häufiger, als ehedem in wechselseitigen Verhältnissen und Verbindungen stehen"[25]. Infolgedessen müsse bei daraus entstehenden Rechtsfragen allgemein gefragt werden, „was sich überhaupt entweder aus der Natur der Sache mittels Anwendung allgemeiner Grundsätze des Rechts der Natur, oder auch nach gewissen allgemeinen Gebräuchen der Europäischen Völker, als recht oder unrecht behaupten lasse"[26].

b) Zwei Arten der Rechtsbegründung wurden damit von Pütter ineinander verwoben: die naturrechtliche im Wolff'schen Sinn und die relational-emotionale, wie sie bei Montesquieu festgestellt werden konnte. Natur der Sache meinte auch bei Pütter zunächst so viel wie Natur oder Wesen des in Frage stehenden Geschäfts[27]. Als Beispiel für eine Argumentation aus der Natur der Sache führte Pütter in diesem Sinn zwei Wechselrechtsprobleme an. Es folge aus der Natur der Sache, „daß auf einen Secunda-Wechsel, wenn Prima schon bezahlt, nicht noch weitere Zahlung gefordert werden könne"; auch ergebe sich aus der Natur der Sache, „daß die Protestation eines Wechsels von keiner Wirkung sey, wenn sie zu spät geschiehet ..."[28].

Aus der Natur des Wechselprotestes sollte also folgen, daß die Protestfrist eine Ausschlußfrist darstellt. Seine Natur ergebe sich aus seinem Zweck, die rechtzeitige, aber vergebliche Aufforderung zur Vornahme bestimmter wechselrechtlicher Handlungen förmlich festzustellen. Die Rechtsfindung aus der Natur der Sache erschöpfte sich somit in einer teleologischen Interpretation einer bestehenden Regelung. Das gleiche gilt für das Beispiel der einmalig geschuldeten Wechselleistung bei mehrfacher Ausfertigung des Papiers. Der verbreitete Hang, eine

[24] *Pütter*, Büchernachdruck, § 2.
[25] *Pütter*, a.a.O., § 1.
[26] *Pütter*, a.a.O., § 1, vgl. § 3.
[27] *Pütter*, a.a.O., § 4.
[28] *Pütter*, a.a.O., § 4.

teleologische Interpretation als Schluß aus der Natur der Sache zu bezeichnen, ließ noch Martin Stranz 1934 davon sprechen, daß aus der Natur der mehreren Ausfertigungen folge, daß nur eine einmalige Leistung entsprechend der Regelung des Art. 65, Abs. 1, Satz 1 des Wechselgesetzes vom 21. 6. 1933 (RGBl I, S. 399) gefordert werden könne[29].

Aber Pütter glaubte, auch seine Überlegungen über die Verträglichkeit des Nachdrucks mit den wirtschaftlichen Bedingungen des Buchhandels aus der Natur der Sache abzuleiten. Deshalb bemühte er sich, die wechselseitige Abhängigkeit von Gelehrsamkeit, Verlagswesen und Buchhandel durchsichtig zu machen. Die Legitimation erhielten die wirtschaftlich unumgänglichen Maßnahmen durch die Zustimmung aller Benutzer zum gesamten Unternehmen. Werde das ganze Werk gebilligt, so müsse auch das als gebilligt gelten, ohne das es nicht bestehen könne[30]. Nach diesem dem Wolff'schen Naturrecht unbekannten Erhaltungsgrundsatz begann Pütter, die historisch-ökonomischen Zusammenhänge des Buchhandels zu erforschen.

3. Als funktional konnte bei Montesquieu und bei den kriminalpolitischen Aufklärern nicht nur das Bestreben bezeichnet werden, soziale Relationen in ihrer Regelmäßigkeit auf Grund tatsächlicher Beobachtungen aufzudecken, auch das innere Prinzip, das die Struktur in Bewegung hielt, ließ sich aus ihren Betrachtungen nicht hinwegdenken. Entsprechend entwickelte auch Pütter in dem ersten sachlichen Abschnitt, der die „eigentliche Beschaffenheit der Buchdruckerey und des Buchhandels" sowie den Bücherverlag, den Nachdruck und die ersten Bücherprivilegien „historisch und nach der Natur der Sache" erörterte[31], zwei Argumente, ein strukturelles und ein an die schöpferische Personalität gebundenes. Einmal sei der Nachdruck mit der Wirtschaftsverfassung des Verlagswesens nicht vereinbar, und zum anderen komme dem Autor an seinem literarischen Werk ein geistiges Eigentum zu.

a) Das Verlagsgeschäft sei wegen der Ungewißheit der Absatzchancen ein „Hazardgeschäft"[32], mit einem Publikumserfolg müsse der Verleger die Kosten für schwer verkäufliche Werke auffangen, insbesondere könne er nur dadurch die Publikation wissenschaftlicher Werke finanzieren, die erst nach langer Zeit abgesetzt werden können. Da der Nachdrucker sich aber gerade die publikumssicheren Erzeugnisse herausgreife und sich zudem die Kosten des Autorenhonorars spare, nehme er dem Verleger mit dem Gewinn auch die finanzielle Möglichkeit, gelehrte

---

[29] *Staub-Stranz,* Kommentar zum Wechselgesetz, 13. Aufl. des Kommentars zur Wechselordnung, völlig umgearbeitet von M. Stranz, 1934, Art. 65, Anm. 2.
[30] *Pütter,* a.a.O., § 4.
[31] *Pütter,* a.a.O., Überschrift des 2. Abschnitts des 1. Theils.
[32] *Pütter,* a.a.O., § 11.

Schriften herauszugeben. Ein konsequent betriebener Nachdruck müsse daher den Verlagshandel ersticken und die Welt um die großen Vorteile des Buchdrucks bringen[33]. Um dies zu beweisen, schilderte Pütter die wirtschaftlichen und kulturellen Auswirkungen, die die Erfindung der Buchdruckerkunst in Europa nach sich zog, den Anlaß und die Tragweite der ersten Bücherprivilegien, verglich die verschiedenen Organisationen des Buchhandels in den europäischen Staaten und zählte in einer Anmerkung sogar die Buchhandlungen auf, die auf einer der letzten Ostermessen in Leipzig vertreten waren[34]. Bis zum Kern des Wirtschaftskampfes seiner Zeit drang Pütter zwar nicht vor, aber dank seiner historischen Akribie konnte seine Abhandlung zu einem „Quellenwerk für die deutsche Urheberrechtsgeschichte" werden[35].

b) Der Nachdruck war aber nicht nur mit der wirtschaftlichen Verfassung des Verlagshandels unvereinbar, er widersprach auch dem inneren Prinzip, das ihn in Bewegung erhielt: dem geistigen Eigentum des Autors. Solche Werke, „die ein Gelehrter erst neu ausgearbeitet hat, und die jetzt das erste Mal in Druck kommen sollen", schrieb Pütter, „sind gleich ursprünglich unstreitig ein wahres Eigentum ihres Verfassers, so wie ein jeder das, was seiner Geschicklichkeit und seinem Fleiße sein Daseyn zu danken hat, als sein Eigenthum ansehen kann ..."[36]. Soweit allerdings bei Erfindung des Buchdrucks Manuskripte eines Werkes rechtmäßiger Weise in mehreren Händen gewesen seien, habe ein jeder Eigentümer des Manuskripts von der allgemeinen natürlichen Verlagsfreiheit Gebrauch machen können[37]. Die gleiche Freiheit bestehe auch bei allgemein gleich verfertigbaren Büchern, z. B. Kalendern[38]. Die konstruktiven Gründe des geistigen Eigentums untersuchte Pütter darüberhinaus aber nicht. An späterer Stelle wies er den Einwand, das Verlagsrecht sei kein Eigentum an einer körperlichen Sache und damit überhaupt kein schützbares Recht, mit dem Argument zurück, es liege „in der Natur der Sache", daß der Verleger sein geschütztes Gut nicht, „wie etwa ein anderer Eigenthümer allenfalls sein Geld einschließet, oder sein Gut umzäunet, oder mit Mauren, Moor und Graben umgibt, so auch physice für fremde Anmaßungen verwahren könnte"[39]. So wenig Pütter die Immaterialität des Urheberrechts systematisch erfaßte, so wenig vermochte er den Gedanken des geistigen Eigentums über die bisher vertretenen Lehren hinaus zu vertiefen. Schon *Johann Rudolf Thurneisen* hatte im Jahre 1738 die Unkörperlichkeit

[33] Vgl. *Pütter*, a.a.O., §§ 29—35.
[34] *Pütter*, a.a.O., § 135, Anm. 1.
[35] *Gieseke*, a.a.O., S. 91.
[36] *Pütter*, a.a.O., § 20.
[37] *Pütter*, a.a.O., § 14.
[38] *Pütter*, a.a.O., § 19.
[39] *Pütter*, a.a.O., § 49.

des Urheberrechts als Grund für die Form seiner Übertragung erkannt[40]. Auch zur Zeit Pütters war der Gedanke des geistigen Eigentums nicht vergessen. *Philipp Erasmus Reich* erinnerte im Jahre 1773 in einer anonymen Schrift über den Bücherverlag in beredten Worten an das ursprüngliche Recht des Autors[41]. Ein besonderes Verdienst in der Entwicklung des Urheberrechtsgedankens kann Pütter daher kaum zugesprochen werden.

c) Da Pütter zudem die Lehre vom geistigen Eigentum systematisch nicht mit dem Strukturargument verknüpfte, verlor seine Gedankenführung nahezu alle Konturen. Mit einer Art salvatorischen Klausel erklärte er jeden Nachdruck für erlaubt, „wenn er dem Verleger keinen Abbruch thut“[42]. Der Nachdruck sei rechtmäßig, wenn er an einem Ort abgesetzt werde, „wo der rechtmäßige Verleger für sich auf keinen Abgang rechnen konnte“[43], ihm also kein Schaden entstanden sei. Da die Möglichkeit des Schadenseintritts aber von den unterschiedlichen technischen und politischen Bedingungen des interlokalen und internationalen Handels sowie von den subjektiven Erwartungen des Verlegers abhing, mußte Pütter jeden Fall einzeln prüfen: italienische und englische Verleger dürften ihre Produktion z. B. gegenseitig nachdrucken[44]; auch stehe eine in geringer Auflagenhöhe im Selbstverlag erschienene Schrift dem Nachdruck frei[45]. Allgemein gelte daher, je weniger die Nationen „untereinander in wechselseitigem Bücherverkehr stehen, je weniger ist dabey zu erinnern“[46]. Fast schien Pütter sogar die Nachdruckerpartei verteidigen zu wollen. Denn der Nachdruck sei „eher zu entschuldigen, wenn das Original gar zu kostbar gedruckt ist, und für

[40] *J. R. Thurneisen*, Diss. Juridica inauguralis de recusione librorum furtiva zu teutsch dem unerlaubten Büchernachdruck, 1738, S. 10: „His (sc. editoribus) offerunt eruditi scripta sua certo pretio, aut si mavis, honorario, qui sic illa sibi acquirunt; hocque modo non solum fit traditio proprietatis corpuralis rei, verum etiam plana cessio omnis juris, quod ei, qui libri auctor est, in illo habuit; haec autem cessio in rebus incorporalibus loco traditionis esse solet ...“ (gesperrt vom Verfasser).

[41] *(Ph. E. Reich)*, Der Bücherverlag in allen Absichten genauer bestimmt, 1773, S. 4: „Der innere Werth eines Buches ist unstreitig der Geist des Verfassers, seine Gedanken über sichtbare und unsichtbare Gegenstände, Erfindungen neuer Wahrheiten, genauere Bestimmung derselben; kurz alles was die menschliche Seele mit ihren Kräften umfaßt. Das Eigenthum hiervon liegt in der Beschaffenheit der Sache selbst, da wir Geist, Genie und Talente von Gott und der Natur mehr als irgend andere Güther zum Eigenthume empfangen und die Fertigkeit sie zu gebrauchen, durch Fleiß erworben haben. Die Produkte des Geistes sind so gut eine Waare, als jede materielle mit Händen verarbeitete.“

[42] *Pütter*, a.a.O., § 39.

[43] *Pütter*, a.a.O., § 70.

[44] *Pütter*, a.a.O., § 86.

[45] *Pütter*, a.a.O., § 78.

[46] *Pütter*, a.a.O., § 86.

solche Käufer, die mehr auf den Inhalt, als auf den äußerlichen Glanz sehen, ein wohlfeiler Nachdruck veranstaltet wird“[47].

4. Die Unsicherheit Pütters spiegelte sich auch in seinem Bemühen, ständig neue Argumente selbständig einzuführen. Als „eigentliche Rechtspunkte“[48] legte er z. B. dar:

a) Jeder Geschäftszweig habe je nach der besonderen Beschaffenheit seiner Gegenstände „eigene Bestimmungen“[49]. Zur eigentümlichen Beschaffenheit des Buchhandels gehöre die Unterscheidung von zweierlei Waren: des Verlagsrechts und der Buchexemplare. Das Verlagsrecht erwerbe der Verleger vom Schriftsteller[50]; sein Preis werde selbständig kalkuliert. Da „das Wesen aller Handlung“ in der Vereinbarung des Kaufobjekts und des dafür zu zahlenden Preises bestehe, erwerbe der Käufer eines Buches gegen den Preis des Exemplars nur das Bucheigentum, nicht das Verlagsrecht[51]. Naturrechtlich leitete Pütter dieses Argument also aus dem „Wesen des Geschäfts“ ab, ähnlich wie er es zunächst als Beispiel einer Rechtsfindung aus der Natur der Sache beschrieben hatte. Auch hier ermittelte er das Wesen der Sache durch eine teleologische Auslegung bereits erklärter Willensentschlüsse. Die Erheblichkeit der vertraglichen Vereinbarung und die Möglichkeit der Differenzierung der Objekte wurden dabei vorausgesetzt.

b) Das sachenrechtliche Argument aus dem Wesen des Geschäfts unterstützte Pütter durch eine schuldrechtliche Erwägung. Buchhändler und Käufer träfen stillschweigend die Nebenabrede, daß sich der Käufer nicht das Verlagsrecht zum Nachteil des rechtmäßigen Verlegers anmaßen werde[52].

c) Sogar moralisch-theologische Gründe führte Pütter gegen den Nachdruck ins Feld[53], und schließlich hielt er ihn auch nach der Analogie des römischen Rechts für unerlaubt[54].

5. a) In der Abfolge der Argumente läßt sich noch die Gliederung erahnen, der *Thurneisen*[55] und *Birnbaum*[56] gefolgt waren. Beide erwogen zunächst Entstehung, Nutzen und Grundsätze des Verlagswesens,

---

47 *Pütter*, a.a.O., § 89.
48 *Pütter*, a.a.O., § 40.
49 *Pütter*, a.a.O., § 41.
50 *Pütter*, a.a.O., § 42.
51 *Pütter*, a.a.O., § 44.
52 *Pütter*, a.a.O., § 45.
53 *Pütter*, a.a.O., § 67.
54 *Pütter*, a.a.O., § 69.
55 *Thurneisen*, a.a.O., S. 6 ff.
56 *(J. A. Birnbaum)*, Eines aufrichtigen Patrioten unpartheyische Gedancken über einige Quellen und Wirckungen des Verfalls der jetzigen Buchhandlung, 1733, S. 42—86.

an dieser Stelle behandelten sie auch die Lehre vom geistigen Eigentum; nach der Einleitung folgte die eigentliche Rechtserörterung, und zwar in scholastischer Weise geschieden nach Naturrecht, göttlichem Recht und bürgerlichem Recht. Die Untersuchung des ‚Wesens' der Handlung stand bei Pütter daher genau an der Stelle, an der bisher naturrechtliche Argumente erörtert wurden.

b) An die scholastische Disputation erinnerte zu dem die Aneinanderreihung der Argumente. Während aber früher die Autorität einer kanonischen Schrift die einheitsstiftende Grundlage bot, war es nun der gemeine Sinn, die stillschweigende Billigung des Publikums, an die Pütter beteuernd appellierte. So versicherte er, neu geschaffene Werke seien „unstreitig" das „wahre" Eigentum ihres Verfassers[57]. Die Wirkung des Verlagsrechts „als eines wahren Eigentums" habe noch „niemand in Zweifel gezogen"[58]. In ganz Europa sei nichts gewisser ... als daß die Übereinstimmung beyder Theile über die eigentliche Bestimmung der Waare und des dafür zu zahlenden Preises ... das Wesen aller Handlung ausmache ..."[59]. Auch werde es „offenbar Unrecht" sein, wenn der Käufer trotz der stillschweigenden Bedingung das Buch nachdrucken sollte[60]. Die Unterscheidung von Verlagsrecht und Bucheigentum beziehe sich zwar nur auf das Verhältnis von Verleger und Sortimenter, aber sie sei „auch so allgemein anerkannt, ... daß ... (sie) in ganz Europa unter Buchhändlern oder denen, die sonst nur dieser Sache kundig sind, für bekannt und unwidersprechlich angenommen werden kann"[61]. Diese Reihe von Beteuerungen könnte noch eine Weile fortgesetzt werden, versicherte Pütter doch schon im Titel, daß er den Büchernachdruck nach „ächten Grundsätzen des Rechts" prüfen werde.

c) Seine literarischen Vorgänger in der Lehre vom geistigen Eigentum pflegten gleichfalls diesen Beteuerungsstil. Für *Justus Henning Böhmer* war es z. B. „mehr als zu klar, daß der Autor eines mit großer Arbeit verfertigten Buches dominus von solcher Arbeit ... ist"[62]; Thurneisen stellte kühn fest: „Quod autem id, quod docti viri meditatione sua excogitarunt, vel lucubratione industriaque sua excerptum in ordinem digesserunt, illorum proprium sit, ... nemo dubitabit ..."[63]. Schon damals war seine These aber alles andere als unbestritten. Die Jenaer

---

[57] *Pütter*, a.a.O., § 20.

[58] *J. St. Pütter*, Von Bücherprivilegien und ob und wieweit ohne dieselben Bücher nachzudrucken erlaubt sey?, in: Beiträge zum teutschen Staats- und Fürstenrechte, Bd. 1, 1777, S. 257; vgl. ders., Büchernachdruck, § 42.

[59] *Pütter*, Büchernachdruck, § 44.

[60] *Pütter*, a.a.O., § 77.

[61] *Pütter*, a.a.O., § 41.

[62] *J. H. Böhmer*, Kurtze Einleitung zum geschickten Gebrauch der Acten, Neue Aufl., 1734, S. 517.

[63] *Thurneisen*, a.a.O., S. 10; vgl. *Birnbaum*, a.a.O., S. 44.

Juristenfakultät etwa erklärte im Jahre 1722 kategorisch, die Lehre vom Eigentum des Autors an seinem Werk sei „gantz falsch“[64].

d) Pütter wußte die Jurisprudenz der Beteuerung mit besonderer Kunst zu handhaben, fügte er ihr doch eine neue Beteuerungsformel hinzu: die der Natur der Sache. Daß es in der Natur der Sache lag, daß das Verlagsrecht nicht physisch mit Mauern geschützt werden konnte, wurde schon dargelegt[65]. Auch war es „in der That die selbstredende Natur der Sache“, daß der Verleger bei der Veräußerung des Buchexemplars nicht auch das Verlagsrecht überträgt[66]. Von keinem Argument, das Pütter gegen den Nachdruck vorbrachte, ließe sich zeigen, daß es für ihn nicht aus der Natur der Sache folgte[67]. Das Strukturargument und die Lehre vom geistigen Eigentum entwickelte er aus der Natur der Sache[68], auch bei den eigentlichen Rechtspunkten gab die Natur der Sache an die Hand, was ihm gegen den Nachdruck einfiel[69]. Da die Natur der Sache sich auf jedes logische Subjekt als Sache und auf jedes ihrer Prädikate als Natur beziehen läßt[70], liegt es in der Natur der Sache, daß sich die Formel zur Beteuerung der Richtigkeit einer jeden Aussage in besonderem Maße eignet. Wie die Begriffe ‚zweifellos‘, ‚unstreitig‘, etc. den Zweifler in die Rolle des Außenseiters drängen, so erklären die Formeln ‚Natur der Sache‘, ‚offenbar‘, ‚selbstverständlich‘ den Unverständigen zum Toren. Die beteuernde Jurisprudenz der gesunden Vernunft und der Natur der Sache blieb daher eine auf Autorität gegründete Gelehrsamkeit.

6. Im Vergleich zur gesamten bisherigen Literatur gegen den Büchernachdruck vertauschte Pütter aber am entschiedensten den theologischen mit einem soziologischen Argumentationshorizont. Der Schaden des Verlegers galt von *Luther* bis zu Pütter als das eigentliche Ärgernis des Nachdrucks[71]. Aber während Luther die Drucker vor der „großen öffentlichen Räuberey“ warnte, „die Gott auch wohl straffen wird, und

---

[64] Jenaisches Responsum juris ..., 1726, S. 19.

[65] Vgl. oben S. 87.

[66] *Pütter*, a.a.O., § 44, Anm. 4.

[67] Vgl. *Pütter*, a.a.O., §§ 28, 40, 41, 44, 47, 48, 49, 59, 65, 69, 71, 83, 96, 121, 154.

[68] Vgl. *Pütter*, a.a.O., § 40.

[69] *Pütter*, a.a.O., § 41.

[70] Vgl. *R. Dreier*, Zum Begriff der Natur der Sache, 1965, S. 118 f.

[71] Vgl. *M. Luther*, Warnung an die Drucker, Vorwort zur Wittenberger Bibelausgabe von 1545, in: Werke, Krit. Gesamtausg., Dt. Bibel, Bd. 8, 1954, S. 7; *J. Sleidanus*, De statu religionis et rei publicae Carolo V caesare commentarii, neue Aufl., 1556, Author lectori S. D.; *B. Carpzov*, Jurisprudentia Ecclesiastica seu consistorialis, 1673, lib. II, def. 414, S. 645; *Thurneisen*, a.a.O., S. 8 ff. Erst der Kantianer *C. S. Zachariä* erklärte, der Grund der Unrechtmäßigkeit des Nachdrucks liege nicht im Schaden von Autor oder Verleger, sondern im „unveräußerlichen Eigenthum des Schriftstellers“; vgl. ders., Anfangsgründe des philosophischen Privatrechts, 1804, S. 82.

(die) keinem ehrlichen christlichen Menschen ansteht"[72], und während Luther hoffen konnte, die Drucker mit dem Worte des Paulus zu beeindrucken, „niemand übervorteile seinen Nächsten im Handel, denn Gott ist Rächer über alles"[73] (1. Thess. 4, 6), versuchte Pütter seine Zeitgenossen mit ökonomischen, kulturpolitischen und gelehrt-juristischen Erwägungen von der Unrechtmäßigkeit des Nachdruckes zu überzeugen. Die Wertung des Nachdrucks blieb gleich, aber an die Stelle einer moraltheologischen trat eine rational-politische Argumentation. Daß dies keinen Humanitätsverlust bedeuten mußte, mag der Schlußerinnerung entnommen werden, die der Verleger *Leonhard Loschge* dem „Neuen Trenchier- und Plicatur-Büchlein" von Andreas Klett im Jahre 1677 beifügte. Der Herr sei Rächer über alles, schrieb Loschge dort; er werde den Nachdrucker „an einem feurigen Galgen erwürgen" oder doch bewirken, daß der Nachdrucker „dasjenige mit Schmertzen wider ausspeyen müsse, was er zuvor sich und den seinigen zum ewigen Fluch und Untergang genommen hat. Bitte demnach einem jeden um seines Gewissens willen ..."[74].

Wie im Strafrecht so brachte auch im Urheberrecht die Ablösung der theokratischen Rechtsbegründung durch ein soziologisches Denken eine diskutierfähige, sachlichere Sprache mit sich. Nicht der göttliche Wille erhielt und garantierte nun ausdrücklich die menschliche Rechtsordnung, die Billigung einer Wirtschaftsweise durch die „stillschweigend einhellige Stimme des ganzen Publicums"[75] gab ihr jetzt die voluntative Grundlage. Während bisher Spekulationen das Verhältnis von Wille und Vernunft in Gott mühsam zu bestimmen suchten, konnte nun der Versuch gemacht werden, die öffentliche Meinung durch Aufdeckung beobachtbarer sozialer Zusammenhänge für sich zu gewinnen. Zur Gewohnheit gewordene Mißbräuche könnten, so erklärte Pütter, nicht als gewohnheitsrechtlich sanktioniert gelten, „so lange noch mit Grunde zu hoffen ist, daß das Publicum, wenn es nur von der wahren Beschaffenheit der Sache hinlänglich unterrichtet ist, es für Mißbrauch erkennen werde"[76].

7. Aber so wenig Pütter die wirtschaftliche Strukturanalyse bis zum Kern der Auseinandersetzung zwischen den Leipziger und den süddeutschen Verlegern vortrieb, so wenig vermochte er, das Phänomen der abweichenden Meinung einzuordnen. Er argumentierte noch aus der

---

[72] *Luther*, a.a.O., S. 7.

[73] *M. Luther*, Fastenpostille, 1525, Vorrede: Vermahnung an die Drucker, in: Werke, Krit. Gesamtausg., Bd. 17, Abt. 2, 1927, S. 3 f.

[74] Zitiert nach *H. Widmann*, Der deutsche Buchhandel in Urkunden und Quellen, Bd. 2, 1965, S. 329 f.

[75] *Pütter*, a.a.O., § 28.

[76] *Pütter*, a.a.O., § 4.

Natur der Sache und rettete sich so in ein unbestimmtes „Zweifellos", das die Identität aller Meinungen suggerierte und den Abweichler zum unvernünftigen Außenseiter erklärte[77]. Auch in der Abhandlung über den Büchernachdruck bestätigte sich daher bei allem einfallsreichen Fleiß die Unselbständigkeit des großen Göttinger Rechtshistorikers Johann Stephan Pütter.

Da die deutschen Buchhändler indes bald eine strukturell befriedigende Lösung ihres Konflikts fanden und die auf Pütter folgende Generation die Bedeutung der spontanen individuellen Kraft erkannte, traten die Schwächen der Pütter'schen Abhandlung zurück, und nur die Erinnerung an sein Eintreten für die Lehre vom geistigen Eigentum blieb in Erinnerung. Wenn auch kein Bedürfnis besteht, diese Deutung zu korrigieren, so ist es nicht unangebracht festzuhalten, daß die Idee des geistigen Eigentums durch Pütters Rechtsfindung aus der Natur der Sache zumindest nicht weiterentwickelt worden ist.

III. Die Wissenschaft vom deutschen Privatrecht: Justus Friedrich Runde

1. Für die Verbreitung der Formel von der Natur der Sache sorgte am Ende des 18. Jahrhunderts ein jüngerer Kollege Pütters in Göttingen: *Justus Friedrich Runde* (1741—1807)[1]. In kaum einer seiner Schriften unterließ es Runde, sich auf die Natur der Sache zur Klärung der erörterten Frage zu berufen. Auch er legte seine Auffassung über die Natur der Sache aber in keinem rechtsspekulativen Aufsatz nieder, seine Ansicht muß vielmehr verstreuten Stellen seiner praktischen und systematischen Schriften entnommen werden.

2. Ausdrücklich knüpfte Runde an Christian Wolff und Daniel Nettelbladt an. Auf sie und Wolffs Schüler G. S. Treuer und R. Engelhard berief er sich, um die Möglichkeit eines natürlichen Lehnrechts zu belegen[2]. Ebenso wie für Nettelbladt und Pütter diente die Natur der Sache ihm als subsidiäre Rechtsquelle, die Lücken der Gesetze auffüllen und zweifelhafte Stellen erklären sollte[3]. Deshalb existierte sei-

[77] Vgl. *Chr. Thomasius*, Einleitung zu der Vernunfftlehre, 1711, S. 88: Bei Leuten, die vom natürlichen Licht trotz Belehrung abwichen, walte ein „böser Wille, mit welchem sie muthwillig aus Liebe zu denen in der Jugend gefaßten Praejudiciis, die der Ursprung alles Irrthums seyn, ihren Verstand verdunckeln ..."

[1] Vgl. *Landsberg*, ADB 29, S. 677 ff.; ders., Gesch. d. dt. Rechtswiss., Abt. 3, Halbbd. 1, Notenband, S. 288.

[2] *J. F. Runde*, Anmerkungen und berichtigende Zusätze zu dem Burischen Lehnrecht, 1783, S. 27. Diese Verbindung von Runde und Chr. Wolff übersieht auch noch *Marx*, a.a.O., S. 104.

[3] Vgl. *J. R. Runde*, Grundsätze des gemeinen deutschen Privatrechts, 1791, §§ 10, 40, 80, 84.

ner Meinung nach auch ein gemeinsames deutsches Privatrecht, denn es gebe allgemein verbindliche Reichsgesetze, allgemeine Reichsgewohnheitsrechte, Land- und Stadtrechte, und „was in Ermangelung solcher positiven Rechte aus der Natur der Sache gefolgert und zur Anwendung gebracht wird, ist in aller Rücksicht gleichfalls gemeines deutsches Recht“[4]. Wie schon Justus Henning Böhmer und seine Schüler wollte auch Runde aus der Natur eines Geschäfts dessen allgemeine Grundsätze ableiten[5]; auf die wahre Natur der Zinsen stütze sich das Zinsrecht[6]; auf die Natur des Wechselgeschäfts das Wechselrecht[7]; allgemein ist es die rechtliche Natur des jeweils erörterten Gegenstandes, auf die sich subsidiäre Regeln stützen lassen[8]. So hat das Waldeigentum seine Natur[9], „aus der Natur des Erbrechts und Eigentums, welches die Bauern an ihren Gütern haben, desgleichen aus der Natur ihrer Dienst- und Zinspflicht (lassen sich) allgemeine Rechtsgrundsätze abziehen“[10].

Auch bei Runde handelte es sich bei solchen Ableitungen aus der Natur eines Geschäftes um verdeckte Auslegungen bereits getroffener Regelungen. Der Zirkel wurde offen erkennbar, wenn Runde die Art dieser Regel selbst angab. So schrieb er z. B. von den Familien- und Hausverträgen des Adels: Soweit sie „bloß die Rechte und Verbindlichkeiten der Glieder der Familie betreffen und solche Gegenstände haben, über welche nach Gesetzen und Herkommen der Autonomie erlaubt ist, rechtliche Bestimmungen zu machen, insofern bedarf es nach der Natur der Sache und den darauf sich gründenden gemeinen deutschen Rechten, zu ihrer Feststellung ... keiner oberherrlichen, oder gerichtlichen Bestätigung derselben ...“[11].

3. Im Unterschied zu Wolff und Nettelbladt war sich Runde aber in etwa bewußt, mit solchen Ableitungen aus der Natur der Sache auf dem Boden positiver Normen zu bleiben. Der Versuch, das natürliche Lehnrecht aus den allgemeinen Grundsätzen des natürlichen Rechts herzuleiten, war seiner Auffassung nach von vornherein zum Scheitern verurteilt[12]. Insofern gebe es kein natürliches Lehnrecht. „Wenn man aber die unter den Völkern willkührlich gestimmten und angenomme-

---

[4] *Runde*, a.a.O., § 80.

[5] Vgl. oben, S. 30 f.; *Runde*, Grundsätze, § 10: „Nächst den aus den deutschen Reichsgesetzen und unleugbaren gemeinen Gewohnheiten herfließenden Privatrechten, gehören hierher ganz vorzüglich diejenigen Rechtsgrundsätze, welche sich ... aus der Natur des in Frage stehenden Geschäfts ... herleiten lassen“.

[6] Vgl. *Runde*, a.a.O., §§ 202, 206, 506.

[7] Vgl. *Runde*, a.a.O., § 229.

[8] Vgl. *Runde*, a.a.O., § 168.

[9] Vgl. *Runde*, a.a.O., § 144.

[10] *Runde*, a.a.O., § 481.

[11] *Runde*, a.a.O., § 62.

[12] *Runde*, Anmerkungen und berichtigende Zusätze, S. 26.

nen Grundsätze von dem Wesen und der Natur der Lehen voraussetzt, und alsdenn aus demselben durch Schlüsse der gesunden Vernunft folgert, was in Ansehung derselben Recht oder Unrecht sei"[13], so sei ein natürliches Lehnrecht doch vorstellbar.

Damit knüpfte Runde an die Idee des sogenannten hypothetischen Naturrechts an, wie sie vor allem Pufendorf vorbildlich entwickelt hatte[14]. Im Hinblick auf Gott galt nach Pufendorf das Naturrecht insgesamt nur hypothetisch, nämlich unter der Voraussetzung, daß Gott sich entschlossen hatte, den Menschen als ein vernünftiges und soziales Wesen zu schaffen[15]. Band dieses Naturrecht der lex naturalis den geschaffenen Menschen auch absolut, so gab es daneben auch auf der humanen Ebene hypothetisches Naturrecht, das einen durch die Menschen selbst geschaffenen Stand (status) oder ein bestimmtes Institut (institutum) voraussetzte[16]. Die meisten Vorschriften des Naturrechts, so lehrte Pufendorf, könnten weder verstanden noch angewandt werden, wenn nicht ein ausgeformtes Eigentumsrecht und eine zivile Herrschaft angenommen werde[17]. Dementsprechend stand eine Regel aus der Natur der Sache für Runde auf der gleichen Stufe wie jene, die aus einem „den Deutschen eigenen, durch Gesetze, Gewohnheit oder Vertrag unter Privatpersonen anerkannten Rechtsinstitut richtig gefolgert werden" könne[18].

Hypothetische Naturrechtsregeln und positive Rechtssätze mußten danach schwer gegeneinander abgrenzbar sein. Pufendorf sah den qualifizierenden Unterschied in der Allgemeinheit des Regelungsgrundes. Der Grund des hypothetischen Naturrechts könne der Lage des menschlichen Geschlechts insgesamt entnommen werden, der des positiven Rechts sei in der besonderen Zweckmäßigkeit irgendeines bestimmten Staates oder nur in der Willkür des Gesetzgebers zu suchen[19]. Eine solche Abgrenzung kam für Runde angesichts des gewachsenen historischen Bewußtseins nicht mehr in Betracht. Für ihn unterschieden sich beide Normgruppen dadurch, daß die Bedeutung der positiven Regeln durch historische Analyse erschlossen wurde, während sich die Regeln des hypothetischen Naturrechts aus der gesunden Vernunft bei einer wohlmeinenden Auslegung und billiger Berücksichtigung neuerer Umstände ergaben.

---

[13] *Runde*, a.a.O., S. 26 f.

[14] Die Verbindung der Theorien von der Natur der Sache und vom hypothetischen Naturrecht wird allgemein hervorgehoben; vgl. *Dreier*, Zum Begriff der Natur der Sache, S. 38; *Thieme*, Die Zeit des späten Naturrechts, SZ Germ. Abt. 56, S. 232; *Marx*, a.a.O., S. 104.

[15] Vgl. *S. Pufendorf*, De Jure Naturae et Gentium, lib. 2, Tit. III, § 4.

[16] Vgl. *Pufendorf*, a.a.O., lib. 2, Tit. III, § 24.

[17] Vgl. *Pufendorf*, a.a.O., lib. 2, Tit. III, § 24.

[18] *Runde*, Grundsätze, § 80.

[19] *Pufendorf*, a.a.O., lib. 2, Tit. III, § 24.

4. Wie Pütter in seinen historischen Untersuchungen den leitenden Beziehungen von historischen Bedingungen und rechtlichen Normen nachspürte, so verlagerte Runde auch bei der systematischen Untersuchung den Schwerpunkt von der Definition des Begriffs einer Sache auf die Erklärung der betroffenen Rechtsverhältnisse. Bei ihm kündigte sich die Idee an, jedes Rechtsinstitut als historisch bestimmtes Verhältnis von Rechtssubjekten zu begreifen. Die Natur der Sache betraf seiner Auffassung nach die „rechtliche Natur des in Frage stehenden Verhältnisses oder Geschäfts“[20]; aus der Natur des Geschäfts und Verhältnisses erwuchsen Rechte und Verbindlichkeiten[21], und die Grundsätze des beispielhaften natürlichen Lehnrechts folgten „aus der rechtlichen Natur des Lehnsverhältnisses“[22]. Darum konnte ohne historische Forschung die Natur der Sache nicht erkannt werden. Stets müsse es dem Rechtsgelehrten darum zu tun sein, „den eigentlichen Ursprung (eines) ... Rechtsinstituts, so viel möglich ist, zu erforschen, um dadurch die wahre rechtliche Natur desselben genauer zu bestimmen, und daraus die richtigen Folgen zu ziehen ...“[23]. Willkürlich dürfe der Begriff des Lehen z. B. nicht ausgedehnt werden, wie es Georg Samuel Madihn mit seiner Lehre getan habe, so daß der Begriff des Lehen auch die alten Beneficia umfaßt habe. Stets müsse in einer gelehrten Auseinandersetzung die vorgebrachte Meinung auf Beobachtungen und Urkunden gestützt werden[24].

Im Verhältnis zwischen dem Bauern und dem Gutsherrn bestimmten etwa „die Bedingungen, auf welche dieser die Cultur des Guts dem Bauer überläßt, ... die Natur desjenigen Rechts, welches dem Letzteren, unter dem allgemeinen Namen eines Colonatrechts zukommt. Dieses Jus colonarium muß also an sich so mannigfaltig sein, als jene vertragsmäßige Bedingungen sind“[25]. Ebenso verschieden sei infolgedessen auch die Natur des zu leistenden Zinses. Aber in dieser Mannigfaltigkeit könnten trotzdem bestimmte allgemeine Muster der Beziehungen festgestellt werden, die sich aus den gleichen Interessenlagen ergäben. So hätten z. B. die Dienstpflicht der Bauern und die Lehnsdienstpflicht „einerley Ursprung und Grund: Überfluß der Ländereyen, welche zu bauen man gern anderen überließ, und Mangel an umlaufenden baaren Gelde, womit die Benutzung hätte pachtweise vergolten werden können“[26]. Der Bauer war daher vor der Übernahme der Dienstpflichten

[20] *Runde*, Grundsätze, § 63.

[21] *Runde*, a.a.O., § 4.

[22] *J. F. Runde*, Beiträge zur Erläuterung rechtlicher Gegenstände, Bd. 1, 1799, S. 194.

[23] *Runde*, a.a.O., S. 436.

[24] *Runde*, Anmerkungen und berichtigende Zusätze, S. 6.

[25] *Runde*, Grundsätze, § 506.

[26] *Runde*, a.a.O., § 491.

„ebenso wenig freyer Eigentümer des Guts, welches er bauet: als er beim Antritt desselben in unbedingte Sclaverey trat“[27]. Aus diesem „wahren Grunde der Frohnen läßt sich ... schließen, daß der ursprüngliche Dienstcontract nicht hieß: sey unser Richter, so wollen wir dienen, sondern gib uns Land und Gut, wogegen wir Dienste versprechen“[28]. Der historische Ursprung eines Rechtsverhältnisses gab daher die Natur der Sache an, im angeführten Beispiel fuhr Runde fort: „mithin hat ohn zweifel auch die Meynung mehr Grund in der Natur der Sache, daß solche Dienste in zweifelhaften Fällen eher dem Gutsherrn als dem Gerichtsherrn zuzusprechen sind“[29]. Daher begann Runde, die verschiedenen historischen Rechtsverhältnisse in ihrer Typizität zu bestimmen. Wenn z. B. in dem besonderen Problem der Milderung der Zinspflicht bei Unglücksfällen die Lösung „dem richtig bestimmten Verhältnisse“ entnommen werden muß, „worin der Zinsmann zu dem Zinsherrn steht“, dann muß erwogen werden, „ob der Zins mehr die Natur einer Pachtvergeltung oder eines Bekenngeldes hat“[30].

5. Aber Runde blieb nicht im Rahmen eines vergleichenden Denkens von bestimmten Rechtsinstituten stehen. Als Korrektiv und Leitpunkt bediente er sich bei aller Auslegung seiner gesunden Vernunft. Auf die gesunde Vernunft gründete die Natur der Lehen[31]. Die Natur der Sache als subsidiäre Rechtsquelle sei eben das, was der Gerichtsgebrauch „unter dem freilich zweideutigen Namen von natürlicher Billigkeit oder richterlichem Ermessen täglich“ anwende[32]. Die Natur der Sache sei „so gemeingültig und geltend, als die gesunde Vernunft“, und „nichts anderes als die naturalis ratio, deren Gebote für Jedermann verbindlich sind“[33]. Wenn die positiven Rechtsquellen keine Entscheidung ermöglichten, müsse der Rechtsgelehrte seinen gesunden Menschenverstand zu Hilfe nehmen, um die Gründe zu finden, die in der Natur der Sache selbst liegen[34]. Auch Runde verwarf den Ausweg, den der bei weitem größere Teil der praktischen Rechtsgelehrten noch immer in solchen Fällen wähle: das Haschen nach „Autoritäten und Praejudicien“[35]. Dies führe in der Regel ohnehin nur zu der Feststellung, daß die Sache streitig sei, und damit sei es dann „für diese Art Praktiker, welche als Leiuleii nicht gewohnt sind, ihren Menschenverstand zu gebrauchen, schon so viel, als ob die Sache durch den Zufall gewonnen oder verspielt werden müsse“[36].

---

[27] *Runde*, a.a.O., § 494.
[28] *Runde*, a.a.O., § 494.
[29] *Runde*, a.a.O., § 94.
[30] *Runde*, a.a.O., § 516.
[31] *Runde*, Anmerkungen und berichtigende Zusätze, S. 26, vgl. oben S. 95.
[32, 33] *Runde*, Grundsätze, § 80.
[34, 35] *Runde*, Beiträge zur Erläuterung rechtlicher Gegenstände, Bd. 1, S. 343.
[36] *Runde*, ebd.

6. In dieser Formulierung kündigte sich bereits eine neue Forderung an, die unter dem Stichwort der gesunden Vernunft erhoben wurde: Jede Rechtsauffassung müsse begründet werden. Die Meinungen der Rechtsgelehrten und die Erkenntnisse der Gerichte, schrieb Runde, könnten in seinen Tagen keine allgemeine Geltung mehr beanspruchen, „wenn sie entweder gar keine Gründe anführen, oder sich doch nur auf die besonderen Landesgesetze stützen", oder sich „auf eine besondere Observanz, oder gar nur auf vorgefaßte Meinungen und das Ansehen der Rechtsgelehrten gründen"[37]. Auf seine Gründe begann Runde auch den Gesetzgeber zu prüfen. Zwar lasse sich voraussetzen, daß der Gesetzgeber von dem, was Natur der Sache und gesunder Menschenverstand sagen, „so wenig als möglich, und nicht ohne die dringendsten Ursachen, sich habe entfernen wollen"[38], gleichwohl müsse gegen die Ausleger zweifelhafter Gesetze erinnert werden, daß „jede Deutung eines Gesetzes, welche auf Verletzung wohl erworbener Rechte führt, welche dem Gesetzgeber die Absicht andichtet, daß er die, welche seiner Gewalt unterworfen sind, habe zur Aufopferung zwingen wollen, die weder die Gerechtigkeit billige, noch der Drang der Umstände forderte"[39], die dem Gesetzgeber geschuldete Achtung verletze. Eine solche Maxime stellte, im Jahre 1805 geschrieben, keineswegs nur eine Huldigung an jeden Gesetzgeber dar. Runde verlangte vielmehr, daß auch dieser die „in der wahren Natur der Sache liegenden Gründe respektieren muß, wenn seine Normen nicht für Auswürfe des Despotismus gehalten werden sollen"[40].

7. Der Begriff Despotismus weist darauf hin, daß Runde mit dieser Äußerung nicht nur wie Wolff die theoretische Bindung des Gesetzgebers an das Naturrecht im Auge hatte[41]. Dank des neuen rationalen Rechtsverständnisses konnte Runde mit seinem gesunden Menschenverstand der gesetzlichen Regelung einen eigenen Entwurf der Sozialordnung entgegenhalten. Ähnlich wie Montesquieu die Aufrechterhaltung ausgespannter Beziehungen seinen idealtypischen Untersuchungen als staatspolitischen Wert substituierte, so lehrte auch Rundes gesunder Menschenverstand, daß der Gesetzgeber auf die Erhaltung der natürlichen Lebensmöglichkeit seiner Bürger in ihren mannigfachen Verhältnissen zu achten habe.

Das Maß der „ungemessenen Dienste" des Bauern ergebe sich z. B. „aus den zur Zeit des ursprünglichen Dienstcontracts schon vorhandenen

[37] *Runde,* Beiträge zur Erläuterung rechtlicher Gegenstände, Bd. 2, 1802, S. 457.
[38] *Runde,* Beiträge, Bd. 1, S. 427.
[39] *J. F. Runde,* Über die Erhaltung der öffentlichen Verfassung in den Entschädigungslanden, 1805, Vorrede S. 5.
[40] *Runde,* Beiträge, Bd. 1, S. 422.
[41] Vgl. *Chr. Wolff,* Jus Naturae, Bd. 8, 1748, §§ 965 ff.

Bedürfnissen des Dienstherrn"[42]; aber auch nach billigem Ermessen sei zu berücksichtigen, „was der Dienstpflichtige nach der ersten Anlage des ihm übergebenen dienstpflichtigen Gutes zu tun vermag, ohne dabei zu Grunde zu gehen"[43]. Im Deich- und Fischereiwesen sei jeweils nach der Hauptabsicht der Einrichtung zu entscheiden, d. h. dasjenige sei als Recht anzunehmen, was dem Schutz des Landes (Deichwesen) oder der Ermöglichung reichen Fischfangs dient. Die Fischotter z. B. sei ein „fürchterlicher Fischdieb"[44], und solange das Gesetz dem Fischereiberechtigten keine Sicherheit gegen diesen Konkurrenten gewähre, sei es ihm nicht „zuzumuten, daß er geduldig diesen Schaden ertragen und abwarten solle, bis ihn der Jagdherr von seinem Feinde zu befreyen gut findet"[45]. Den Erhaltungsgrundsatz, den Runde mit der Lehre von der Natur der Sache verband, formulierte für das Agrar- und Forstrecht vielleicht am treffendsten der Professor der Rechte zu Herborn, *Ludwig Böttger*. Als oberstes Prinzip dieses Rechtsgebietet nannte er die Maxime: „die Cultur des Holzes und die Cultur der Felder ist für den Staat absolut nothwendig"[46]. In der Forst- und Feldwirtschaftslehre sei man aber weit genug vorgerückt, um z. B. stets mit Gewißheit beurteilen zu können, „in wiefern in einem Distrikte von einer gegebenen Beschaffenheit Wald- und Jagdrechte von bestimmtem Umfange neben der für diesen Distrikt unerlaßlichen Holz- und Feldcultur würklich bestehen können". Tüchtige Forstmänner wüßten dies „auf das genaueste"[47].

8. Wie die kriminalpolitischen Aufklärer pädagogische, psychologische und soziologische Verhältnisse in den Blick bekamen und wie Pütter nach den wirtschaftlichen Bedingungen des Buchhandels fragte, so wurde Runde in seiner Vorliebe für das deutsche Privatrecht auf die gegebenen Verhältnisse von Agrar-, Forst- und Fischereiwirtschaft, aber auch des Handels verwiesen. Erlaubte ihm der Blick für diese Verhältnisse eine kritische Beurteilung gesetzgeberischer Maßnahmen, so war es fast selbstverständlich, daß er in dieser Kritik ständefreundlich und konservativ blieb. Die Landstände in Westfalen pries er z. B., weil sie wie vielleicht keine anderen „ihre Landesfreyheiten, — oder vielmehr die Urverfassung ihres kleinen Staats — mit einer so ausdauernden Energie, mit so wahrhaft patriotischer Eifersucht bis auf den Zeitpunkt der neuesten großen politischen Umwälzung zu erhalten, und jeden Versuch der Einführung einer willkührlichen Herrschergewalt mit so vieler

[42] *Runde*, Grundsätze, § 449.

[43] *Runde*, Grundsätze, § 449.

[44] *Runde*, Beiträge zur Erläuterung rechtlicher Gegenstände, Bd. 2, S. 462.

[45] *Runde*, a.a.O., S. 464.

[46] *L. Böttger*, Beyträge zur Erläuterung des Forstrechts, 1802, S. 134.

[47] Ebenda.

Kraft zu vereiteln vermogt" hätten[48]. Der souveräne Staat, in dem alle Bürger gleich und vielleicht auch gleich frei sind, war für ihn der ‚Despotismus', der „dieses ehrwürdige Monument deutscher Landesfreyheit nach Willkür umzustürzen" drohte[49]. Deshalb beschwor er „die Heiligkeit der Grundverträge"[50], aber auch den guten Geist, der die Gerichtsherren gegen ihre Bauern beseelen sollte. Dann würde „kein Demagoge mit Revolutionspredigten Gehör finden, oder sein Blendwerk bei ihnen so weit treiben können, daß sie den Schutzengel ihres Wohlstandes, als einen feindseligen Bedrücker ansehen und verfolgen sollten"[51]. Das übel verschrieene Lehnssystem mit den gegenseitigen Pflichten von Herr und Vasall sei „die sicherste Schutzwehr gegen allen Regierungsdespotismus" gewesen[52]. Die öffentliche Verfassung eines Landes habe nicht auf der „horribilen Hypothese vom absoluten Fürstenrechte" aufzubauen[53], sondern „das gerechte Verhältnis der verschiedenen Stände gegeneinander" zu wahren[54]. Um dieses inneren politischen Gleichgewichts des Rechts willen verteidigte Runde den Feudalstaat, wie Montesquieu die Monarchie wegen der intermediären Gewalten schätzte. Hatte Montesquieu die Ehre, d. h. das Vorurteil einer jeden Person über ihren Rang in der Gesellschaft als das Prinzip der feudalen Monarchie beschrieben, so legte Runde seinem Entwurf des gemeinen deutschen Privatrechts die Erwägung zugrunde, daß das deutsche Privatrecht im Unterschied zum römischen Recht durch die große Verschiedenheit der Personenstände ausgezeichnet sei[55].

9. In dem auf dieser Erkenntnis fußenden Versuch, das deutsche Privatrecht in einer neuen systematischen Form von seinen Grundsätzen her zu erfassen[56], kann schließlich der stärkste Beweis für den kritisch gewordenen gesunden Menschenverstand Rundes erblickt werden. Mochte sein Versuch auch lückenhaft bleiben und von späterer historischer Forschung überholt werden, dank seiner Auffassung der Natur der Sache als historisch aufweisbarer Natur des jeweiligen Rechtsverhältnisses inaugurierte Runde eine neue Epoche der Wissenschaft vom deutschen Privatrecht[56a]; dank der steten Abwägung der Verhältnisse

---

[48] *J. F. Runde*, Über die Erhaltung der öffentlichen Verfassung in den Entschädigungslanden, 1805, Vorrede S. 5.

[49], [50] *Runde*, a.a.O., Vorrede, S. 5.

[51] *Runde*, Beiträge zur Erläuterung rechtlicher Gegenstände, Bd. 2, S. 7 f.

[52] *Runde*, Über die Erhaltung der öffentlichen Verfassung in den Entschädigungslanden, S. 11.

[53] *Runde*, a.a.O., S. 10.

[54] *Runde*, a.a.O., S. 33.

[55] *Runde*, Grundsätze, Vorrede, S. XI.

[56] Vgl. *Runde*, Grundsätze, Vorrede, S. VII f.: „Meine Absicht bei dieser Arbeit ... ist auf nichts Geringeres als auf eine gänzliche Reform der bisher gewöhnlichen Behandlungsart gerichtet."

[56a] Zu den Anfängen der Wissenschaft vom deutschen Recht vgl. *K. Luig*, in: Jus Commune, Bd. 1, 1967, S. 195 ff.; *H. Thieme*, in: HdRG Sp. 702 ff. (1966).

an seinem gesunden Menschenverstand aber konnten seine Grundsätze über Jahrzehnte hinweg als Standardwerk in der Gerichtspraxis verwandt werden[57].

Unausgetragen blieb freilich das Verhältnis von gesunder Vernunft und erforschbaren Rechtsverhältnissen. Beides vermischte sich ihm in der ebenso unbestimmten wie allbedeutenden Formel der Natur der Sache. Weder gelangte er deshalb zur unbedingten Forderung historischer Ausweisbarkeit, noch erkannte er die Notwendigkeit, Prinzipien der erforschbaren Verhältnisse zu formulieren. Die gesunde Vernunft war auch bei ihm ein gegenüber fremden Meinungen kritisches Vermögen, gegen sich selbst wandte sie sich noch nicht. Er begeisterte sich noch unmittelbar für die überkommene, agrarisch bestimmte Form des Feudalstaates. Aber daß Runde sich überhaupt in solch entschiedener Weise engagieren konnte, wies ihn als einen Zeitgenossen der französischen Revolution aus.

IV. Romanistische und liberale Rechtsstudien: Adolph Dieterich Weber

1. Rundes Neigung galt dem deutschen, althergebrachten Recht, in dem die Freiheiten der Stände in ihren wohlerworbenen Rechten gepflegt wurden. Er beargwöhnte die Gesetzgebung der Landesherren als möglichen Ausfluß eines despotischen Absolutismus. Wohl erkannte er grundsätzlich an, daß die Richter besonders in Strafsachen „nicht nach Beyspielen, sondern nach Gesetzen“ zu urteilen hätten[1], aber in der Ahndung des Hofdiebstahls z. B. mochte er diese Regel nicht „schlechthin“ angewandt wissen; die „Sanctitas residentiarum, oder der Hof- und Burgfriede“ erheische angesichts der Ehrfurcht, die der Person des Landesherrn gebühre, eine Bestrafung nach Rechtsgrundsätzen, die „auf der Natur der Sache und einer gemeinen deutschen Gewohnheit“ beruhten[2]. Ein Freund von Revolutionen war Runde nicht[3].

Anders der Rostocker Rechtsgelehrte *Adolph Dieterich Weber* (1753—1817)[4]. Weber schätzte die französische Revolution, jedenfalls in ihren Anfängen[5]. „Nach den ewigen und unveränderlichen Grundsätzen der Gerechtigkeit“ durfte seiner Auffassung nach auch „niemand gestraft

---

[57] Vgl. zur praktischen Bedeutung des Werkes: *C. F. Gerber*, Das wissenschaftliche Prinzip des gemeinen deutschen Privatrechts, 1846, S. 56 f., 62.

[1] *Runde*, Beiträge zur Erläuterung rechtlicher Gegenstände, Bd. 2, S. 583 f.

[2] *Runde*, a.a.O., S. 584.

[3] Vgl. *Runde*, a.a.O., S. 7 f.

[4] Biographisch vgl. *J. Chr. Koppe*, Adolph Dieterich Weber, sein Leben und Wirken, 1818; *Landsberg*, ADB 41, S. 279.

[5] Vgl. *Koppe*, a.a.O., S. 29 f.

werden, außer nach einem vor der That bekannt gemachten, und auf die vorkommende Handlung richtig angewandten Gesetze ..."[6]. Nicht den Gesetzgeber, sondern den Richter verdächtigte Weber willkürlicher Entscheidungen. Durch das richterliche Gutdünken schien ihm „eine Ungewißheit der Rechte ... zum größten Schaden des gemeinen Wesens zu entstehen"[7]. Seine historischen Studien widmete er schließlich den klassischen römischen Schriftstellern. Cicero las er als Sonntagslektüre[8]; das römische Recht in seiner ursprünglichen Gestalt wieder aufzudekken, wurde ihm zum wesentlichen rechtswissenschaftlichen Anliegen. Denn „man blättere nur irgend ein neueres Stadtrecht durch, man wird gewiß einen reichhaltigen Vorrath inconsequenter Verordnungen nicht lange suchen dürfen. Soll der Richter diesen geheiligten Denkmälern der Einfalt und des Mangels an allem, was man gesetzgebende Klugheit nennen kann, einen pünktlichen Gehorsam widmen, warum nicht auch den fremden Rechten ..."[9]. Aber auch Weber glaubte sich in seinen systematischen Untersuchungen auf die Natur der Sache und die gesunde Vernunft stützen zu können.

2. Was die Natur der Sache oder die gesunde Vernunft lehrten, durfte nach Webers Überzeugung nicht ohne weiteres mit der natürlichen Billigkeit gleichgesetzt werden, die die Gerichte in ihren Ermessensentscheidungen anriefen[10]. Gegen keine Amtsperson spitzte Weber seine Feder so zu wie gegen den Richter, der nur seinem billigen Ermessen folgte. Eine bestimmte Norm der Geschäfte sei, auch wenn sie nicht die vollkommenste darstelle, weit besser als gar keine; er halte „den Richter, welcher genau nach einmal vorhandenen Gesetzen verfährt, für ungleich gerechter und dem Staat nützlicher als den Billigkeitskrämer, dem nur die Blendlaterne seines unberufenen Gutdünkens vorleuchtet"[11]. Denn „die Empfindungen und Gefühle der Menschen, worauf bei diesen Arten des Vortrages (sc. nach billigem Ermessen) gleichwol alles ankommt, sind an sich individuell ..."[12]. „Der Richter", schrieb Weber weiter, „kann ein sehr braver, vernünftiger und rechtschaffener Mann sein, und doch in diesem Stücke ein sehr ungerechtes Urteil fällen, weil er leicht durch seine Empfindung und Laune verleitet werden

[6] *A. D. Weber*, Über Injurien und Schmähschriften, 2. Abt. 1794, S. 70; vgl. die Constitution Française du 3 Sept. 1791, Déclaration des droits de l'Homme et du Citoyen (1789), Art. 8, Ausg.: *G. Franz*, Staatsverfassungen, 1964, S. 304.

[7] *A. D. Weber*, Bemerkungen und allgemeine Regeln zur Beförderung einer gründlichen Theorie der Anwendung des Römischen Rechts in Deutschen Gerichten, in: Versuche über das Civilrecht und dessen Anwendung, 1801, S. 5 f.

[8] Vgl. *Koppe*, a.a.O., S. 28.

[9] *Weber*, a.a.O., S. 9.

[10] Vgl. dagegen *Runde*, Grundsätze, § 80.

[11] *Weber*, a.a.O., S. 6.

[12] *M. G. Birkner*, Über die Preßfreiheit und ihre Gesetze, hg. v. C. J. R. Christiani, Kopenhagen 1797, zitiert von Weber, Über Injurien und Schmähschriften, Abt. 3, 1800, S. 18.

kann ...[13]" Entscheide der Richter nur nach Billigkeit, vermöge er sein Urteil nicht zu beweisen. „Über Gefühle läßt sich nicht räsonnieren[14]." Darum müsse die Gesetzgebung sich bemühen, durch allgemeine Bestimmungen „dem gefährlichen Ermessen des Richters so wenig Spielraum, als nur irgend sein kann, zu gestatten"[15]. Unter ausdrücklichem Hinweis auf Beccaria merkte Weber daher an, daß der Richter bei jedem Urteil „einen vollständigen Vernunftschluß machen (müsse), dessen Vordersatz aus dem allgemeinen Gesetz bestehet, der Untersatz aus der mit dem Gesetz übereinstimmenden oder zuwider laufenden Handlung"[16]. Dementsprechend zitierte Weber auch anerkennend die Unterscheidung von wirklichem und förmlichem Recht, wie sie Justus Möser vorgeschlagen hatte[17]. Der Richter befinde sich in der traurigsten Lage, „wenn er das wirkliche Recht augenscheinlich erkennet, und es doch nicht zum förmlichen machen kann; aber dem ungeachtet ist es besser, daß ein einzelner Mann traure, als daß man alles in Gefahr setze; und dies würde geschehen, wenn jeder Richter nach dem, was er für wirklich Recht erkennet, sogleich verfahren dürfte"[18]. Es sei ein Naturgesetz und auch die Bibel befehle es, „daß wir der Obrigkeit, die Gewalt über uns hat, gehorchen und der bürgerlichen Ordnung uns gemäß betragen sollen"[19]. Der Zweck des Staates nämlich bestehe darin, „Sicherheit und möglichst erleichterte Ausübung aller vollkommenen Rechte" zu gewähren, und die Rechtssicherheit erfordere es, „daß den Vorschriften des bürgerlichen Gesetzgebers von denen, quibus gloria obedientiae relicta est, vollkommen gehorchet werde"[20].

3. Damit wollte Weber nicht alle Kritik am Gesetzgeber ausgeschlossen wissen. Sein Rechtsschutzstaat war nicht mehr der Leviathan von Thomas Hobbes, der allein durch seinen Befehl ununterschieden förmliches und wirkliches Recht schuf und jede Kritik als staatsgefährdend ausschloß[21]. Die Gehorsamspflicht erstrecke sich nicht auf die Verbind-

[13] *Weber*, Über Injurien und Schmähschriften, Abt. 3, S. 19.
[14] *Weber*, ebd.
[15] *Weber*, a.a.O., Abt. 1, 1793, S. 107.
[16] *Weber*, a.a.O., S. 117, Anm. 10; vgl. aber *Thieme*, Die Zeit des späten Naturrechts, S. 137 f.: Thieme glaubte bei Weber eine „würdigere Auffassung" vom Richteramt zu finden, „die dem Richter eine schöpferische Tätigkeit bei der Rechtsfindung zuweist". Weber habe für den Richter „das Recht der materiellen Kritik nachdrücklich ... in Anspruch genommen". Er habe sich damit von der Vorstellung des Richters als eines Entscheidungsautomaten gelöst.
[17] Vgl. *J. Möser*, Von dem wichtigen Unterschiede des wirklichen und des förmlichen Rechts (1780), in: Sämtliche Werke, hist.-krit. Gesamtausg., Bd. 7: Patriotische Phantasien IV, 1957, S. 98 ff.
[18] *Möser*, a.a.O., zit. bei: A. D. Weber, Systematische Entwicklung der Lehre von der natürlichen Verbindlichkeit, 4. Aufl., 1805, S. 259, Anm. 2.
[19] *Weber*, a.a.O., S. 168, Anm. 3.
[20] *Weber*, a.a.O., S. 165 unter Hinweis auf J. H. Böhmer.
[21] Vgl. *Th. Hobbes*, De Cive, 12, 1; ders., Leviathan, Ch. 29, S. 168; Ch. 13, S. 63.

lichkeit, „unsere Vernunft unter dem öffentlichen Ansehen gefangen nehmen" zu lassen[22]; da die Menschen mit dem Eintritt in die Gesellschaft nicht versprochen hätten, auf ihr „Vermögen, ihre Gedanken an den Tag zu legen", zu verzichten und sich zu „Automaten" herabzuwürdigen, „die nur schweigen und reden dürfen, je nachdem der Despotismus für gut findet", so könne auch „das freimüthige Urteil" und die „Äußerung seiner Meinung, sei sie die richtige oder nicht", keineswegs als strafbare Beleidigung angesehen werden[23].

Der Despotismus bedrohte nach Webers Auffassung also nicht die Freiheiten der Stände und deren wohlerworbene Rechte, sondern die Freiheit eines jeden, seine Vernunft zu gebrauchen und seine Meinung zu äußern. Zugespitzt ließe sich daher behaupten: nicht der Ständestaat, sondern der Rechtsstaat schwebte Weber als Leitbild vor. Dieser Staat, der jedem Bürger Rechtsschutz für seinen Verzicht auf gewaltsame Selbsthilfe versprochen hatte[24], wurde nicht nach „heiligen Grundverträgen" (Runde), sondern nach allgemeinen Gesetzen regiert. Es mußte daher nach Webers Auffassung vor allem dafür gesorgt werden, daß die Gesetze denen, die sich nach ihnen richten sollen, gehörig bekannt gemacht werden[25].

4. Für den Rechtsgelehrten ergab sich daraus die Aufgabe, das römische Recht als ein alle verbindendes Recht in seiner wahren Bedeutung zu erforschen, und sich nicht auf das „gemeinschaftliche Nachbeten" verbreiteter Auslegungen zu beschränken[26]. Die Ursache für die Unsicherheit der Rechtssprechung in Zivilsachen sei zu einem guten Teil darauf zurückzuführen, daß die Richter das Corpus Juris nur noch in seinen „gangbaren Rechtsartikeln" und nur durch die Vermittlung von Autoritäten kannten[27]. Bei einer jeden Frage müsse deshalb der ursprüngliche Sinn des römischen Rechts aufgedeckt werden[28]. Darüber hinaus versuchte Weber, „die inneren Fehler und das Unanwendbare" der römischen Theorie darzutun[29] und „die ganze Materie auf Grundsätze" zurückzuführen, „welche mit der Wahrheit und dem heutigen System der Jurisprudenz in keinem Widerspruch stehen"[30]. Zur historischen Analyse trat damit die systematische Konstruktion. Diesem dop-

---

[22] *Weber*, Über Injurien und Schmähschriften, Abt. 1, S. 125.
[23] *Weber*, a.a.O., S. 126.
[24] *Weber*, Natürliche Verbindlichkeit, S. 128.
[25] *Weber*, a.a.O., S. 261.
[26] *Weber*, Über Injurien und Schmähschriften, Abt. 2, 1794, S. 26 f.
[27] *Weber*, Bemerkungen und allgemeine Regeln zur Beförderung einer gründlichen Theorie der Anwendung des römischen Rechts ..., S. 5.
[28] Vgl. *Weber*, Natürliche Verbindlichkeit, S. 13 f., S. 64 f.; ders., Über die Verbindlichkeit zur Beweisführung im Civilprozeß, 1805, S. 15.
[29] *Weber*, Natürliche Verbindlichkeit, S. 87.
[30] *Weber*, a.a.O., S. 14.

pelten Bemühen entstammten Webers bedeutende Schriften über die Lehre von der natürlichen Verbindlichkeit[31], über Injurien und Schmähschriften[32], die Beweislast im Zivilprozeß[33] und über die Prozeßkosten[34]. Manche seiner dort gewonnenen Erkenntnisse sollte Epoche machen[35].

5. Offenbar war Weber zu einer Erweiterung der bisherigen Rechtserkenntnis nur in der Lage, weil er der Vernunft mehr Erkenntnisfähigkeit zutraute, als es die bisherige Darlegung vermuten ließ. Meinungsfreiheit und Gesetzesunterworfenheit konnten als Differenzierung von Rechtsetzung und Rechtsprechung auf die prinzipielle Unfähigkeit des Rechtsgefühls zurückgeführt werden, in einer bestimmten Frage eine eindeutig richtige Lösung zu finden. Das einzig universelle Vermögen der Vernunft wäre das der Kritik aller besonderen, dinghaft bestimmten Aussagen. In diese — kantische — Richtung schienen jedenfalls Webers bisher referierten Äußerungen zu weisen. Dafür sprach seine Kritik richterlicher Gefühlsentscheidungen und seine Forderung, der Richter solle sich stets durch Angabe der Entscheidungsgründe Rechenschaft ablegen. Darauf deutete seine Lehre vom Staatszweck und seine Forderung nach allgemeinen, bekanntgemachten Gesetzen. Kantischen Einfluß verrieten schließlich die schon von *Thieme* zitierten Äußerungen, kein Bürger habe beim Eintritt in die Gesellschaft aus einer Person eine Sache werden wollen[36] und der Gesetzgeber könne nur solche Gesetze rechtmäßigerweise erlassen, „von denen man vernünftigerweise nicht sagen kann, daß sie mit dem vermutlichen Willen der Nation in Widerspruch stehen“[37].

Aber die Übereinstimmung des gesetzgeberischen Willens mit dem mutmaßlichen Volkswillen konnte Weber nicht als einziger Maßstab

[31] *Weber*, Systematische Entwicklung der Lehre von der natürlichen Verbindlichkeit, 1. Aufl., 1784—87, 4. und letzte Aufl. 1805.

[32] *Weber*, Über Injurien und Schmähschriften, 3 Abteilungen, 1. Aufl. 1793—1800; 2. Aufl. der 1. und 2. Abt. 1803—5.

[33] *Weber*, Über die Verbindlichkeit zur Beweisführung im Civilprozeß, 1805, 3. Aufl. mit Anm. und Zusätzen von A. W. Heffter 1845.

[34] *Weber*, Über die Prozeßkosten, deren Vergütung und Kompensation, 1. Aufl. 1788, 5. Aufl. 1811.

[35] Vgl. *K. H. Bartels*, Die Dogmatik der Ehrverletzung in der Wissenschaft des gemeinen Rechts bis zum Ausgang des 18. Jahrhunderts, Diss. Göttingen, 1960, S. 17 f., S. 49, 61 und öfters; *Landsberg*, Geschichte der deutschen Rechtswissenschaft, Abt. 3, Halbband 1, S. 448 ff.

[36] Vgl. *Weber*, Natürliche Verbindlichkeit, 4. Aufl., S. 191. Ein entsprechender Passus findet sich nicht in der ersten Aufl. von 1784. Vgl. *I. Kant*, Grundlegung zur Metaphysik der Sitten (1785), Ph. B., Bd. 47, S. 54. Zu Weber vgl. *Thieme*, a.a.O., S. 238.

[37] *Weber*, Natürliche Verbindlichkeit, 4. Aufl., S. 191. Zwei Seiten später zitiert Weber den Aufsatz Kants „Über den Gemeinspruch: das mag in der Theorie richtig sein, taugt aber nicht für die Praxis (1793)“, Berlinische Monatsschrift, 1793, Jg. 22, S. 249; heutige Ausgabe hg. v. K. Vorländer, Ph. B., Bd. 47 I, S. 95. Zu Webers Auffassung vgl. *Thieme*, a.a.O., S. 237.

dienen, um die „inneren Fehler" eines Gesetzes und die wahren Grundsätze eines Rechtsgebietes aufzudecken[38]. In solchen systematischen Zusammenhängen berief sich Weber vielmehr stets auf die Natur der Sache und die wahre Beschaffenheit des untersuchten Objektes[39].

6. Die Eigenart von Webers systematischen Untersuchungen läßt sich nicht erfassen, wenn nicht zwischen seinem theoretischen Selbstverständnis und seiner in der Argumentation sichtbar werdenden Methodik unterschieden wird. In seinem Selbstverständnis folgte Weber noch ganz dem bekannten Naturrecht der gesunden Vernunft.

Sobald die Menschen anfingen, über ihre Handlungen nachzudenken und sich ihres Willens bewußt zu werden, nähmen sie nach Webers Meinung wahr, „daß ihnen in Ansehung ihrer Handlungen unverbrüchliche Gesetze obliegen. Der Inbegriff dieser, der gesunden Vernunft allein schon erkennbaren Gesetze, insofern sie die äußeren Zwangsrechte und Pflichten der Menschen bestimmen", sei eben das, „was wir eigentlich Naturrecht nennen"[40]. Die natürlichen Gesetze seien dem Menschen ins Herz geschrieben[41], und die gesunde Vernunft finde sie in sich selbst[42]. Aus dem Begriffe der Sache, aus ihrem Wesen folgten die Prinzipien der gesunden Vernunft, die Natur der Sache selbst gebe sie an die Hand[43]. Das Naturrecht war deshalb auch für Weber unwandelbar. Denn es ändere sich nicht, wenn bei verwandelten Umständen eine andere Regelung für eine Handlung gelte als bisher; von einer Wandlung des Naturrechts könne erst gesprochen werden, wenn bei gleichen Umständen künftig ein anderes gelten solle als bisher. Dies anzunehmen, bedeute die Willkürlichkeit des Rechts zu behaupten[44]. Das Naturrecht bedürfe zu seiner Verbindlichkeit infolgedessen auch nicht der Bestätigung durch den bürgerlichen Gesetzgeber[45], vielmehr lasse sich umgekehrt sagen: „Nicht etwa darum, weil der römische Gesetzgeber es ver-

---

[38] Anders offenbar *Thieme*, a.a.O., S. 238.

[39] Vgl. — ohne Anspruch auf Vollständigkeit — *Weber*, Natürliche Verbindlichkeit, S. 33, 87, 114, 128, 212, 301, 376, 319; ders., Über die Prozeßkosten, S. 6, 95, 104, 110, 113, 116; ders., Über Injurien und Schmähschriften, Abt. I, S. VI, X, 31, 37, 47, 78, 96, 101 f., 116, 143, 207, 225; Abt. 2, S. 26, 39, 50, 66, 69, 207; Abt. 3, S. 50, 117, 226 f.; ders., Beiträge zu der Lehre von gerichtlichen Klagen und Einreden, 1. Stück, 2. Aufl., 1795, S. 4, 14, 43; 2. und 3. Stück, 1. Aufl., 1802, S. 19, 23, 33, 49, 137; ders., Über die Rückanwendung positiver Gesetze, mit besonderer Hinsicht auf neuere Gesetzesveränderungen deutscher Staaten, 1811, S. 46 f., 68; ders., Über die Verbindlichkeit zur Beweisführung im Civilprozeß, S. II, 9, 11 f., 15, 48, 61, 65, 112, 131, 142.

[40] *Weber*, Natürliche Verbindlichkeit, S. 89, Anm. 2.

[41] *Weber*, a.a.O., S. 9.

[42] *A. D. Weber*, Erläuterungen der Pandekten nach Hellfeld, nach dem Tode des Verfassers hg. v. A. W. L. Weber, 1. Teil 1820, S. 174.

[43] *Weber*, Über Injurien und Schmähschriften, Abt. 3, S. 227; Abt. 1, S. 37, 225.

[44] *Weber*, Erläuterungen der Pandekten nach Hellfeld, S. 174.

[45] *Weber*, Natürliche Verbindlichkeit, S. 128.

ordnet hat, sondern weil es die gesunde Vernunft schon befiehlt", gelten die Regeln des römischen Rechts noch heute[46]. Auch für Weber blieb das Naturrecht eine subsidiär verbindliche Rechtsquelle. „Wo positives Recht keine zureichende Bestimmung an die Hand gibt, (müssen die Gerichte) den Grundsätzen und Vorschriften des Vernunftrechts folgen[47]." Wegen der prinzipiellen Bindung des Gesetzgebers an das Naturrecht sei es bei einer gelehrten Untersuchung „das sicherste, ... wenn wir zuvörderst auf diejenigen Grundsätze zurückgehen, welche uns die Natur der Sache an die Hand gibt, und sodann unser Augenmerk auf die positiven Gesetze selbst richten"[48]. Dabei dürfe man auch nicht dem „juristischen Köhlerglauben" an die communis doctorum opinio oder an den Gerichtsgebrauch anhängen, denn nicht durch das Vorurteil der Autorität, sondern kraft der eigenen gesunden Vernunft werde die Sache selbst erkannt[49].

7. Die Prinzipien indes, die Weber als Inbegriff dieses absoluten Naturrechts angab, legen schon den Verdacht nahe, daß ihn dieses Naturrecht der gesunden Vernunft und der Natur der Sache tatsächlich nicht zu seinen epochemachenden Erkenntnissen befähigte. Als solche allgemeinen Vorschriften zählte er z. B. die großen Rechtssprüche auf: „Beleidige Niemanden, halte deine Verträge, laß einem Jeden das Seine[50]." Auch Webers Naturrecht der gesunden Vernunft blieb auf Beteuerungen angewiesen; denn die Naturrechtsregeln würden „dem nur einigermaßen cultivirten Menschen, welcher über seine oder Anderer Handlungen nachdenkt, schon einleuchten ... Wie jeder Vernünftige, durch eigenes Interesse nicht mit Vorurtheilen eingenommene Beurtheiler das Ungerechte mancher Gesetze und Anstalten nicht bezweifeln kann, so wird er auch in Fällen, wo unsere positiven Gesetze nichts bestimmen, nach der Natur der Sache schon eine richtige Entscheidung treffen ..."[51].

Angesichts dieser Unsicherheit ist es nicht verwunderlich, daß Weber die Ungewißheit des Vernunftrechts aus der Natur der Sache gelegentlich auffiel, wenn er sich an die Gefährlichkeit des richterlichen Ermessens erinnerte. Das dispositive Vertragsrecht erschien ihm z. B. unent-

---

[46] *Weber*, Bemerkungen und allgemeine Regeln zur Beförderung einer gründlichen Theorie der Anwendung des römischen Rechts, S. 39, vgl. S. 7 f.

[47] *Weber*, Natürliche Verbindlichkeit, S. 114; *Thieme*, a.a.O., S. 239, sieht in diesem Satz eine Bestätigung für das Bild des späten Naturrechts vom schöpferischen Richter. Indes entspricht die These Webers der herkömmlichen Lehre des Wolff'schen Naturrechts, wie sie z. B. auch R. Engelhard vertrat; vgl. *Engelhard*, Versuch eines allgemeinen peinlichen Rechts, § 16. Zu seinem „schöpferischen", natürlichen Strafrecht vgl. oben S. 48 ff.

[48] *Weber*, Natürliche Verbindlichkeit, S. 390.

[49] Vgl. *Weber*, Natürliche Verbindlichkeit, S. 194; ders., Über die Prozeßkosten, S. 55; ders., Über gerichtliche Klagen und Einreden, 2. u. 3. Stück, S. 18; ders., Injurien und Schmähschriften, Abt. 2, S. 50.

[50] *Weber*, Natürliche Verbindlichkeit, S. 168.

[51] *Weber*, a.a.O., S. 115 f.

behrlich, weil das, „was die Natur der Sache, die Vorschriften des Vernunftrechts in solchen Fällen mit sich bringen, ... nicht so ausgemacht (ist) als die Fälle der Rechenkunst ..."[52]. Während er sich aber an anderer Stelle damit beruhigte, daß auch die Richter Menschen blieben, ob sie nun das positive Recht auslegten oder nach dem Naturrecht entschieden[53], war es ihm an dieser Stelle unerträglich, dem Verständnis des Richters von der Natur der Sache zu trauen: Das wäre „ebenso viel, ... als eine gleiche und sichere Justizpflege von einem bloßen Ungefähr erwarten wollen"[54].

8. Keine einzige seiner bedeutenden Erkenntnisse entwickelte Weber aus der Natur oder dem Begriff eines Gegenstandes. An keiner einzigen Stelle versuchte er im Sinne Wolffs und seiner Schüler eine Sache begrifflich nach ihren Merkmalen zu zergliedern, um dann aus ihrem definierten Wesen alle wahren Aussagen über sie abzuleiten. Die Natur der Sache erfüllte im Rahmen seiner juristischen Erörterungen nur formelhaft programmatische und bestätigende Aufgaben. Als Beispiele seiner juristischen Argumentation seien einige typische Überlegungen herausgegriffen.

a) Daß die Prozeßkostenfolge nicht als Strafe, sondern als Schadensersatz zu qualifizieren sei, erklärte Weber folgendermaßen: Im römischen Recht werde die Verurteilung in die Kosten zwar als „poena temere litigantium" bezeichnet, doch ergebe „die Natur der Sache, daß der eigentliche Begriff einer Strafe hier gar nicht anzuwenden" sei; vielmehr handle es sich um eine Vorschrift „der Verhütung des Schadens"[55]. Nur scheinbar argumentierte Weber hier aus dem Begriff der Strafe und des Schadens, tatsächlich lag seiner Überlegung die Frage zugrunde, in welchen Verhältnissen die Institute ‚Strafe' und ‚Schadensersatzpflicht' angewandt würden und in welchen Beziehungen die Kostenlast bisher relevant gewesen sei[56].

b) Bei nur teilweisem Obsiegen einer Partei ergab die Natur der Sache für Weber, daß es für die Kostenverteilung unter anderem darauf ankomme, „ob derjenige, welcher sonst in der Sache obgesiegt hat in den andern Puncten, welche wider ihn entschieden sind, seinem Gegner wirklich besondere Kosten verursacht habe"[57]. Die Natur der Sache kün-

---

[52] *Weber*, a.a.O., S. 340.
[53] *Weber*, a.a.O., S. 116.
[54] *Weber*, a.a.O., S. 341.
[55] *Weber*, Über die Prozeßkosten, 5. Aufl., S. 15.
[56] Vgl. *Weber*, a.a.O., S. 14: „Dieß alles bringt die Natur der Sache unläugbar mit sich. Diese zeigt uns daher in der Erstattung der Prozeßkosten, die der dazu Verurtheilte einem Andern widerrechtlich verursacht hat, durchaus keine Strafe, man mag hierbei auf das Verhältniß dessen, dem die Kosten vergütet werden, oder desjenigen, dem die Vergütung obliegt, Rücksicht nehmen ..."; vgl. auch S. 135, 137, a.a.O.
[57] *Weber*, Über die Prozeßkosten, S. 113 f.

digte das Argument auch hier nur an. Es selbst beruhte auf der Erwägung des Verhältnisses der Parteien zueinander. Nur wenn die erfolglose Prozeßführung der einen Partei der anderen einen wirtschaftlichen Nachteil verursacht hatte, bestand Anlaß, das Verhältnis der Parteien durch eine Kostenpflicht des Unterlegenen auszugleichen.

c) Daß die sachliche Argumentation auf der Denkfigur des Verhältnisses beruhte, zeigte auch Webers Erwägung über den dinglichen Gerichtsstand. Wenn „die Natur der Sache einen jeden dahin führen (wird), daß dingliche und prozessorische Klagen eigentlich nur vor den Richter gehören, in dessen Gerichtszwange das Object dieser Rechtsverfolgung sich befindet“[58], so war auch hierfür das ‚nahe‘ Verhältnis des Richters zum strittigen Objekt entscheidend, denn eben dadurch konnte er seinen Aufgaben, die er im Verhältnis zur Allgemeinheit zu erfüllen hatte, am besten gerecht werden. In diesem Fall führte Weber sogar die verschiedenen Gesichtspunkte an, die das besondere Verhältnis des Richters zum Streitobjekt und die damit verbundene bessere Gewähr einer richtigen Entscheidung wie auch der Möglichkeit der Vollstreckung bedingten[59].

d) Auch in der Frage, ob eine Injurie nur vorsätzlich oder auch fahrlässig begangen werden könne, wurde Weber unter der Formel der Natur der Sache zur Unterscheidung zweier Verhältnisse bestimmt. Läge nämlich „jemand durch Worte oder Handlungen eine ungebührliche Verachtung gegen uns an den Tag“, so setze dies eine vorsätzliche Handlung voraus; bringe uns dagegen jemand mündlich oder schriftlich bei andern in einen üblen Ruf, so könne dies auch fahrlässig geschehen[60]. Der Begriff des Verachtens oder der Begriff des schlechten Rufs würden diese Argumentation wenig erklären. Auch hier ging Weber von einem rational bestimmten sozialen Verhältnis aus, in dem ein Mensch sich durch die an ihn gerichtete Handlungsweise eines andern nur beleidigt fühlen konnte, wenn die betreffende Handlung Mißachtung ausdrücken sollte; das Verhältnis des Einzelnen zu der ihn umgebenden Gesellschaft konnte dagegen durch einen Dritten auch ohne ‚bösen‘ Willen getrübt werden.

9. Wie Runde auf Grund der Übernahme des Verhältnisbegriffes die Wissenschaft vom deutschen Privatrecht inaugurieren konnte, so befähigte Weber die gleiche Denkfigur, das römische Recht wie auch dogmatische Fragen aus dem Strafrecht in systematischer Weise zu studieren. Nach der ursprünglichen Bedeutung römischer Rechtsmaximen

---

[58] *Weber*, Beiträge zu der Lehre von gerichtlichen Klagen und Einreden, 2. Stück, S. 19.

[59] Vgl. *Weber*, a.a.O., S. 19 ff.

[60] *Weber*, Über Injurien und Schmähschriften, Abt. 1, S. 47 f.

konnte er unter souveräner Umgehung bisheriger Autoritäten fragen, weil er mit dem Begriff des Verhältnisses einen neuen Zugang zur Tragweite überlieferter Normen gewonnen hatte. Zugleich ermutigte ihn aber sein Beharren auf der Allgemeingültigkeit der Vernunft, das wahre Verhältnis der Rechtssubjekte zu suchen. ‚Das System des heutigen römischen Rechts' kündigte sich an. Trotz der Bedeutung des Gesetzes für die Rechtsprechung erschien es ihm für die Rechtslehre nie ausschlaggebend. Weil er wußte, daß Gesetzbücher nicht vollständig sein konnten[61], der Richter aber trotzdem zu entscheiden hatte[62], war ihm die Ausbildung der Rechtsdoktrin das wichtigste Anliegen. Weber möchte den Richter daher nicht seinem trügerischen Gefühl überlassen, sondern ihn jedenfalls verpflichten und befähigen, sich durch allgemeine Vernunftgründe Rechenschaft von seinen Entscheidungen abzulegen[63]. Hatte die kriminalpolitische Aufklärung noch alles vom Gesetz erhofft und den Untergang der Jurisprudenz herbeigesehnt, so gaben Runde und Weber mit der verdeckten Aufnahme eben der Denkfigur, die auch die Strafreformbewegung ermöglichte, ein Beispiel, auf welche Weise die Rechtswissenschaft neu entstehen konnte.

10. Von der Historischen Rechtsschule trennte Weber freilich noch ein bedeutender Schritt. Weder dachte er bewußt relational, noch glaubte er, die Quelle des positiven Rechts in der geschichtlichen Entwicklung zu finden. Sein Selbstverständnis, durch die gesunde Vernunft die Natur der Sache in jedem untersuchten Rechtsgebiet aufzudecken, beeinflußte seine rechtswissenschaftlichen Studien noch in zweifacher Weise.

a) Webers Untersuchungen blieben überwiegend ‚Beiträge zu' einem Thema; er versuchte zwar, die jeweilig untersuchte Materie „auf allgemeine Regeln und Grundsätze zurückzuführen, einen richtigen Plan zur Übersicht des Ganzen vorzuzeichnen"[64], aber er hoffte doch nur „den Mängeln abzuhelfen, welche in dieser Hinsicht dem Systeme des Civilrechts noch anzukleben" schienen[65]. Die bescheidene Beschränkung auf die Berichtigung einzelner Mängel trat deutlicher in seinen späteren Schriften hervor, in denen der Wille zur systematischen Durchdringung im Vergleich zur Abhandlung über die natürliche Verbindlichkeit abgeschwächt wirkt. Die Lehre von den Injurien und Schmähschriften möchte er z. B. nur insofern berichtigen, „als sie ... noch nicht hinlänglich aus dem rechten Gesichtspunkte beurtheilet oder aus wahren zureichenden Gründen noch nicht gehörig entwickelt zu sein scheint"[66].

---

[61] Vgl. *Weber*, Natürliche Verbindlichkeit, S. 113.

[62] *Weber*, Natürliche Verbindlichkeit, S. 114.

[63] Vgl. *Weber*, Über Injurien und Schmähschriften, Abt. 3, S. 19; ders., Bemerkungen und allgemeine Regeln zur Beförderung einer gründlichen Theorie der Anwendung des römischen Rechts, S. 9.

[64, 65] *Weber*, Natürliche Verbindlichkeit, S. 231, vgl. S. 381.

[66] *Weber*, Über Injurien und Schmähschriften, Abt. 1, S. VII.

Statt einer ‚systematischen Entwicklung' bot Weber darin eine „Reihe systematisch geordneter Bemerkungen"[67] oder „zweckmäßig geordneter einzelner Aufsätze"[68]. Der Systembegriff richtete sich bei Weber noch am enzyklopädischen Ideal einer „vollständigen Abhandlung aller einzelnen Gegenstände" aus[69]. Wenn man der Natur einer jeden Sache gerecht werden wollte, mußte man sich auf die Darstellung der einzelnen Gegenstände beschränken[70]. Über eine Aufsatzsammlung scheint eine Rechtstheorie, die sich auf die Natur der Sache gründet, nicht hinaus gelangen zu können. Ein Blick in Webers Schriften bestätigt seine Ankündigung: breite Erörterung einzelner Fälle wechseln mit überraschenden systematischen Zugriffen. Trotz vielversprechender Ansätze konnte Weber daher ebenso wenig wie Runde zur Form einer geschlossenen, von Prinzipien durchgängig geleiteten Monographie vorstoßen, wenngleich die Entwicklung durch das Vordringen des Verhältnisbegriffes in diese Richtung drängte[71].

b) Auf der anderen Seite verbarg sich hinter der Formel der Natur der Sache der Glaube an die Rationalität des Rechts. Von Thomasius her blieb das Bewußtsein autonomer Urteilskraft mit der Zurückweisung fremder Autoritäten verbunden. Mit dem vordringenden Verständnis der Welt als eines erforschbaren Gefüges von Beziehungen gewann dieses Bewußtsein Stufe um Stufe das Rüstzeug zur Kritik an bisher herrschenden Auffassungen und geltenden Institutionen. So konnte sich die gesunde Vernunft allmählich von einem Vermögen, das die Wahrheit in sich fand, zu einer Kraft entwickeln, die anhand stets neuer Untersuchungen der Verhältnisse diese zu gestalten oder aufzuheben suchte.

---

[67] *Weber*, a.a.O.

[68] *Weber*, Über die Verbindlichkeit zur Beweisführung im Civilprozeß, S. IV.

[69] *Weber*, Über Injurien und Schmähschriften, Abt. 1, S. VII; vgl. ders., Natürliche Verbindlichkeit, S. 231.

[70] Zur Verbreitung des enzyklopädischen Gedankens vgl. die zahllosen Einführungsschriften unter dem Titel „Enzyklopädie und Methodologie des Rechts" u. ä., z. B. *J. St. Pütter*, Entwurf einer juristischen Encyclopädie, 1755; ders., Neuer Versuch einer Juristischen Encyclopädie und Methodologie, 1767; *A. F. Schott*, Entwurf einer juristischen Encyclopädie und Methodologie, 1785; *J. F. Reitemeier*, Encyclopädie und Geschichte der Rechte in Deutschland, 1785; *W. G. Tafinger*, Encyklopädie und Geschichte der Rechte in Deutschland, 1789; *A. F. J. Thibaut*, Juristische Encyklopädie und Methodologie, 1797. Den enzyklopädischen Systembegriff verrät auch das Allgemeine Landrecht für die Preußischen Staaten von 1794, vgl. *E. F. Klein*, Annalen der Gesetzgebung und Rechtsgelehrsamkeit, Bd. 2, 1789, S. 349; dazu *Thieme*, Die preußische Kodifikation, SZ Germ. Abt. 57 (1937), S. 362, 396 f.; *von Savigny*, Vom Beruf unserer Zeit für Gesetzgebung und Rechtswissenschaft, S. 128.

[71] Ähnlich *Thieme*, Die Zeit des späten Naturrechts, S. 232.

V. Ein Ausblick auf die Historische Rechtsschule

1. Am Glauben an die Rationalität des Rechts hielt auch die historische Rechtsschule fest, wie der berühmte Vergleich zeigt, den Savigny zwischen der geometrischen Regelmäßigkeit eines Dreiecks und den Gegebenheiten des Rechts zog[1]. Mit ihr schien dieser Glaube erst voll bestätigt zu werden. Denn die historische Rechtsschule rückte bewußt das Rechtsinstitut, das durch ein Prinzip zusammengehaltene Gefüge von Rechtsverhältnissen, in den Mittelpunkt ihrer Untersuchungen.

Schon *Wilhelm Gottlieb Tafinger* sah die Aufgabe einer Wissenschaft vom deutschen Privatrecht in der Erforschung der „Natur der einzelnen Teutschen Rechtsinstitute", die durch gewisse „Hauptideen" bestimmt würden[2]. *Carl Friedrich von Eichhorn* knüpfte an ihn und Runde an[3]. Das Rechtsinstitut, zu dem verschiedene Rechtsverhältnisse gehören[4], bildete für Eichhorn jene Form, in der die einzelnen Rechtssätze in ihrem Zusammenhang begriffen werden könnten. Denn durch leitende Prinzipien werde das Institut als einheitliches Gefüge (Natur) konstituiert[5]. Damit wurde die Doktrin des Rechts auch zum Ausgangspunkt für die praktische Anwendung des deutschen Privatrechts.

Aus dem gleichen systematischen Gedanken heraus begründete *Carl Friedrich von Savigny* den Vorrang der Rechtswissenschaft vor der Gesetzgebung[6]. Nicht enzyklopädisch könne das Recht vollständig beschrieben werden, die Aufgabe der Rechtswissenschaftler sei es vielmehr, von leitenden Grundsätzen ausgehend, „den inneren Zusammenhang und die Art der Verwandtschaft aller juristischen Begriffe und Sätze zu erkennen"[7]. Wie sich Savigny die Begriffe dachte, verdeutlicht sein Lob für die römischen Juristen; sie hätten sich durch „scharfe individuelle Anschauung der einzelnen Rechtsverhältnisse" und durch eine „sichere Kenntniß der leitenden Grundsätze" ausgezeichnet[8]. Auf der Regelmäßigkeit sich historisch entwickelnder Rechtsverhältnisse und deren Gefüge (Institute) beruhte Savignys Glauben an eine rationale Rechtswissenschaft[9]. Dank der kantischen Philosophie der Autonomie der

[1] Vgl. *von Savigny*, Vom Beruf unserer Zeit, S. 84.

[2] *W. G. Tafinger*, Über die Bestimmung des Begriffs der Analogie des Teutschen Privatrechts und der Grundsätze, dasselbe zu bearbeiten, 1. Theil 1787, S. 31, 146 f.

[3] Vgl. *C. F. von Eichhorn*, Einleitung in das deutsche Privatrecht mit Einschluß des Lehnrechts, 1823, S. 114 ff., 118.

[4] *Eichhorn*, a.a.O., S. 119.

[5] *Eichhorn*, a.a.O., S. 119.

[6] Vgl. *C. F. von Savigny*, Vom Beruf unserer Zeit, S. 166.

[7] *von Savigny*, a.a.O., S. 84.

[8] *von Savigny*, a.a.O., S. 123.

[9] Vgl. *C. F. von Savigny*, System des heutigen römischen Rechts, Bd. 1, 1840, S. 7 ff.

praktischen Vernunft vermochte er auch das oberste Prinzip anzugeben, das alle Rechtsverhältnisse bestimmte: die Freiheit der Person. Dieses Prinzip führte ihn und seine Nachfolger zu dem Grundbegriff der neuen institutionellen Rechtswissenschaft: zum Begriff des subjektiven Rechts[10].

2. Entsprechend dieser gedanklichen Möglichkeit, die Rechtsverhältnisse aus einem Prinzip in ihrer Regelmäßigkeit zu erfassen, setzte sich auch in der Gerichtspraxis ein neuer, einheitlich begründender Urteilsstil durch. Nicht nur wurden die Entscheidungen in steigendem Maße amtlich veröffentlicht, auch der alte Fakultätsbrauch einer dichotomisch kumulierenden Ordnung der Gründe geriet außer Übung[11].

3. Die historische Rechtsschule und die Pandektistik des 19. Jahrhunderts bildeten freilich auch neue Substanzvorstellungen in ihrem spekulativen Rechtsdenken aus. Der geschichtliche Sinn unterschied bekanntlich die historische Rechtsschule in ihrem Selbstbewußtsein am stärksten von der vorausgegangenen Naturrechtsepoche[12]. Die Erkenntnis, daß das Individuum und jede Generation „in unauflöslicher Gemeinschaft mit der Vergangenheit" steht[13], öffnete zunächst eine neue Dimension für das Verständnis der menschlichen Bewußtseinsbildung. Aber drohte schon Montesquieu die beobachteten Beziehungen zu notwendigen zu hypostasieren, so erlag Savigny dieser Versuchung in seiner geschichtlichen Rechtsquellenlehre. Bereits der Vorläufer der historischen Rechtsschule, *Gustav Hugo*, lehrte, „bey Weitem das Meiste von den Rechtssätzen, die bey einem Volke gelten", mache sich „von selbst, wie ... seine übrige Sprache und seine übrigen Sitten"[14]. Eine ähnliche Lehre von der Perseitas des Rechts verkündete Savigny. Alles Recht entstehe „durch innere, still wirkende Kräfte"[15], der „Sitz des Rechts" sei „das gemeinsame Bewußtseyn des Volkes"[16]. Während bisher die Vernunft des Einzelnen sich als gesunder und gemeiner Menschenverstand ausgab, nahm die Lehre von dem kollektiven Bewußtsein des Volkes dem Einzelnen den Mut zum eigenen Urteil. Jede individuelle

---

[10] Vgl. *von Savigny*, System des heutigen römischen Rechts, Bd. 1, S. 7; dazu *H. Coing*, Zur Geschichte des Privatrechtssystems, 1962, S. 48 ff.; *E. Wolf*, Große Rechtsdenker, S. 518 f.; *Wieacker*, Privatrechtsgeschichte der Neuzeit, S. 352 f., 375.

[11] Vgl. *E. Döhring*, Geschichte der deutschen Rechtspflege seit 1500, S. 209 f.; *R. Brinkmann*, Über die richterlichen Urteilsgründe, Widmung, S. 1 f.

[12] Vgl. *von Savigny*, Vom Beruf unserer Zeit, S. 138 f.

[13] *C. F. von Savigny*, Über den Zweck dieser Zeitschrift, in: Zeitschrift für geschichtliche Rechtswissenschaft, hg. v. F. C. von Savigny, C. F. Eichhorn und I. F. L. Göschen, Bd. 1, 1815, S. 3.

[14] *G. Hugo*, Lehrbuch eines civilistischen Cursus, Bd. 1: Die juristische Encyclopädie, 7. Aufl., 1823, S. 20.

[15] *von Savigny*, Vom Beruf unserer Zeit, S. 79.

[16] *von Savigny*, a.a.O., S. 78.

Kritik mußte jetzt als Anmaßung eines Urteils über den Volksgeist gelten[17].

Selbst die kantische Philosophie, die die Autonomie der praktischen Vernunft zum spekulativen Prinzip aller Verhaltensmaximen erhoben hatte, konnte zu einer neuerlichen Erstarrung des Rechtsdenkens beitragen. Der unüberbrückbare Graben, den Kant zwischen der intelligiblen und der sinnlich wahrnehmbaren Welt, zwischen Sein und Sollen festzustellen glaubte[18], mußte eine Auffassung ermutigen, die ethische, politische und volkswirtschaftliche Erwägungen nicht für die Sache des Juristen hielt[19]. Das Arbeitsfeld des Juristen schien danach nur in der Analyse, Konzentration und Konstruktion der Begriffe in der Sphäre des rechtlichen Sollens zu liegen[20].

Der Wandel der Substanzvorstellungen vom Naturrecht zur Geschichts- und Freiheitsmetaphysik kennzeichnete die neue Epoche des Rechtsdenkens im 19. Jahrhundert ebenso wie die methodisch bewußte Untersuchung von Rechtsverhältnissen und Rechtsinstituten. Die neue Substanzvorstellung mag vor allem zu der quietistischen Grundhaltung der historischen Rechtsschule beigetragen haben[21]. Die Geschichte brauchte nun offenbar nicht mehr vorangetrieben zu werden, sie machte sich von selbst. Mit dem Durchbruch der historischen Rechtsschule endete daher ebenso wie mit der gleichzeitig einsetzenden Restauration die große Reformbewegung des 18. Jahrhunderts.

---

[17] Vgl. *von Savigny*, a.a.O., S. 138.

[18] Vgl. *K. Löwith*, Gott, Mensch und Welt, 1967, S. 38 ff.

[19] So Windscheid nach *E. Wolf*, Große Rechtsdenker, S. 616.

[20] So die juristische Methode von R. von Jherings, vgl. *E. Wolf*, a.a.O., S. 638 f.

[21] Vgl. die kritische Literaturübersicht bei *R. Gmür*, Savigny und die Entwicklung der Rechtswissenschaft, 1962, S. 39 ff.

Schluß

Topik, Naturrecht, Rechtswissenschaft

Rückblickend lassen sich drei Argumentationsformen in der deutschen Jurisprudenz zwischen dem 17. und dem 19. Jahrhundert unterscheiden: die topische, die naturrechtliche und die wissenschaftliche.

1. Soweit die Jurisprudenz des 17. Jahrhunderts hier untersucht wurde, konnte ihre Argumentationsform in Anlehnung an Viehweg als topisch bezeichnet werden. Jede allgemeine Erörterung eines Rechtsgebietes wurde in ihr unabhängig von den Erfordernissen des betreffenden Untersuchungsgegenstandes nach feststehenden Gesichtspunkten aufgebaut. Diese Gesichtspunkte, die Topoi, entstammten im wesentlichen der Grammatik, der Metaphysik und der Rhetorik. Sie waren damit abhängig von einer Philosophie, die in begrifflicher Anstrengung allein allgemeine Merkmale eines jeden Dinges finden zu können glaubte. Impulse zu einer Reform der topischen Argumentationsweise gingen deshalb von Neuerungen der Logik aus, so zuletzt, maßgeblich für die hier erfaßte Jurisprudenz des 17. Jahrhunderts, von der „natürlichen Dialektik" des Petrus Ramus[1].

Neue Rechtsgedanken von nennenswerter Bedeutung ließen sich auf Grund dieser Topik nicht finden. Den Gehalt der Darlegungen bestimmten vielmehr die Autoritäten der überlieferten Schriften, vornehmlich die Pandekten und deren Glossierungen. Die Topoi sollten helfen, ihren Schatz von Rechtswahrheiten zu erfassen, zu sichten und zu ordnen. Dazu mögen sie auch ihren Teil beigetragen haben. Insofern war die Topik eine „ars veritatem inveniendi".

Bei der Lösung praktischer Fälle bediente sich die topische Gelehrsamkeit der sog. dichotomischen Kumulationsmethode: Zweifels- und Entscheidungsgründe wurden aneinandergereiht gegeneinander abgewogen. Diese Methode glich der Topik erster Stufe in der Terminologie Viehwegs[2]. Aber zur Ausbildung von Topoikatalogen, die die Topik zweiter Stufe nach Viehweg bedingen[3], hat sie nicht beigetragen. Der Aufbau einer theoretischen Schrift nach Topoikatalogen und der Auf-

[1] Vgl. oben S. 20 f.
[2] *Viehweg*, a.a.O., S. 16.
[3] *Viehweg*, a.a.O.

bau einer praktischen Arbeit nach der dichotomischen Kumulationsmethode scheinen vielmehr gleichermaßen auf den Lehrformen der mittelalterlichen Universitäten, auf lectio und disputatio, zu beruhen. Anders als die ramistischen Topoi konnte das dichotomische Aufbauschema noch in den Entscheidungssammlungen des ausgehenden 18. Jahrhunderts beobachtet werden. Da aber dieser Urteilsstil keine allgemein anwendbaren Rechtssätze als maßgebende Begründung erkennen ließ, vermochte er die Freiheit der Gerichte nicht durch allgemeine Richtlinien zu begrenzen. Die Klage über das „arbitrium" der Richter konnte deshalb im 18. Jahrhundert zu einem bedeutenden Antrieb für die Reform der praktischen Rechtspflege werden[4].

2. Die theoretische Abkehr von der topischen Argumentationsform erfolgte zu Beginn des 18. Jahrhunderts aus zwei Motiven: aus der Ablehnung der Autorität der Alten und aus dem Bemühen um eine neue Sachlichkeit.

Im Kampf gegen das sog. Vorurteil der Autorität zerstörte die Aufklärung seit Christian Thomasius den Glauben an den unmittelbaren Wahrheitsbezug der sprachlichen Überlieferung[5]. Jede Aussage mußte im eigenen Urteil, vor dem „Richterstuhl der Vernunft" bestehen können[6]. Die Vernunft mußte sich nicht mehr an einer Autorität messen lassen, sie wurde selbst zum Maßstab.

Neben den Kampf gegen die „Autoritätshascherei" trat das Bemühen um eine Emanzipation von der — scholastischen — Philosophie. Die Topik wurde als „ramistische Pedanterie" abgetan, weil sie mit ihren metaphysischen Begriffen den Blick auf die eigene Gesetzlichkeit jeder Sache verstelle. Deshalb begann man die positiven Rechtsregeln zu sammeln, nach ihrer historischen Entstehung zu suchen und sie durch begriffliche Analyse zu ordnen. In dem dogmatischen Bemühen von *Justus Henning Böhmer* — und nicht erst in der Demonstrationsmethode Chr. Wolffs[7] — konnten die Anfänge der tatbestandstypisierenden Dogmatik festgestellt werden. Der Böhmerschen Methode, „per requisita" die „natura negotii" zu erfassen, kam die Vorstellung eines universalen Naturrechts entgegen. Allerorten entdeckte die Zeit an Stelle der alten Autoritäten eine neue Quelle inhaltlicher Erkenntnis: die Natur[8]. In der Rechtsquellenlehre löste infolgedessen das universale Naturrecht das subsidiär geltende gemeine römische Recht ab[9]. Da aber bei jeder Frage,

[4] Vgl. oben S. 71 f.
[5] Vgl. *H.-G. Gadamer*, Wahrheit und Methode, 2. Aufl. 1965, S. 256 f.
[6] Vgl. *Thibaut*, Juristische Encyclopädie und Methodologie, 1797, S. 9, vgl. oben S. 73.
[7] Gegen *Wieacker*, a.a.O., 2. Aufl. 1967, S. 320.
[8] Vgl. *B. Willey*, The Eighteenth-Century Background (1940), 1965, S. 9 f.
[9] Vgl. oben S. 32 f.

deren Beantwortung zweifelhaft erschien, die Natur des Untersuchungsgegenstandes als maßgeblich galt, konnte im Laufe des 18. Jahrhunderts die „Natur der Sache" aus einem methodischen Prinzip zur gemeinen subsidiären Rechtsquelle werden. Da das Naturrecht nur erklären konnte, was ohnehin überall galt, durften die aus der „Natur der Sache" abgeleiteten Regeln prinzipiell nicht in Gegensatz zum geltenden positiven Recht treten. Sie sollten bei zweifelhafter Auslegung helfen und Lücken füllen.

Wegen ihrer Polemik gegen die bisherige topisch-scholastische Gelehrsamkeit mußten die naturrechtlichen Juristen des 18. Jahrhunderts annehmen, daß sich die Vernunft der Alten zumindest gelegentlich geirrt hatte. Dem damit berührten Problem der irrenden Vernunft entgingen sie, indem sie sich nicht auf die Vernunft schlechthin, sondern auf die „gesunde" Vernunft, den „gemeinen" Menschenverstand beriefen. Nur die gesunde Vernunft erkannte die Regeln, die aus der Natur der Sache folgten. Der consensus omnium brauchte nicht mehr in einer Disputation aufgedeckt zu werden, der common sense ließ jeden die Naturrechtsregel in sich selbst finden, sofern seine Vernunft nur „gesund" war.

Diese naturrechtliche Argumentationsform ermöglichte die dogmatische Erfassung des damals geltenden Rechts durch ihre beschreibende Intention in weit höherem Maße als die Topik. Indem sie sich von der Tradition der bisherigen Gelehrsamkeit löste, gab sie dem intuitiven Erfahrungswissen wieder Raum, und es ist deshalb nicht verwunderlich, wenn das „vorgelehrte" deutsche Recht im 18. Jahrhundert zum Mittelpunkt einer eigenen Disziplin wurde. Darin mag auch die Berechtigung der Rede vom „empirischen Naturrecht" liegen, das aus der Intuition der Anschauung, aus dem eigenen Lebensgefühl sein Recht schöpfte (Thieme)[10]. Nur ist zu beachten, daß diese Feststellung gleichermaßen für Juristen des späten 18. Jahrhunderts wie Pütter, Runde und Weber wie für den Schulphilosophen *Christian Wolff* gilt. Auch Wolff hielt die Erfahrung für einen „unerschöpflichen Brunn der Wahrheit"[11]. Bei aller Deduktion der einzelnen Regeln aus Begriffen, wollte er nur in klare Sätze fassen, was die Erfahrung und der gemeine Menschenverstand an sich jedermann lehrten. In seiner dogmatischen Tendenz folgte er lediglich der allgemeinen naturrechtlichen Annahme einer Parallelität von Naturwahrheit und Vernunfterkenntnis.

Der Rückgriff auf das Erfahrungswissen drohte aber im Laufe des Jahrhunderts zu einer zunehmenden Verflachung der deutschen Jurisprudenz zu führen. Die Schriften der Antike hatten jeder Generation

---

[10] *Thieme,* a.a.O., SZ 56, 231; 57, 357.

[11] *Chr. Wolff,* Allerhand nützliche Versuche, 3. Bd. 1747, Vorrede S. I, vgl. aber *Thieme,* a.a.O., SZ 56, 227.

noch Ansatzpunkte für eine Kritik der Auffassungen ihrer Lehrer bieten können. Die gesunde Vernunft lehrte jedermann nur, was er aus anderen Quellen bereits wußte. Trotz ihres materialen Anspruchs war sie nur formal die neue Autorität, unter der jede plausibel klingende These als richtig hingestellt werden konnte. Darum führte die naturrechtliche Argumentationsform zu einer Beteuerungsjurisprudenz, in der die Aussagen nicht mehr begründet, sondern ihre Richtigkeit durch Formeln wie „gewiß, zweifellos, selbstverständlich, doch, wahr" etc. beschworen wurde. Wer die Auffassung des Autors nicht teilte, mußte sich als töricht oder als abnormer Außenseiter betrachten. Aus dieser verdeckten Rückkehr zur autoritären Argumentation mag sich auch der bis ans Ende des 18. Jahrhunderts wiederkehrende Ruf gegen die Autoritätsgläubigkeit erklären.

Auch der Begriff der Natur der Sache konnte zu einer solchen Beteuerungsformel verflachen. So wenig wie heute hatte der Begriff im 18. Jahrhundert ein abgrenzbares Bedeutungsspektrum. Er wies aber bei jeder Frage die Richtung, in der eine angemessene Antwort erwartet werden konnte: zum Kern der Sache! Deshalb kann die Natur der Sache als der letzte ontologische Topos bezeichnet werden. In der Polemik gegen die metaphysischen Topoi der Scholastik entstanden, konnte er in der Fassung als „Wesen und Natur der Dinge" das Kennwort einer neuerlichen „ontologischen Begründung des Rechts" (Arthur Kaufmann)[12] werden: in der Philosophie Christian Wolffs. Indem Wolff alle Fragen nach dem Grund einer Regelung bei der Erklärung beendete, sie läge im Wesen oder in der Natur der Sache, nahm er sich die Möglichkeit, das geltende Recht kritisch zu überprüfen. Das Wolff'sche Naturrecht löste sich daher ähnlich wie das gemeine subsidiäre Naturrecht in der Dogmatik des geltenden Rechts auf. An dem Beispiel des natürlichen peinlichen Rechts des Kriegsrates Engelhard[13] und an Pütters berühmter Abhandlung gegen den Büchernachdruck[14] konnte veranschaulicht werden, in welch geringem Umfang das Naturrecht und insbesondere die sog. Rechtsquelle der Natur der Sache für die Reformbewegung des späten 18. Jahrhunderts verantwortlich gemacht werden darf.

3. Etwas anspruchsvoll läßt sich die dritte Argumentationsform, deren Spuren im 18. Jahrhundert beobachtbar waren, als „wissenschaftlich" bezeichnen. Sie beruhte auf der einen Seite auf der erkenntnistheoretischen Einsicht, daß in begrifflicher Anstrengung allein allgemeine Merkmale der Dinge nicht zu entdecken seien. Der Zweifel (Des-

---

[12] Vgl. die Aufsatzsammlung dieses Titels, hrsg. von Arthur Kaufmann, 1965.

[13] Vgl. oben S. 48 ff.

[14] Vgl. oben S. 81 ff.

cartes), die transzendentale Einheit des Selbstbewußtseins (Kant) blieb die einzig angebbare Größe, die allen Vorstellungen gemein war. Dadurch wurde die Spontaneität des Geistes, das aktive Gefühl des Herzens (Hume) zur letzten substanziellen Form, die für jedermann in gleicher Weise postuliert werden durfte. Freiheit, Gleichheit und Solidarität aller Menschen traten deshalb als tragende metaphysische Ideen an die Stelle bisheriger an bestimmte privilegierte Personen anknüpfender Heilsvorstellungen. Auf der anderen Seite wurde damit für die inhaltliche Gestaltung der Rechtsordnung eine Denkform freigesetzt, die bereits die Entstehung der Naturwissenschaften ermöglicht hatte: die Funktion[15]. Montesquieu setzte die Kategorie des Verhältnisses zur Erforschung des politischen Lebens ein und wurde dadurch einer der Begründer der modernen Sozialwissenschaften. Damit änderte sich auch die Konzeption einer heilen, gerechten Gesellschaftsordnung. Je mehr die Vorstellung einer sakral-metaphysischen Gebundenheit des Menschen an jenseitige dogmatisch bestimmbare Mächte schwand, desto stärker konnte die Reibungslosigkeit des menschlichen Zusammenlebens, das Gemeinwohl, allein zum Maßstab rechtlicher Regeln werden. Deshalb wurde auch die empirische Erforschung der sozialen Verhältnisse rechtlich relevant, zeigte sie doch, ob und in welchem Maße die bisherigen positiven Regeln zur Erhaltung des sozialen Lebens beitrugen. Das staatliche Gesetz geriet damit von zwei Seiten in den Mittelpunkt rechtstheoretischer Überlegungen. Einmal war es für die Philosophie der Freiheit die einzige Instanz geworden, in der durch die aktuelle oder potentielle Zustimmung der gesetzesunterworfenen Bürger eine alle verpflichtende Norm entstehen konnte (Rousseau, Kant). Nur das Gesetz vermochte vor der nun negativ gewerteten „Willkür" eines Bürgers zu schützen; der Richter sollte nur den zu entscheidenden Fall unter das allgemeine Gesetz subsumieren (Montesquieu, Beccaria). Andererseits erlaubte die Beobachtung der tatsächlichen sozialen Verhältnisse unter dem Gesichtspunkt der Funktionalität des gesellschaftlichen Lebens eine Kritik der bisherigen Gesetze. Von dem Gesetzgeber erhoffte man sich daher die Durchführung dringender Reformen. Beide Seiten mußten nicht in einer politischen Forderung zusammengefaßt werden. Der aufgeklärte Monarch konnte von den einen wegen seiner Reformmaßnahmen gelobt werden, während ihn die anderen als autoritären Despoten brandmarkten.

---

[15] Vgl. allgemein zur Wissenschaftsgeschichte: *E. Cassirer,* Substanzbegriff und Funktionsbegriff, 1910; *H. Rombach,* Substanz, System, Struktur, Bd. 1: Die Ontologie des Funktionalismus und der philosophische Hintergrund der modernen Wissenschaft, 1965; zur funktionalen Rechtstheorie vgl. *W. Krawietz,* Das positive Recht und seine Funktion, 1967, S. 39 ff. Zur Verbindung von Freiheitsidee und funktionalem Rechtsdenken vgl. *E. W. Böckenförde,* Der Rechtsbegriff in seiner geschichtlichen Entwicklung, in: Archiv für Begriffsgeschichte Bd. 12 (1968) S. 159.

Die neue Denkweise führte nicht nur zu Gesetzeskodifikationen um der Freiheit der Bürger willen und zu Rechtsreformen, um funktionale Sozialverhältnisse einzurichten; sie ermöglichte auch, überkommenes Recht im Hinblick auf die dadurch geschaffenen Rechtsverhältnisse und Rechtsinstitute zu erklären und sie dogmatisch aus der Idee bürgerlicher Freiheit zu gestalten, soweit positive Bestimmungen nicht entgegenstanden. Die Anfänge dieser systematischen Auslegungskunst ließen sich in den rechtshistorischen Arbeiten Pütters und in den dogmatischen Abhandlungen von Runde und Weber aufzeigen. Je weiter sie sich von naturrechtlichen Vorstellungen entfernten und ihren emotionalen Einstellungen kritisch begegneten, desto deutlicher waren die Elemente der klassischen Rechtswissenschaft in ihren Werken zu erkennen. Drei Disziplinen allgemeiner rechtlicher Erörterungen haben sich infolgedessen aus der wissenschaftlichen Argumentationsform entwickelt, die Staatstheorie der Vermittlung von Freiheit und Verhältnismäßigkeit in der „Verfassung" eines Staates, die Postulation von Reformen auf Grund der Ergebnisse empirischer Sozialwissenschaften und die Rechtswissenschaft als Kunst der Analyse und Konstruktion der durch positives Recht geschaffenen Rechtsinstitute. Alle drei Disziplinen haben in zeitlichem Zusammenhang in der zweiten Hälfte des 18. Jahrhunderts ihren ersten breitenwirkenden Einfluß gewonnen, aber sie konnten unabhängig voneinander fortbestehen. Daraus wird erklärbar, daß die historische Rechtsschule trotz ihres quietistischen Grundzuges der deutschen Jurisprudenz den Namen „Rechtswissenschaft" aufprägen konnte.

4. Über der Abgrenzung von Gelehrsamkeit und Wissenschaft darf aber nicht vergessen werden, daß die Rechtswissenschaft teils auf den Formen der Gelehrsamkeit aufbaut, teils von ihrem Fortleben ständig gefährdet ist. Gutachten und Entscheidungen werden in topischer Manier noch heute nach festen „Stationen" gegliedert[16], die Auslegung von Gesetzen und Verträgen beginnt herkömmlicherweise beim Wortlaut, wobei auch etymologische Wörterbücher erläuternd herangezogen werden können[17]; in den Institutionen des Verfassungs- und Prozeßrechts lebt die polemische Methode ebenso weiter wie in dem weiten Anwendungsbereich von Interessen- und Pflichtenabwägungen. Erst jenseits dieser handwerklichen oder elementaren Formen beginnt indes die eigentliche Kunst des modernen Juristen. Teleologisch-historische Auslegung und Analyse der Interessenlage erfordern den Einsatz rationaler Mittel, die die Topik nicht bereitstellen konnte. Verfassungspolitische — rechtsstaatliche — Überlegungen, die der theologisch gebunde-

[16] Dazu vgl. *Zippelius*, Problemjurisprudenz und Topik, NJW 1967, 2231.

[17] Vgl. z. B. BGH Urt. v. 30. 6. 1966 — KZR 5/65 (Schallplatten) — NJW 1967, 343 (346) = BGHZ 46, 74.

nen gelehrten Welt schlechthin fremd sein mußten, haben das öffentliche Recht überhaupt erst in seinen maßgeblichen Teilen entstehen lassen. Kriminal-, wirtschafts- und sonstige sozialpolitische Bestrebungen reformierten das Rechtsleben — auch dazu konnte die Topik mit ihren rationalen Mitteln nichts beitragen. Ähnliches gilt für das Naturrecht. Dem Naturrecht verdankt die Wissenschaft die Möglichkeit, vom Wesen oder von der Natur von Rechtsinstituten zu sprechen. Bei aller Interessenjurisprudenz bleibt die darauf gründende Kunst prägnanter Begriffsbildung ein unverzichtbarer Teil kontrollierbarer Rechtsanwendung[18]. Insofern mag auch das Argument aus der „Natur der Sache" einen begrenzten abbreviatorischen Wert behalten haben[19], wenngleich statt von Sache besser von Verhältnis die Rede wäre. Zu einer kritischen Distanz von definitorisch erfaßten Regeln befähigt die Tatbestandstechnik aus sich heraus aber nicht. Sollte das Wesen der Dinge, wie in der Ontologie Christian Wolffs, die „in sich" guten und bösen Handlungen naturrechtlich erklären, würde lediglich das positiv geltende Recht metaphysisch überhöht[20]. Die „gesunde Vernunft" schließlich mag als stille Kontrollinstanz gegen intellektualistische Überspannungen auch heute ein unentbehrlicher Ratgeber sein[21]. In einer expliziten Argumentation birgt sie aber die Gefahren eines verdeckten Irrationalismus. In der Argumentation indiziert sie zumindest eine bequeme, Differenzierungen verschleifende Naivität. Wie am Beispiel Pütters, Rundes und Webers gezeigt wurde, konnten sich hinter ihr bereits im 18. Jahrhundert heterogene Rechtsauffassungen verbergen, ohne daß sich die Autoren dessen bewußt werden mußten.

Eine rationale juristische Argumentation kann deshalb auf beide Ausdrücke, auf „Gesunde Vernunft" wie auf „Natur der Sache", verzichten[22]. Sie können der geistesgeschichtlichen Epoche zugeordnet bleiben, der sie entstammen: dem Übergang von der Gelehrsamkeit zur Wissenschaft im 18. Jahrhundert.

---

[18] Vgl. *Wieacker*, a.a.O., S. 320; *H. Coing*, Die juristischen Auslegungsmethoden und die Lehren der allgemeinen Hermeneutik, 1959, S. 9 f.
[19] Vgl. für das 19. Jahrhundert *Dreier*, a.a.O., S. 40 ff.
[20] Vgl. *I. Tammelo*, The „Nature of Things" and the Objective Import of Value Judgments, in: ARSP Bd. LV (1969), S. 259 ff.
[21] Vgl. *C. K. Allen*, Law in the Making, 6. Aufl. Paperback 1961, S. 369 ff.; *Ph. Heck*, Begriffsbildung und Interessenjurisprudenz, 1932, S. 111.
[22] Ebenso im Ergebnis: *Dreier*, a.a.O., S. 127 f.

Literaturverzeichnis*

I. Handschriftliche Quellen

Pütter, Johann Stephan: Stammbuch; St. u. U. B. Göttingen, Cod. MS hist. litt. 48d

— Plan, nach welchem Studierende besonders Standes-Personen in Göttingen näher und geschwinder als anderwärts zu Staats- und Canzley-Sachen vorbereitet werden können, vom 24. 3. 1749; St. u. U. B. Göttingen, Cod. MS — Pütter 37

— Brief an Monsieur Reiche, Libraire très renommé à Leipzig, vom 18. 6. 1773; St. u. U. B. Göttingen, Cod. MS 2° Philos. 182

— Gutachten in Sachen Weidmannsche Buchhandlung gegen Göschen; St. u. U. B. Göttingen, Cod. Jurid 147 a, Januar 1794/18

II. Bis 1850 verfaßte Literatur

Acta Borussica. Denkmäler der Preußischen Staatsverwaltung im 18. Jahrhundert; hg. v. der Königlichen Akademie der Wissenschaften. Die Behördenorganisation und die allgemeine Staatsverwaltung Preußens im 18. Jahrhundert, Bd. 1, Berlin 1894

Almendingen, Ludwig Harscher von: Versuch einer Metaphisik des Civilprocesses, 1. Bd., Gießen und Wetzlar 1808

Aquinas, Thomas, Summa Theologica, in: Opera Omnia, iussu impensaque Leonis XIII. P. M. edita. Cum comment. Th. M. Zigliari, Th. de Vio Cajetani cura et studio fratrum Praedicatorum. T. 4—12, Romae 1888—1906

Aristoteles, Die Nikomachische Ethik, neu übersetzt mit einer Einleitung und erklärenden Anmerkungen versehen von Olof Gigon, 2. Aufl. Zürich und Stuttgart 1967

— Kategorien/Lehre vom Satz (Organon I/II), übersetzt, mit einer Einleitung und erklärenden Anmerkungen versehen von Eugen Rolfes, Ph. B. Bd. 8/9 (1925), Hamburg 1962

— Metaphysica, recognovit brevique adnotatione critica instruxit W. Jaeger, Oxonii 1960

— Topik, übersetzt von E. Rolfes, Ph. B. Bd. 12 (1922), Leipzig 1948

Beccaria, Cesare: Des Herrn Marquis von Beccaria unsterbliches Werk von Verbrechen und Strafen auf das Neue selbst aus dem Italiänischen übersezet mit durchgängigen Anmerkungen des Ordinarius zu Leipzig Herrn Hofrath Hommels, Breslau 1778

* Zahlen, die einem Titel oder einer Auflage in Klammern beigefügt sind, bezeichnen das Jahr der erstmaligen Veröffentlichung, Namen in Klammern geben den mutmaßlichen Verfasser einer anonym erschienenen Schrift an.

Beccaria, Cesare: Über Verbrechen und Strafen, übers. mit biographischer Einleitung und Anmerkungen versehen von Karl Esselborn, Leipzig 1905

— Über Verbrechen und Strafen. Nach der Ausgabe von 1766 übersetzt und herausgegeben von Wilhelm Alff, Frankfurt a. M. 1966

Beier, Adrian: Logica iuris, Jenae 1696

Beseke, Johann Melchior Gottlieb: Thesaurus juris cambialis, Pars I, II, Berolini 1783

Biener, Christian Gottlieb: Bedenklichkeiten bey Verbannung der ursprünglich fremden Rechte aus Deutschland und Einführung eines allgemein deutschen National-Gesetzbuches, Halle 1781

(*Birnbaum,* Johann Abraham): Eines aufrichtigen Patrioten unpartheyische Gedancken über einige Quellen und Wirckungen des Verfalls der jetzigen Buchhandlung, Schweinfurt 1733

Böhmer, Johann Samuel Friedrich von: Elementa jurisprudentiae criminalis, 2. Aufl., Halae Magd. 1738

— Observationes selectae ad Bened. Carpzovii J. C. Practicam novam rerum criminalium imperialem saxonicam, Francofurti ad Moenum 1759

— Meditationes in constitutionem criminalem Carolinam accessit vetus ordinatio criminalis Bambergensis, Brandenburgica, Hassiaca, Halae Magd. 1774

Böhmer, Justus Henning: Succincta manuductio ad methodum disputandi et conscribendi disputationes juridicas, Halae 1703

— Introductio in jus digestorum sensum pariter ac usum singularum materiarum succincte exhibens, 3. Aufl., Halae Magd. 1723

— Introductio in jus publicum universale ex genuinis juris naturae principiis deductum et in usum juris publici particularis quarumcunque rerum publicarum adornatum, Halae Magd. 1710

— Doctrina de actionibus ad praxin hodiernam accomodata ... Tertia vice auctior edita, Halae Magd. 1725

— Kurtze Einleitung zum geschickten Gebrauch der Acten, neue und vermehrte Aufl., Frankfurt a. M. 1737

— Exercitationes ad Pandectas, Hanov. et Götting., 4 Bde., 1745—1751

Böttger, Ludwig: Beyträge zur Erläuterung des Forstrechts, Gießen 1802

Brinkmann, Rudolf: Über die richterlichen Urteilsgründe, nach ihrer Nützlichkeit und Nothwendigkeit, sowie über ihre Auffindung, Entwicklung und Anordnung, Kiel 1826

Büsch, Johann Georg: Abhandlung von dem wahren Grunde des Wechselrechts sammt einem Beitrag zur Geschichte desselben (1784), in: ders., Sämtliche Schriften über die Handlung, Teil VI, Hamburg 1826, S. 157—233

Buri, Friedrich Carl von: Ausführliche Erläuterung des in Teutschland üblichen Lehns-Rechts oder Anmerkungen über Johannis Schilteri Institutiones juris feudalis Germanici et Longobardici, Gießen 1738

Carpzov, Benedict (II): Disputationum volumen, Lipsiae 1651

— Opus Decisionum illustrium Saxonicarum, Lipsiae 1660

— Jurisprudentia Ecclesiastica seu consistorialis, Lipsiae 1673

Carpzov, Benedict (II): Responsa iuris electorialia (1642), Lipsiae 1709

Cicero, Marcus Tullius: Divisions de l'art oratoire, Topiques, französisch-lateinische Ausgabe von Henri Bornecqui, 2. Aufl., Paris 1960 (zitiert Topica)

— De legibus, Textbearbeitung, Einleitung, kritischer Apparat und erklärendes Verzeichnis der Eigennamen von Konrat Ziegler, 2. Aufl., Heidelberg 1963

Claproth, Justus: Einleitung in den ordentlichen bürgerlichen Proceß. Zum Gebrauche der practischen Vorlesungen, 2. Theil, Göttingen 1787

Clarke, Samuel: A Discourse concerning the Being and the Attributes of God, the obligations of Natural Religion and the Truth and Certainty of the Christian Revelation, 8. Aufl., London 1732

Codex juris bavarici criminalis de Anno 1751, 2. Aufl., München 1807

Constitutio Criminalis Carolina von 1532, hg. v. Gustav Radbruch, Stuttgart 1960

Constitutio Criminalis Theresiana von 1768, Wien 1769

Corpus Juris Civilis, Vol. 1, Institutiones recognovit Paulus Krueger, Digesta recognovit Theodorus Mommsen, retractavit Paulus Krueger, ed. 16, Berolini 1954

Cramer, Johann Ulrich von: Usus Philosophiae Wolfianae in Jure, Marpurgi 1740

— Opuscula, 4 Bde., Ulm 1742—1767

— Wetzlarische Nebenstunden, Bd. 1—6, Ulm 1755—1761

Cudworth, Ralph: A Treatise concerning eternal and immutable morality (posth. 1731), in: ders., The True Intellectual System of the Universe, übers. v. J. Harrison, Bd. 3, London 1845

Danz, Wilhelm August Friedrich: Handbuch des heutigen deutschen Privatrechts. Nach dem System des Herrn Hofraths Runde, Bd. 1, Stuttgart 1796

Darjes, Joachim Georg: Introductio in artem inveniendi, seu Logica theoretico-practica, Jenae 1743

— Institutiones iurisprudentiae universalis in quibus omnia iuris naturae socialis et gentium capita in usum auditorii sui methodo scientifica explanantur, 5. Aufl., Jenae 1757

— Observationes juris naturalis socialis et gentium, Jenae 1749

— Institutiones iurisprudentiae Privatae Romano — Germanicae in usum auditorii sui systematica adornatae methodo, Jenae 1749

— Discours über sein Natur- und Völkerrecht, 3 Theile, Jena 1762—1763

Decianus, Tiberius: Responsa plane omnibus tum in foro, tum in scholis versantibus, apprime conducibilia, non minus necessaria, quam utilia, Francofurti ad Moenum Bd. 1—4, 1549—1596

Descartes, René: Von der Methode, hg. v. Lüder Gäbe, Ph. B. Bd. 26 a, Hamburg 1960

— Meditationes de prima philosophia, Lateinisch-deutsche Ausgabe, hg. v. L. Gäbe, Ph. B. Bd. 250 a, Hamburg 1959

Descartes, René: Regeln zur Leitung des Geistes, Die Erforschung der Wahrheit durch das natürliche Licht, übers. und hg. v. Arthur Buchenau, Ph. B. Bd. 26 b (1920), Hamburg 1962

Eichhorn, Carl-Friedrich von: Über das geschichtliche Studium des deutschen Rechts, in: Zeitschrift für geschichtliche Rechtswissenschaft, Bd. 1, Berlin 1815, S. 124—146

— Einleitung in das deutsche Privatrecht mit Einschluß des Lehnrechts, Göttingen 1823

Engau, Johann Rudolph: Elementa juris criminalis Germanico-Carolini (1738), 5./6. Aufl., Jenae 1767

Engelhard, Regner: Specimen juris militum naturalis methodo scientifica conscriptum, Francofurti et Lipsiae 1754

— Versuch eines allgemeinen peinlichen Rechts aus den Grundsätzen der Weltweisheit und besonders des Rechts der Natur, Frankfurt und Leipzig 1756

Estor, Johann Georg: Gründlicher Unterricht von geschickter Abfassung der Urtheile und Bescheide, Marburg 1745

— Bürgerliche Rechtsgelehrsamkeit der Teutschen, ausgefertiget von Johann Andreas Hofmann, 3 Theile, Marburg 1757—1767

Everhardus a Middelburgo, Nicolaus: Loci argumentorum legales, seu topica legalia de inventione et argumentatione (1516), Francofurti 1591

— Synopsis Locorum legalium, iterum edita et locis adjuncta studio Georg Adami Brunneri, Reginoburgi 1671

Filangieri, Gaetano: System der Gesetzgebung, übers. v. G. C. R. Link, Bd. 3 und 4, Anspach 1786/87

Franck, Johann Christoph: Institutiones juris cambialis ex legibus cambialibus diversarum gentium indole negotiationes moribus campsorum ac jure communi nova methodo collectae usuique academico et forensi accomodatae, Halae Magd. 1721

Friedrich II., König von Preußen: Über die Gründe, Gesetze einzuführen oder abzuschaffen (1749), in: Die Werke Friedrichs des Großen, Philosophische Schriften, Bd. 8, hg. v. Gustav Berthold Volz, deutsch von Friedrich von Oppeln-Bronikowski, Berlin 1913, S. 22—39

Gerber, Carl Friedrich: Das wissenschaftliche Prinzip des gemeinen deutschen Privatrechts, Jena 1846

Gerhard, Ephraim: Delineatio Juris Naturalis, Jenae 1712

— Delineatio juris civilis privati, Jenae 1715

Allgemeine Gerichtsordnung für die Preußischen Staaten vom 6. 7. 1793, 1. Theil, Prozeßordnung, Berlin 1795

Globig, Hans Ernst von und Johann Georg *Huster:* Abhandlung von der Criminal-Gesetzgebung, Zürich 1783

— Vier Zugaben zu der gekrönten Schrift von der Criminalgesetzgebung, Altenburg 1785

Gmelin, Christian Gottlieb: Grundsätze der Gesetzgebung über Verbrechen und Strafen, Tübingen 1785

Gönner, Nikolaus Thaddäus: Erörterungen über den gemeinen Prozeß. Ein Zusatz zu den Grundsätzen des Herrn Prof. Danz, Bamberg 1799

Goethe, Johann Wolfgang von: Aus meinem Leben Dichtung und Wahrheit, Sämtliche Werke, mit Anmerkungen versehen von E. Trunz, textkritisch durchgesehen von L. Blumenthal, Bd. 9, Hamburg 1955

(*Gottsched*, Johann Christoph): Historische Lobschrift des weiland hoch- und wohlgeborenen Herrn Christians H. R. R. Freiherrn von Wolf, Halle 1755

Graeff, Ernst Martin: Versuch einer einleuchtenden Darstellung des Eigentums und der Eigentumsrechte des Schriftstellers und Verlegers, Leipzig 1794

Grotius, Hugo: De Iure Belli ac Pacis libri tres in quibus Ius naturae et gentium, item Juris Publici praecipua explicantur, editio novissima, Amstelaedami 1712

Gryphius, Andreas: Dichtungen, hrsg. v. Karl Otto Conrady, Rowohlts Klassiker der Literatur und Wissenschaft, Deutsche Literatur Band 19, 1968

(*Gundling*, Nicolaus Hieronymus): Rechtliche und vernunftmäßige Bedenken eines Jurisconsulti, der unpartheyisch ist, von dem schändlichen Nachdruck anderer gehöriger Bücher, Halle 1726

— Ius naturae ac gentium, Halae 1736

Hegel, Georg Wilhelm Friedrich: Grundlinien der Philosophie des Rechts, mit Hegels eigenhändigen Randbemerkungen in seinem Handexemplar der Rechtsphilosophie hg. v. J. Hoffmeister, 4. Aufl., Berlin 1956

Heineccius, Johann Gottlieb: Elementa juris civilis secundum ordinem Pandectarum, 3. Aufl., Argentorati 1732

— Elementa juris civilis secundum ordinem Institutionum, editio novissima Giessae 1767

— Elementa juris Germanici tum veteris, tum quod hodie in ipsis obtinet rerum argumentis, Halae 1736

— Elementa juris cambialis, 1. Ausg. posth., hg. v. Henr. Jansonius a Vaesberge, Amsterdam 1742

Henke, Eduard: Grundriß einer Geschichte des deutschen peinlichen Rechts und der peinlichen Rechtswissenschaft, 2. Theil, Sulzbach 1809

Hobbes, Thomas: Vom Menschen, vom Bürger, eingeleitet und hg. v. G. Gawlick, Ph. B. Bd. 158, Hamburg 1959

— Leviathan. Nachdruck der Ausgabe von 1651, Oxford 1962

Höpfner, Ludwig Julius Friedrich: Naturrecht des einzelnen Menschen, der Gesellschaft und der Völker, 2. Aufl., Gießen 1783

Hoffbauer, Johann Christoph: Naturrecht aus dem Begriff des Rechts entwickelt, 2. Aufl., Halle 1798

(*Hombergk zu Vach*, Johann Friedrich): Dubia iuris naturae, Duaci 1719

Hommel, Karl Ferdinand: Rhapsodia quaestionum in foro quotidie obvenientium neque tamen legibus decisarum, 4. Aufl., Bd. 4, 5, Beyruthi 1775/79

Hufeland, Gottlieb: Versuch über den Grundsatz des Naturrechts, Leipzig 1785

Hugo, Gustav: Institutionen des heutigen römischen Rechts, Berlin 1789

Hugo, Gustav: Lehrbuch des Naturrechts als einer Philosophie des positiven Rechts, Berlin 1798; 2. Aufl. Berlin 1799

— Pütter, in: Civilistisches Magazin, Bd. 3, Berlin 1812, S. 92—102, Bd. 5, ebd. 1814, S. 54—98

— Lehrbuch eines civilistischen Cursus, Bd. 1: Die juristische Encyclopädie, 7. Aufl., Berlin 1823

Hume, David: Enquiries concerning the Human Understanding and concerning the Principles of Morals, Nachdruck der posth. Ausg. von 1777, hg. v. L. A. Selby-Bigge, 2. Aufl., Oxford (1902) 1961

— Essay of the First Principles of Government, in: ders., Essays and Treatises on several subjects, Bd. 1, Basil 1793, S. 27—32

Jenaisches Responsum juris samt völligen Beyfall Dreyer Juristen-Facultäten Gießen, Helmstedt, Erfurt, worinne dargethan wird, daß denen Autoribus derer in Druck gegebenen Bücher und deren Cessionariis, welche von hohen Obrigkeiten keine Privilegia darüber ausgewürcket, kein Monopolium solchen Bücherverkauffs zustehe, noch vor weltlichen Gerichten ein Recht zukomme, Andern den Nachdruck solcher Bücher zu verbieten, oder wider selbige deßhalben um Bestraffung nachzusuchen, Erffurt 1726

Jöcher, Christian Gottlieb (Hrsg.): Allgemeines Gelehrten-Lexicon, 4 Theile, Leipzig 1750—1751

— Fortsetzung und Ergänzungen zu Christian Gottlieb Jöchers allgemeinen Gelehrten-Lexico, hg. v. Johann Christoph Adelung, 7 Bde., Leipzig 1784—1897. (ab Buchstabe K hg. v. Heinrich Wilhelm Rotermund)

Die Justiz-Reform in den königlich Preußischen Staaten in den Jahren 1746—1748, in: Jahrbücher für die Preußische Gesetzgebung, Rechtswissenschaft und Rechtsverwaltung, hg. v. Kamptz, Bd. 59, Berlin 1842, S. 67—158

Kästner, Christian August Lebrecht: Topik oder Erfindungskunst, Leipzig 1816

Kant, Immanuel: Kritik der reinen Vernunft (1781/1787), hg. v. R. Schmidt, Ph. B. Bd. 37 a, Hamburg 1956

— Prolegomena zu einer jeden künftigen Metaphysik (1783), hg. v. K. Vorländer, Ph. B. Bd. 40, Hamburg 1957

— Beantwortung der Frage: Was ist Aufklärung? (1784), in: Kant's gesammelte Schriften, hg. v. der königlich Preußischen Akademie der Wissenschaften, 1. Abt.: Werke, Bd. 8, Berlin 1912, S. 33—42

— Grundlegung zur Metaphysik der Sitten (1785), hg. v. K. Vorländer, Ph. B. Bd. 41, Leipzig 1947

— Kritik der praktischen Vernunft (1788), hg. v. K. Vorländer, Ph. B. Bd. 38, Leipzig 1951

— Über den Gemeinspruch: Das mag in der Theorie richtig sein, taugt aber nicht für die Praxis (1793), in: ders., Kleinere Schriften zur Geschichtsphilosophie, Ethik und Politik, hg. v. K. Vorländer, Ph. B. Bd. 47^{I}, Hamburg 1959, S. 67—113

— Metaphysik der Sitten (1797), hg. v. K. Vorländer, Ph. B. Bd. 42, Hamburg 1954

Klein, Ernst Ferdinand: Grundsätze des gemeinen deutschen und preußischen peinlichen Rechts, Halle 1796

Klein, Ernst-Ferdinand: Grundsätze der natürlichen Rechtswissenschaft nebst einer Geschichte derselben, Halle 1797

— Merkwürdige Rechtssprüche der Halleschen Juristenfakultät, 5 Bde., Berlin und Stettin 1796—1802

— Annalen der Gesetzgebung und Rechtsgelehrsamkeit, Bd. 2 und 4, Berlin und Stettin 1788—1790

Kleinschrod, Gallus Aloys: Systematische Entwicklung der Grundbegriffe und Grundwahrheiten des peinlichen Rechts aus der Natur der Sache und der positiven Gesetzgebung, 3 Bde., Erlangen 1794—1796

Koch, Johann Christoph: Institutiones juris criminalis (1758), 6. Aufl., Jenae 1783

Köhler, Heinrich: Juris Socialis et Gentium ad jus naturale revocati Specimina VII, Jenae 1735

Koppe, Johann Christian: Adolph Dieterich Weber, sein Leben und Wirken, Rostock 1818

Allgemeines Landrecht für die Preußischen Staaten von 1794, neue Ausg., 1. Theil, 1. und 2. Bd., 2. Theil, 1. und 2. Bd. und Registerband, Berlin 1806

Lauterbach, Wolfgang Adam: Compendium Juris brevissimis verbis sed amplissimo sensu et allegationibus universam fere materiam Juris exhibens, 5. Aufl., hg. v. Johann Jacob Schütz, Francofurti et Lipsiae 1694

Leibniz, Gottfried Wilhelm: Sämtliche Schriften und Briefe, hg. v. der preußischen Akademie der Wissenschaften, Reihe 1: Allgemeiner politischer und historischer Briefwechsel, Bd. 1, Berlin 1923, Bd. 2, ebd. 1957; Reihe 4: Politische Schriften, Bd. 1, ebd. 1931, Bd. 2, ebd. 1963; Reihe 6: Philosophische Schriften, Bd. 1, ebd. 1962

— Metaphysische Abhandlung, Französisch-deutsche Ausgabe, übers. und hg. v. Herbert Herring, Ph. B. Bd. 260, Hamburg 1958

— Vernunftprinzipien der Natur und der Gnade. Monadologie, Französisch-deutsche Ausg., auf Grund der kritischen Ausg. von André Robinet (1954) und der Übersetzung von Artur Buchenau mit Einführung und Anmerkungen hg. v. H. Herring, Ph. B. Bd. 253, Hamburg 1956

— Hauptschriften zur Grundlegung der Philosophie, übersetzt von A. Buchenau, hg. v. Ernst Cassirer, 2 Bde., Ph. B. Bd. 107/108, 3. Aufl., Hamburg 1966

— Nouveaux Essais sur l'entendement humain, Französisch-deutsche Ausg., hg. v. W. v. Engelhardt und H. H. Holz, 2 Bde., Darmstadt 1951/61

— Die philosophischen Schriften von Gottfried Wilhelm Leibniz, hg. v. C. J. Gerhardt, Bd. 1—6, Berlin 1875—1885

— Rechtsphilosophisches aus Leibnizens ungedruckten Schriften, hg. v. Georg Mollat, Leipzig 1885

— Opera omnia, hg. v. L. Dutens, Tom. IV, Teil 3, Berlin 1789

Lipenius, Martin: Bibliotheca realis iuridica, hg. v. Fr. G. Struve und G. A. Jenichen, Lipsiae 1757

Ludovici, Jacob Friedrich: Einleitung zum Civilproceß, Halle 1719

Luther, Martin: Vermanunge an die Drucker, Vorrede zur Auslegung der Epistel und Evangelien von Advent an bis auf Ostern (1525), in: Werke, Kritische Gesamtausgabe, Bd. 17, Abt. 2, Weimar 1927, S. 3—4

Luther, Martin: Warnung an die Drucker, Vorwort zur Wittenberger Bibelausgabe von 1545, in: Werke, Kritische Gesamtausgabe, Die Deutsche Bibel, Bd. 8, Weimar 1954, S. 7—9

Malblanc, Julius Friedrich: Geschichte der peinlichen Gerichtsordnung Kaiser Karl V., Nürnberg 1783

Martin, C., Hrsg.: Rechtsgutachten und Entscheidungen des Spruchcollegii der Universität Heidelberg, Bd. 1, Heidelberg 1808

Martini, Carl Anton von: Sechs Übungen über das Naturrecht, aus dem lateinischen übersetzt von Franz Sonnleithner, Wien 1783

— Lehrbegriff des Natur-, Staats- und Völkerrechts, Bd. 1—4, Wien 1783/1784

Meister, Johann Jacob Friedrich: Principia iuris criminalis Germaniae communis, 3. Aufl., Gottingae 1798

Meusel, Johann Georg: Das Gelehrte Teutschland oder Lexikon der jetztlebenden Teutschen Schriftsteller, angefangen von Georg Christoph Hamberger, fortgesetzt von J. G. Meusel, 4. Aufl., 4 Bde., Lemgo 1783/1784

— Nachträge zu der 4. Aufl. des Gelehrten Teutschlandes, 9 Bde., Lemgo 1786—1806

Mevius, David: Decisiones super causis praecipuis ad summum tribunal regium Vismariense delatis, 6. Aufl., hg. v. J. J. a Ryssel, Francofurti 1726

Michaelis, Johann David: Mosaisches Recht, Teil 6, Frankfurt a. M. 1775

Möser, Justus: Von dem wichtigen Unterschiede des würcklichen und des förmlichen Rechts (1780), in: ders., Sämtliche Werke, historisch-kritische Gesamtausgabe, Bd. 7: Patriotische Phantasien IV, bearbeitet von Ludwig Schirmeyer unter Mitwirkung von Werner Kohlschmidt, Hamburg 1957, S. 98—101

Montesquieu, Charles Louis de Secondat, Baron de la Brède et de: Oeuvres Complètes, Présentation et Notes de Daniel Oster, Paris 1964

— Lettres Persanes, Texte établi, avec introduction, chronologie de Montesquieu, bibliographie, notes, et relevé de variantes par Paul Vernière, 3. Aufl., Paris 1965

— Persische Briefe (1721), nach der Übersetzung von Adolf Strodtmann (1866), in: Die Fischer Bibliothek der hundert Bücher, hg. v. Walther Killy, Frankfurt a. M. und Hamburg 1964

— Considérations sur les causes de la Grandeur des Romains et de leur décadence (1734), Texte établi, avec introduction, notes et variantes par Gonzague Truc, Paris 1954

— De l'Esprit de Lois (1748), Texte établi, avec introduction, notes, et relevé de variantes par G. Truc, 2 Bde., Paris 1961

— Vom Geist der Gesetze, in neuer Übertragung eingeleitet von Ernst Forsthoff, 2 Bde., Tübingen 1951

Moser, Friedrich Carl: Sammlung der neuesten und wichtigsten Deductionen in Teutschen Staats- und Rechtssachen, Bd. 1 und 2, Frankfurt und Leipzig 1752

Nettelbladt, Daniel: Von dem rechten Gebrauch der Wolffischen Philosophie in der Theorie der positiven Rechtsgelahrtheit (1750), in: ders., Sammlung kleiner juristischer Abhandlungen, Halle 1792, S. 111—125

Nettelbladt, Daniel: Von den Verdiensten des Freyherrn von Wolf um die positive Rechtsgelahrtheit, in: ders., Hallesche Beyträge zu der Juristischen Gelehrten Historie, Bd. 1, Halle 1755, S. 207—249

— Historie der demonstrativischen Rechtsgelahrtheit, von ihrem Anfange an bis auf das Jahr 1745, in: ders., Hallesche Beyträge zu der Juristischen Gelehrten Historie, Bd. 1, Halle 1755, S. 557—594

— Abhandlung von dem ganzen Umfange der natürlichen und der in Teutschland üblichen positiven gemeinen Rechtsgelahrtheit wie auch seinen darauf gerichteten Vorlesungen, Halle 1772

— Systema elementare universae iurisprudentiae naturalis, Halae 1757

— Praecognita specialia iurisprudentiae privatae communis Romano-Germanico forensis, 2. Aufl., Halae 1779

— Systema elementare Iurisprudentiae positivae Germanorum communis Generalis, Halae 1781

— Systema Elementare Doctrinarum propaedeuticarum iurisprudentiae positivae Germanorum, Halae 1781

— Leben und Schriften Herrn D. Daniel Nettelbladts, in: ders., Sammlung kleiner juristischer Abhandlungen, Halle 1792, S. V—XXXV

— Politische Vorschläge zu der Verbesserung der juristischen Vorlesungen auf hohen Schulen (1750), in: ders., Sammlung kleiner juristischer Abhandlungen, Halle 1792, S. 1—88

Newton, Isaac: Philosophiae Naturalis Principia Mathematica, 2. Aufl., hg. v. Roger Cotes, London 1713

Oldendorp, Joannes: Topicorum legalium, hoc est, Locorum seu notarum, ex quibus argumenta, et rationes legitime probandi summuntur: Infractorum item adversus vitiosas argumentationes, exactissima editio, Lugduni 1555

Paulus, Heinrich Eberhard Gottlieb: Rechtsforschungen für Juristen, Heft 1, Heidelberg und Leipzig 1824

Die peinliche Gerichtsordnung Karl V. von 1532 (Carolina), hg. und erläutert von Gustav Radbruch, Stuttgart 1960

Posse, A. F. H.: Abhandlungen einiger vorzüglicher Gegenstände des deutschen Staats- und Privatrechts, Rostock und Leipzig 1802/1804

Pütter, Johann Stephan: Elementa juris Germanici privati hodierni in usum auditorum, Goettingae 1748

— Patriotische Abbildung des deutschen Zustandes beider höchster Reichsgerichte, 1749

— und Achenwall, Gottfried: Elementa Iuris Naturae in usum auditorum adornata, Goettingae 1750

— Conspectus Iuris Germanici privati hodierni novo systemate tradendi, Goettingae 1754

— Entwurf einer Juristischen Encyclopädie, Göttingen 1757

— Auserlesene Rechtsfälle aus allen Theilen der in Teutschland üblichen Rechtsgelehrsamkeit in Deduktionen, rechtlichen Bedenken, Relationen und Urtheilen, theils in der Göttingischen Juristen-Fakultät, theils in eigenem Namen ausgearbeitet, Bd. 1 bis 3 in 10 Theilen, Göttingen 1760—1778

Pütter, Johann Stephan: Anleitung zur Juristischen Praxi wie in Teutschland sowohl gerichtliche als außergerichtliche Rechtshändel oder andere Canzley-, Reichs- und Staats-Sachen schriftlich oder mündlich verhandelt und in Archiven beygelegt werden, Theil 1, 3. Aufl., Göttingen 1765

— Neuer Versuch einer Juristischen Encyclopädie und Methodologie, Göttingen 1767

— Patriotische Gedanken über einige das Kayserliche und Reichs-Cammergericht und dessen Visitation betreffende Fragen, Göttingen 1768

— Der Büchernachdruck nach ächten Grundsätzen des Rechts geprüft, Göttingen 1774

— Litteratur des Teutschen Staatsrechts, Theil 1—4, Göttingen 1776—1791

— Von dem Werthe richtig bestimmter allgemeinen Grundsätze oder auch bloßer Hypothesen in der Rechtsgelehrsamkeit, besonders in Teutschen Staats- und Fürstenrechte, in: ders., Beyträge zum Teutschen Staats- und Fürstenrechte, Göttingen 1777, S. 1—14

— Von Bücherprivilegien und ob und wieweit ohne dieselbe Bücher nachzudrucken erlaubt sey?, in: ders., Beyträge zum Teutschen Staats- und Fürstenrechte, Bd. 1, Göttingen 1777, S. 241—292

— Teutsche Reichsgeschichte in ihrem Hauptfaden entwickelt, Göttingen 1778

— Kurzer Begriff der deutschen Rechtsgeschichte, Göttingen 1780

— Historische Entwicklung der heutigen Staatsverfassung des Teutschen Reichs, 3 Theile, Göttingen 1786/1787

— Systematische Darstellung der Pfälzischen Religions-Beschwerden nach der Lage, worin sie jetzt sind, Göttingen 1793

— Geist des westphälischen Friedens, nach dem inneren Gehalte und wahren Zusammenhange der darin verhandelten Gegenstände historisch und systematisch dargestellt, Göttingen 1795

— Über Mißheirathen Teutscher Fürsten und Grafen, Göttingen 1796

— Selbstbiographie, 2 Bde., Göttingen 1798

Pufendorf, Samuel: De Iure Naturae et Gentium libri octo (1672), cum integris Commentariis Virorum Clarissimorum Jo. Nicolai Hertii, atque Ioannis Barbeyraci. Accedit Eris Scandica. Recensuit et animadversionibus illustravit Gottfridus Mascovius, 2 Bde., Francofurti et Lipsiae 1744

Quistorp, Johann Christoph: Grundsätze des deutschen peinlichen Rechts, 3. Aufl., Rostock und Leipzig 1783

Ramus, Petrus: Dialecticae libri duo, Francofurti 1579

Reberteria, Joannis a: Topicwn Iuris libri quattuor, quibus ad civilis Philosophiae studium facilis patet aditus, in hisque lector plerosque locos corruptos in Topicis Ciceronianis suae integretati restitutos inveniet, 2. Aufl., Witibergae 1581

(*Reich*, Philipp Erasmus): Der Bücher-Verlag in allen Absichten genauer bestimmt, Leipzig 1773

Reid, Thomas: An Inquiry into the Human Mind, on the principles of Common Sense (1764), Another Edition, Edinburgh 1823

Reitemeier, Johann Friedrich: Encyklopädie und Geschichte der Rechte in Deutschland, Göttingen 1785

Rousseau, Jean-Jacques: Les Rêveries du promeneur solitaire (1776—1778), Texte établi et annoté par S. de Sacy, éd Gallimard, 1965

Runde, Justus Friedrich: Die Rechtmäßigkeit der Todesstrafen aus Grundsätzen des allgemeinen Staatsrechts, in: Deutsches Museum, Bd. 1, 1777, S. 309—331

— Anmerkungen und berichtigende Zusätze zu dem Burischen Lehnrecht, Gießen 1783

— Grundriß des Braunschweig-Lüneburgischen Privatrechts, Göttingen 1789

— Grundsätze des gemeinen deutschen Privatrechts, Göttingen 1791

— Beiträge zur Erläuterung rechtlicher Gegenstände, 2 Bde., Göttingen 1799/1802

— Über die Erhaltung der öffentlichen Verfassung in den Entschädigungslanden; nach dem Deputationshauptschluß vom 25. Febr. 1803 mit Anwendung auf das Herzogtum Westphalen, Göttingen 1805.

Savigny, Friedrich Carl von: Juristische Methodenlehre von 1802, Nach der Ausarbeitung des Jakob Grimm hg. v. Gerhard Wesenberg, Stuttgart 1951

— Vom Beruf unserer Zeit für Gesetzgebung und Rechtswissenschaft (1814), in: Thibaut und Savigny, Ein programmatischer Rechtsstreit, hg. v. Jacques Stern (1914), Darmstadt 1959

— Über den Zweck dieser Zeitschrift, in: Zeitschrift für geschichtliche Rechtswissenschaft, hg. v. Fr. C. von Savigny, C. Fr. Eichhorn und I. Fr. L. Göschen, Bd. 1, Berlin 1815, S. 1—17

— System des heutigen Römischen Rechts, Bd. 1, Berlin 1840

Schlosser, Johann Georg: Briefe über die Gesetzgebung überhaupt und den Entwurf des preußischen Gesetzbuchs insbesondere, Frankfurt 1789

Schott, August Friedrich: Entwurf einer juristischen Encyclopädie und Methodologie, Leipzig 1785

Sleidanus, Johannes: De statu religionis et reipublicae Carolo V caesare commentarii, Neue Aufl., Argentorati 1556

Soden, Julius Graf von: Geist der peinlichen Gesetzgebung Teutschlands (1782), 2. Aufl., 2 Bde., Dessau 1792

Sonnenfels, Joseph von: Grundsätze der Polizei, Handlung und Finanz, 5. Aufl., Wien 1787

Spinoza, Benedictus de: Ethica ordine geometrico demonstrata (1677), ex editione operum quotquot reperta sunt quam curaverunt J. van Vloten et J.P.N. Land scorsum repetita, Hagae Comitis 1905

Struve, Georg Adam: Dissertatio de Spinosissima difficilimaque cambiorum materia (1662), in: Beseke, Thesaurus juris cambialis, Berolini 1783, S. 1225—1241

— Jurisprudentia Romano Germanica Forensis, 5. Aufl., Jenae 1685

— Syntagma jurisprudentiae secundum ordinem Pandectarum concinnatum, Jenae 1702

Svarez, Carl Gottlieb: Vorträge über Recht und Staat, hg. v. Hermann Conrad und Gerd Kleinheyer, Köln und Opladen 1960

Tafinger, Wilhelm Gottlieb: Über die Bestimmung des Begriffs der Analogie des Teutschen Privatrechts und der Grundsätze, dasselbe zu bearbeiten, Theil 1, Ulm 1787

— Encyklopädie und Geschichte der Rechte in Deutschland, Erlangen 1789

Tevenar, Johann Wilhelm von: Anmerkungen über die Kunst zu referieren, Magdeburg und Leipzig 1772

— Versuch über die Rechtsgelahrtheit, Magdeburg und Leipzig 1777

Thibaut, Johann Friedrich Justus: Juristische Encyklopädie und Methodologie, Altona 1797

— Theorie der logischen Auslegung des Römischen Rechts, 2. Aufl., Altona 1806

Thomasius, Christian: Institutionum Jurisprudentiae Divinae libri tres, in quibus Fundamenta Juris Naturalis secundum Hypotheses Illustris Pufendorfii perspicue demonstrantur, et ab objectionibus dissentientium, potissimum D. Valentini Alberti, Professoris Lipsiensis, liberantur, fundamenta itidem juris divini positivi universalis primum a jure naturali distincte secernuntur et explicantur (1688), 7. Aufl., Halae 1730

— Welcher Gestalt man denen Frantzosen im gemeinen Leben und Wandel nachahmen sollte? (1687), in: Chr. Thomas, Kleine deutsche Schriften, hrsg. von Julius Otto Opel, Halle a. d. S. 1894

— Einleitung zu der Vernunfft-Lehre, worinnen durch eine leichte, und allen vernünfftigen Menschen waserley Standes oder Geschlechts sie seyn, verständliche Manier der Weg gezeiget wird, ohne die Syllogistica, das wahre, wahrscheinliche und falsche voneinander zu entscheiden, und neue Wahrheiten zu erfinden (1691), 4. Aufl., Halle 1711

— Volumen disputationum iuridicarum, Lipsiae 1695

— Versuch vom Wesen des Geistes oder Grund-Lehren sowohl zur natürlichen Wissenschaft als der Sittenlehre, Halle 1699

— Erörterung der Juristischen Frage: Ob Ketzerey ein straffbares Verbrechen sey? (= An Haeresis sit crimen? Diss. vom 14. 7. 1697), in ders., Auserlesene und in Deutsch noch nie gedruckte Schrifften, Halle 1705, S. 211—307

— Introductio ad philosophiam aulicam, seu liniae primae libri de prudentia cogitandi et ratiocinandi, ubi ostenditur media inter praejudicia Catesianorum, ineptias Peripaticorum, veritatem inveniendi via, editio altera, Halae Magd. 1702

— Delineatio Historiae juris Romani et Germanici (1704), recensuit opusculum ... Rudolph Christoph Henne, Erfordiae 1750

— Fundamenta Iuris Naturae et Gentium ex sensu communi deducta, in quibus ubique secernuntur principia Honesti, Justi ac Decori (1705), 4. Aufl., Halae et Lipsiae 1718

— Über die Folter, Untersuchungen zur Geschichte der Folter (1705), Übersetzt und hg. v. Rolf Lieberwirth, Weimar 1960

— Cautelae circa praecognita jurisprudentiae in usum auditorii Thomasiani, Halae 1710

— Notae ad singulos Institutionum et Pandectarum titulos varias iuris Romani antiquitates imprimis usum eorum hodiernum in foris Germaniae ostendentes in usum auditorii Thomasiani, Halae Magd. 1713

Thurneisen, Johann Rudolf: Diss. juridica inauguralis de recusione librorum furtica zu Teutsch dem unerlaubten Büchernachdruck, Basel 1738

Vico, Gian Battista: De nostri temporis studiorum ratione. Vom Wesen und Weg der geistigen Bildung, Lateinisch-deutsche Ausg., übertragen von Walter F. Otto, Darmstadt (1947) 1963

Voltaire: Prix de la Justice et de l'Humanité (1777), in: ders., Oeuvres, Basler Ausgabe, Tom. 29, 1784, S. 267—348

Weber, Adolph Dieterich: Systematische Entwicklung der Lehre von der natürlichen Verbindlichkeit, 3 Abteilungen, Schwerin und Wismar 1784—1787; 4. Aufl., ebd. 1805

— Über die Prozeßkosten, deren Vergütung und Kompensation (1788), 5. Aufl., Hannover 1811

— Über Injurien und Schmähschriften, 3 Abteilungen, Schwerin und Wismar 1793—1800

— Beiträge zu der Lehre von gerichtlichen Klagen und Einreden, Schwerin und Wismar, 1. Stück, 2. Ausg., 1795, 2. und 3. Stück, 1. Ausg., 1802

— Bemerkungen und allgemeine Regeln zur Beförderung einer gründlichen Theorie der Anwendung des Römischen Rechts in Deutschen Gerichten (1782), in: ders., Versuche über das Civilrecht und dessen Anwendung, 2. Aufl., Schwerin und Wismar 1801

— Über die Verbindlichkeit zur Beweisführung im Civilprozeß, Halle 1805

— Über die Rückanwendung positiver Gesetze, mit besonderer Hinsicht auf neuere Gesetzveränderung deutscher Staaten, Hannover 1811

— Erläuterungen der Pandekten nach Hellfeld, nach dem Tode des Verfassers hg. v. August Wilhelm Ludwig Weber, 1. Theil, Leipzig 1820

Whiston, W.: Historical Memoires of the Life of Dr. S. Clarke, London 1730

Wolff, Christian: Ratio praelectionum Wolfianarum in mathesin et philosophiam universam et opus Hugonis Grottii de Iure Belli ac Pacis, 2. Aufl., Halae 1735

— Vernünftige Gedanken von den Kräften des menschlichen Verstandes und ihrem richtigen Gebrauch in Erkenntnis der Wahrheit (1713), 12. Aufl., Halle 1744

— Vernünftige Gedanken von Gott, der Welt und der Seele des Menschen, auch allen Dingen überhaupt (1719), 8. Aufl., Halle 1741

— Vernünftige Gedanken von der Menschen Thun und Lassen (1720), 3. Aufl., Halle 1728

— Vernünftige Gedanken vom gesellschaftlichen Leben der Menschen und insonderheit dem gemeinen Wesen (1721), 4. Aufl., Frankfurt und Leipzig 1736

— Allerhand nützliche Versuche dadurch zu genauer Erkänntniß der Natur und Kunst der Weg gebahnet wird (1721—23), 3 Bde., Halle 1745—1747

— Vernünftige Gedanken von den Würckungen der Natur (1723), Neue Aufl., Halle 1746

— Vernünftige Gedanken von den Absichten der natürlichen Dinge (1724), 4. Aufl., Halle 1741

— Ausführliche Nachricht von seinen eigenen Schrifften, die er in deutscher Sprache von den verschiedenen Theilen der Welt-Weißheit herausgegeben, 2. Aufl., Frankfurt a. M. 1733

Wolff, Christian: Horae subsecivae Marburgenses, 3 Bde., Francofurti et Lipsiae 1729—1731

— Gesammelte kleine philosophische Schriften, hg. v. G. F. H. A. d. P. F. z. H., 6 Bde., Halle 1736—1740

— Philosophia rationalis sive Logica (1728), 3. Aufl., Francofurti et Lipsiae 1740

— Philosophia prima sive Ontologia, Neue Ausg. der Aufl. von 1736, hg. v. Johannis Ecole, Darmstadt 1962

— Psychologia rationalis methodo scientifica pertractata (1734), Editio nova, Francofurti et Lipsiae 1740

— Philosophia practica universalis, Pars I, Francofurti et Lipsiae 1738

— Jus naturae methodo scientifica pertractatum, in qua obligationes et jura connata ex ipsa hominis essentia atque natura a priori demonstrantur et totius philosophiae moralis omnisque juris reliqui fundamenta solida jaciuntur, 8 Bde., Halae 1740—1748

— Ius gentium, Halae 1749

— Philosophiae moralis sive Ethica, Pars I—V, Halae 1750—1753

— Institutiones juris naturae et gentium in quibus ex ipsa hominis natura continuo nexu omnes obligationes et jura omnia deducuntur, Halae 1754

Zachariae, Karl Salomo: Anfangsgründe des philosophischen Privatrechts, Leipzig 1804

III. Nach 1850 verfaßte Literatur

Allen, C. Kemp: Law in the Making, 6. Aufl., Oxford Paperbacks 1961

Arndt, Hans-Werner: Der Möglichkeitsbegriff bei Christian Wolff und Johann Heinrich Lambert, Diss. Göttingen 1959

Arnsperger, Walther: Christian Wolff's Verhältnis zu Leibniz, Weimar 1897

Bappert, Walter: Wege zum Urheberrecht. Die geschichtliche Entwicklung des Urheberrechtsgedankens, Frankfurt a. M. 1962

Bar, Ludwig von: Geschichte des deutschen Strafrechts und der Strafrechtstheorie (Handbuch des deutschen Strafrechts, Bd. 1), Berlin 1882

Barrière, Pierre, Montesquieu Voyageur, in: Actes du Congrès Montesquieu (1955), Paris 1956, S. 61—67

Bartels, Karlheinz: Die Dogmatik der Ehrverletzung in der Wissenschaft des gemeinen Rechts bis zum Ausgang des 18. Jahrhunderts, Diss. Göttingen 1960

Baschwitz, Kurt: Hexen und Hexenprozesse. Die Geschichte eines Massenwahns (1963), München 1966

Baumbach, Adolf: Wechselgesetz und Scheckgesetz mit Nebengesetzen, begründet von A. Baumbach, fortgeführt von Wolfgang Hefermehl, 8. Aufl., Berlin 1965

Baumgärtel, Gottfried: Die Gutachter- und Urteilstätigkeit der Erlanger Juristenfakultät in dem ersten Jahrhundert ihres Bestehens, zugleich ein Beitrag zur Geschichte der Rechtspflege, Erlanger Forschungen, Reihe A, Bd. 14, 1962

Becker, Carl L.: Der Gottesstaat der Philosophen des 18. Jahrhunderts, aus dem Englischen übersetzt von A. Hämel, Würzburg 1946

Berner, Albert Friedrich: Die Strafgesetzgebung in Deutschland vom Jahre 1751 bis zur Gegenwart, Leipzig 1867

Beyerle, Franz: Der andere Zugang zum Naturrecht, in: Deutsche Rechtswissenschaft, Bd. 4, 1939, S. 3—24

Bienert, Walther: Der Anbruch der christlichen deutschen Neuzeit, dargestellt an Wissenschaft und Glauben des Christian Thomasius, Halle 1934

Binding, Karl: Handbuch des Strafrechts, Leipzig 1885

Allgemeine Deutsche Biographie, hg. durch die historische Commission bei der Akademie der Wissenschaften, 55 Bde. mit Registerband, Leipzig 1855—1912

Neue Deutsche Biographie, hg. v. der historischen Kommission bei der Bayerischen Akademie der Wissenschaften, 1.—6. Bd., Berlin 1953—1964

Bird, Otto: The Tradition of the Logical Topics: Aristotle to Ockham, in: Journal of the History of Ideas, Bd. 23, 1962, S. 307—323

Boeck, Dieter: Die Schlußrevision des Allgemeinen Landrechts für die preußischen Staaten von 1794. Vorgeschichte und Entstehung des Landrechts, privatrechtliche Neuerungen anhand der Schlußrevision, geschichtliche Wirkungen und Würdigungen, Diss. Hamburg 1966

Böckenförde, Ernst-Wolfgang: Gesetz und gesetzgebende Gewalt. Von den Anfängen der deutschen Staatsrechtslehre bis zur Höhe des staatsrechtlichen Positivismus, Berlin 1958

— Die Historische Rechtsschule und das Problem der Geschichtlichkeit des Rechts, in: Collegium Philosophicum, Studien Joachim Ritter zum 60. Geburtstag, Basel, Stuttgart 1965, S. 9—36

— Der Rechtsbegriff in seiner geschichtlichen Entwicklung, in: Archiv für Begriffsgeschichte, Bd. 12, 1968, S. 145—165

Böhm, Benno: Sokrates im achtzehnten Jahrhundert, 2. Aufl., Neumünster 1966

Boldt, Gottfried: Johann Samuel Friedrich von Böhmer und die gemeinrechtliche Strafrechtswissenschaft, Berlin und Leipzig 1936

Brandt, Hans: Rechtsgedanke und politische Wirklichkeit in der Geschichte der deutschen Rechtsanschauung, in: Zeitschrift für deutsche Kulturphilosophie, Bd. 6, 1940, S. 112—135

Burgelin, Pierre: Commentaire du Discours de métaphysique de Leibniz, Paris 1959

Campo, Mariano: Christiano Wolff e il razionalismo precritico, 2 Bde., Milano 1939

Carcassone, E.: Montesquieu et le problème de la Constitution Française au XVIIIe Siècle, Paris 1927

Cassirer, Erich: Natur- und Völkerrecht im Lichte der Geschichte und der systematischen Philosophie, Berlin 1919

Cassirer, Ernst: Das Erkenntnisproblem in der Philosophie und Wissenschaft der neueren Zeit, Bd. 2, Berlin 1907

Cassirer, Ernst: Substanzbegriff und Funktionsbegriff, Untersuchungen über die Grundfragen der Erkenntniskritik, Berlin 1910

— Die platonische Renaissance in England und die Schule von Cambridge, Leipzig 1932

— Die Philosophie der Aufklärung, 2. Aufl., Tübingen 1932

— Vom Wesen und Werden des Naturrechts, in: Zeitschrift für Rechtsphilosophie, Bd. 6, 1932/34, S. 1—27

Cloeter, Hermine: Johann Thomas Trattner. Ein Großunternehmer im Theresianischen Wien; Graz, Köln 1952

Coing, Helmut: Die juristischen Auslegungsmethoden und die Lehren der allgemeinen Hermeneutik, Köln und Opladen 1959

— Zur Geschichte des Privatrechtssystems, Frankfurt a. M. 1962

Conrad, Hermann: Aus der Entstehungszeit der historischen Rechtsschule: Friedrich Carl von Savigny und Jacob Grimm, in: SZ Germanistische Abteilung, Bd. 65, 1947, S. 261—283

— Individuum und Gemeinschaft in der Privatrechtsordnung des 18. und des beginnenden 19. Jahrhunderts, Karlsruhe 1956

— Deutsche Rechtsgeschichte, Karlsruhe, Bd. 1, 1954, Bd. 2, 1966

— Die geistigen Grundlagen des Allgemeinen Landrechts für die preußischen Staaten von 1794, Köln und Opladen 1961

— Rechtsstaatliche Bestrebungen im Absolutismus Preußens und Österreichs am Ende des 18. Jahrhunderts, Köln und Opladen 1961

— Hrsg., Recht und Verfassung des Reiches in der Zeit Maria Theresias. Die Vorträge zum Unterricht des Erzherzogs Joseph im Natur- und Völkerrecht sowie im deutschen Staats- und Lehnrecht, Köln und Opladen 1964

— Das Allgemeine Landrecht von 1794 als Grundgesetz des friderizianischen Staates, Berlin 1965

Cotta, Sergio: Montesquieu e la scienza della società, Torino 1953

Cragg, Gerald R.: Reason and Authority in the eighteenth century, Cambridge 1964

Cross, Rupert: Precedent in English Law, Oxford 1961

Dahm, Georg: Deutsches Recht. Die geschichtlichen und dogmatischen Grundlagen des geltenden Rechts, 2. Aufl., Stuttgart 1963

Dedieu, Joseph: Montesquieu et la tradition politique anglaise en France. Les Sources Anglaises de l'„Esprit des Lois", Paris 1909

Derathé, Robert: La Philosophie des Lumières en France: Raison et Modération selon Montesquieu, in: Revue Internationale de Philosophie, Bd. 6, 1952, S. 275—293

Desgraves, Louis (Hrsg.): Catalogue de la bibliothèque de Montesquieu, Genève, Lille 1954

Dessauer, Friedrich: Galilei, Newton und die Wendung des abendländischen Denkens, in: Eranos-Jahrbuch 1946, Bd. 14, Zürich 1947, S. 282—331

Dickel, Günther: Die Heidelberger juristische Fakultät. Stufen und Wandlungen ihrer Entwicklung, Diss. Heidelberg 1960

Dilthey, Wilhelm: Leibniz und sein Zeitalter, in: ders., Gesammelte Schriften, Bd. 3, 3. Aufl., Stuttgart, Göttingen 1962, S. 3—80

— Friedrich der Große und die deutsche Aufklärung, in: ders., Gesammelte Schriften, Bd. 3, 3. Aufl., Stuttgart, Göttingen 1962, S. 83—205

— Das achtzehnte Jahrhundert und die geschichtliche Welt, in: ders., Gesammelte Schriften, Bd. 3, 3. Aufl., Stuttgart, Göttingen 1962, S. 210—275

— Das Allgemeine Landrecht, in: ders., Gesammelte Schriften, Bd. 12, 3. Aufl., Stuttgart, Göttingen 1964, S. 131—204

Dimoff, Paul: Cicéron, Hobbes et Montesquieu, in: Annales universitatis Saraviensis, Bd. 1, 1952, S. 19—47

Döhring, Erich: Geschichte der deutschen Rechtspflege seit 1500, Berlin 1953

Dreier, Ralf: Zum Begriff der Natur der Sache, Berlin 1965

Droysen, Hans: Friedrich Wilhelm I., Friedrich der Große und der Philosoph Christian Wolff, Leipzig 1910

Durkheim, E.: Montesquieu: Sa part dans la fondation des sciences politiques et de la science des sociétés, in: Revue d'histoire politique et constitutionnelle, Bd. 1, 1937, S. 405—463

Dzialas, Wolfgang: Christian Wolffs Völkerrechtstheorie. Herkunft und Wirkung, Diss. Erlangen 1956

Ebert, Kurt: Gesetzgebung und Rechtswissenschaft. Ein Beitrag zur Zeit des späten Naturrechts in Österreich, in: SZ Germ. Abt. 85 (1968), S. 104—126

Edelmann, Johann: Die Entwicklung der Interessenjurisprudenz. Eine historisch-kritische Studie über die deutsche Rechtsmethodologie vom 18. Jahrhundert bis zur Gegenwart, Bad Homburg v. d. H., Berlin, Zürich 1967

Endemann, Helmut: Voltaires reformatorischer Einfluß auf das französische Strafrecht und seine Ausübung, Diss. Heidelberg 1916

Endres, Jos. Ant.: Über den Ursprung und die Entwicklung der scholastischen Lehrmethode, in: Philosophisches Jahrbuch 1889, S. 52—59

Entscheidungen des Bundesgerichtshofs in Zivilsachen, Bd. 17, Berlin, Köln 1955

Fehr, Hans: Deutsche Rechtsgeschichte, 6. Aufl., Berlin 1962

Forsthoff, Ernst: Recht und Sprache. Prolegomena zu einer richterlichen Hermeneutik (Schriften der Königsberger Gelehrten Gesellschaft, 17. Jahr, Geisteswiss. Klasse, Heft 1), Halle 1940

Frank, Reinhard: Die Wolff'sche Strafrechtsphilosophie und ihr Verhältnis zur criminalpolitischen Aufklärung im XVIII. Jahrhundert, Göttingen 1887

Friedrich, Carl J.: Die Philosophie des Rechts in historischer Perspektive, Berlin, Göttingen, Heidelberg 1955

Fuhr, Karl: Strafrechtspflege und Socialpolitik. Ein Beitrag zur Reform der Strafgesetzgebung auf Grund rechtsvergleichender und statistischer Erhebungen über die Polizeiaufsicht, Berlin 1892

Gadamer, Hans-Georg: Die Natur der Sache und die Sprache der Dinge, in: Das Problem der Ordnung. 6. Deutscher Kongreß für Philosophie, München 1960, hg. v. H. Kuhn und F. Wiedmann, Meisenheim a. G. 1962, S. 26—36

Gadamer, Hans-Georg: Wahrheit und Methode, Grundzüge einer philosophischen Hermeneutik. 2. Aufl., Tübingen 1965

Gierke, Otto: Naturrecht und Deutsches Recht, Frankfurt a. M. 1883

— Die historische Rechtsschule und die Germanisten, Berlin 1903

Gieseke, Ludwig: Die geschichtliche Entwicklung des deutschen Urheberrechts, Göttingen 1957

Gmür, Rudolf: Savigny und die Entwicklung der Rechtswissenschaft, Münster/Westf. 1962

Göhring, Martin: Montesquieu. Historimus und moderner Verfassungsstaat, Wiesbaden 1956

Goldfriedrich, Johann: Geschichte des deutschen Buchhandels vom Beginn der klassischen Litteraturperiode bis zum Beginn der Fremdherrschaft (1740—1804), Bd. 3 der Geschichte des deutschen Buchhandels, im Auftrage des Börsenvereins der deutschen Buchhändler, hg. v. der historischen Kommission desselben, Leipzig 1909

Grabmann, Martin: Die Geschichte der scholastischen Methode, 2 Bde., Freiburg i. Br. 1909/1911

— Die Sophismataliteratur des 12. und 13. Jahrhunderts mit Textausgabe eines Sophisma des Boetius von Dacien. Ein Beitrag zur Geschichte des Einwirkens der aristotelischen Logik auf die Ausgestaltung der mittelalterlichen philosophischen Disputation, Münster/Westf. 1940

Groethuysen, Bernard: Philosophie de la Révolution Française (1956), Paris 1966

Günther, L.: Die Idee der Wiedervergeltung in der Geschichte und Philosophie des Strafrechts. Ein Beitrag zur universalhistorischen Entwicklung desselben, Abt. 2: Das deutsche Strafrecht nach der Carolina bis zur Mitte des 18. Jahrhunderts und die juristische und philosophische Strafrechts-Litteratur vor Kant, Erlangen 1891; Abt. 3, 1. Hälfte: Die Strafgesetzgebung Deutschlands seit der Mitte des 18. Jahrhunderts bis zur Gegenwart mit vergleichender Berücksichtigung der Gesetzgebung der übrigen europäischen und außereuropäischen Staaten, ebd. 1895

— Die Strafrechtsreform im Aufklärungszeitalter, in: Archiv für Kriminalanthropologie und Kriminalistik, hg. v. Gross, Bd. 28, 1907, S. 112—192, 225—291

Handwörterbuch zur deutschen Rechtsgeschichte. Unter Mitarbeit von Wolfgang Stammler hrsg. von Adalbert Erler und Ekkehard Kaufmann, Berlin 1964 — (6. Lieferung) 1969

Hartung, Fritz: Deutsche Verfassungsgeschichte vom 15. Jahrhundert bis zur Gegenwart, 8. Aufl., Stuttgart 1964

Hassemer, Winfried: Der Gedanke der „Natur der Sache" bei Thomas von Aquin. In: ARSP 49 (1963), S. 29—43

Hazard, Paul: Die Krise des europäischen Geistes (1939), 5. Aufl., Hamburg o. J. (1965)

— Die Herrschaft der Vernunft. Das europäische Denken im 18. Jahrhundert, Hamburg 1949

Heck, Philipp: Begriffsbildung und Interessenjurisprudenz, Tübingen 1932

Heimpel-Michel, Elisabeth: Die Aufklärung, eine historisch-systematische Untersuchung, Langensalza 1928

Heimsoeth, Heinz: Die sechs großen Themen der abendländischen Metaphysik und der Ausgang des Mittelalters, 5. Aufl., Darmstadt 1965

Heine, Joachim Friedrich: Zur Methode in Benedikt Carpzovs zivilrechtlichen Werken, SZ Rom. Abt. Bd. 82 (1965), S. 227—301

Hertz, Eduard: Voltaire und die französische Strafrechtspflege im achtzehnten Jahrhunderts, Stuttgart 1887

Hippel, Fritz von: Rechtstheorie und Rechtsdogmatik. Studien zur Rechtsmethode und zur Rechtserkenntnis, Frankfurt a. M. 1964

His, Rudolf: Das Strafrecht des deutschen Mittelalters, Teil 1, Leipzig 1920

Höll, Albin: Die philosophischen Elemente in der Konstitutionslehre Montesquieus, Diss. München 1958

Hoffmann, Ulrich: Ernst Ferdinand Kleins Lehre vom Verhältnis von Strafen und sichernden Maßnahmen, Diss. Breslau, Würzburg 1938

Huber, Kurt: Leibniz, München 1951

Hubmann, Heinrich: Das Recht des schöpferischen Geistes, Eine philosophisch-juristische Betrachtung zur Urheberrechtsreform, Berlin 1954

Imboden, Max: Montesquieu und die Lehre der Gewaltentrennung, Berlin 1959

Jellinek, Georg: Eine neue Theorie über die Lehre Montesquieu's von den Staatsgewalten, Wien 1902

Jelusic, Karl: Die historische Methode Karl Friedrich Eichhorns (Veröffentlichungen des Seminars für Wirtschafts- und Kulturgeschichte an der Universität Wien, Bd. 12), Baden, Wien, Leipzig, Brünn 1936

Jentzsch, Rudolf: Der deutsch-lateinische Büchermarkt nach den Leipziger Ostermeßkatalogen von 1740, 1770 und 1800 in seiner Gliederung und Wandlung, Leipzig 1912

Kaltenborn, von: Johann Stephan Pütter, in: Deutsches Staatswörterbuch, hg. v. J. C. Bluntschli und K. Brater, Bd. 8, Stuttgart und Leipzig 1864, S. 439—443

Kantorowicz, Hermann Ulrich: Volksgeist und historische Rechtsschule, in: Historische Zeitschrift, Bd. 108, 1912, S. 295—325

Kaser, Max: Das Römische Privatrecht, 1. Abschnitt: Das Altrömische, das Vorklassische und Klassische Recht, München 1955

Kaufmann, Arthur: Naturrecht und Geschichtlichkeit, Tübingen 1957

— Zur rechtsphilosophischen Situation der Gegenwart, in: JZ 1968, S. 137—148

— Recht und Sittlichkeit, Tübingen 1964

— Analogie und Natur der Sache. Zugleich ein Beitrag zur Lehre vom Typus, Karlsruhe 1965

— Hrsg., Die ontologische Begründung des Rechts, Darmstadt 1965

Kaufmann, Ekkehard: Aequitatis iudicium. Königsgericht und Billigkeit in der Rechtsordnung des frühen Mittelalters, Frankfurt 1959

Kiefner, Hans: Geschichte und Philosophie des Rechts bei A. F. J. Thibaut. Zugleich Versuch eines Beitrags über den beginnenden Einfluß Kants auf die deutsche Rechtswissenschaft, Diss. München 1959

Kisch, Guido: Leipziger Schöffenspruch-Sammlung, Leipzig 1919

Klein-Bruckschwaiger, Franz: Die Geschichte der Rechtsphilosophie in der Naturrechtslehre von Karl Anton von Martini, in: SZ Germ. Abt., Bd. 71, 1954, S. 374—381

Kleinheyer, Gerd: Staat und Bürger im Recht. Die Vorträge des Carl Gottlieb Svarez vor dem preußischen Kronprinzen (1791—92), Bonn 1959

Klugkist, Engelbert: Die Göttinger Juristenfakultät als Spruchkollegium, Göttingen 1952

Kohfeldt, Gustav: Rostocker Professoren und Studenten im 18. Jahrhundert, Rostock 1919

Koschaker, Paul: Europa und das Römische Recht, München, Berlin 1947

Koyré, Alexandre: L'hypothèse et l'expérience chez Newton, in: Bulletin de la Société Française de Philosophie, Bd. 50, 1956, S. 60—97

Krawietz, Werner: Das positive Recht und seine Funktion. Kategoriale und methodologische Überlegungen zu einer funktionalen Rechtstheorie, Berlin 1967

Küper, Wilfried: Die Richteridee der Strafprozeßordnung und ihre geschichtlichen Grundlagen, Berlin 1967

Kuhnert, Ernst: Geschichte des Buchhandels, neubearbeitet von Hans Widmann, in: Handbuch der Bibliothekswissenschaft, Bd. 1, Wiesbaden 1952, S. 849—1004

Landsberg, Ernst: Geschichte der Deutschen Rechtswissenschaft, 3. Abt., 1. Halbband, Text und Noten, München und Leipzig 1898; 3. Abt., 2. Halbband, Text und Noten, ebd. 1910

Larenz, Karl: Sittlichkeit und Recht, Untersuchungen zur Geschichte des deutschen Rechtsdenkens und zur Sittenlehre, in: Reich und Recht in der deutschen Philosophie, hg. v. K. Larenz, Bd. 1, Stuttgart und Berlin 1943, S. 169—416

— Methodenlehre der Rechtswissenschaft, Berlin, Göttingen, Heidelberg 1960

Laurie, Henry: Scottish Philosophy in its National Development, Glasgow 1902

Lehmann, Heinrich: Über das Wesen des Urheberrechts, Berlin 1956

Lehne, Friedrich: Zur Rechtsgeschichte der kaiserlichen Druckprivilegien. Ihre Bedeutung für die Geschichte des Urheberrechts, Mitteilungen des österreichischen Instituts für Geschichtsforschung, Bd. 53, 1939

Lewandowski, Horst-Harald: Die Todesstrafe in der Aufklärung, Diss. Bonn 1961

Lieberwirth, Rolf: Christian Thomasius. Sein wissenschaftliches Lebenswerk. Eine Bibliographie, Weimar 1955

Loening, Richard: Über geschichtliche und ungeschichtliche Behandlung des deutschen Strafrechts, nebst Anmerkungen zur Geschichte der deutschen Strafrechtswissenschaft seit 150 Jahren, in: Zeitschrift für die gesamte Strafrechtswissenschaft, Bd. 3, 1883, S. 220—375

Löwith, Karl: Gott, Mensch und Welt in der Metaphysik von Descartes bis zu Nietzsche, Göttingen 1967

Luhmann, Niklas: Grundrechte als Institution. Ein Beitrag zur politischen Soziologie, Berlin 1965

Luig, Klaus: Die Anfänge der Wissenschaft vom deutschen Privatrecht, in: Ius Commune, Bd. 1, Veröffentl. des Max-Planck-Instituts für Europäische Rechtsgeschichte, Frankfurt a. M. 1967

Macpherson, C. B.: The Political Theory of Possessive Individualism. Hobbes to Locke, Oxford 1962

Maestro, Marcello T.: Voltaire and Beccaria as Reformers of Criminal Law, New York 1942

Maihofer, Werner: Hrsg., Naturrecht oder Rechtspositivismus, Bad Homburg v. d. H. 1962

Martin, Gottfried: Leibniz, Logik und Metaphysik, Köln 1960

Marx, Heinrich: Die juristische Methode der Rechtsfindung aus der Natur der Sache bei den Göttinger Germanisten Johann Stephan Pütter und Justus Friedrich Runde, Diss. Göttingen 1967

Meinecke, Friedrich: Die Entstehung des Historismus, 4. Aufl., München 1965

Meyer, Rudolf Walter: Leibniz und die europäische Ordnungskrise, Hamburg 1948

Mittelstrass, Jürgen: Die Rettung der Phänomene, Ursprung und Geschichte eines antiken Forschungsprinzips, Berlin 1962

Mohl, Robert von: Die Geschichte und Literatur der Staatswissenschaften, 3 Bde., Erlangen 1855—1858

Molitor, Erich: Grundzüge der neueren Privatrechtsgeschichte, Karlsruhe 1949

Nagel, Hans Ludwig: Der Strafzweck bei Ernst Ferdinand Klein im Vergleich zur deutschen Aufklärung und zu den Auffassungen der übrigen Strafrechtsliteratur am Ende des achtzehnten Jahrhunderts, Diss. Bonn 1953

Nagler, Johannes: Verbrechensprophylaxe und Strafrecht, Leipzig 1911

Namslau, Günter: Rechtfertigung des Staates bei Christian Wolff, Berlin 1932

Neisser, Liselotte: Christian Thomasius und seine Beziehungen zum Pietismus, Diss. Heidelberg, München 1928

Neuhaus, Paul Heinrich: Savigny und die Rechtsfindung aus der Natur der Sache, Zeitschrift für ausländisches und internationales Privatrecht, Bd. 15, 1949/50, S. 364—481

Oehler, Dietrich: Wurzel, Wandel und Wert der strafrechtlichen Legalordnung, Berlin 1950

— Die Wurzeln des Rechtspositivismus an der Wende zur Neuzeit, in: Staat, Recht, Kultur. Festgabe für Ernst von Hippel, Bonn 1965, S. 204—229

Oehler, Klaus: Der Consensus omnium als Kriterium der Wahrheit in der antiken Philosophie und Patristik. Eine Studie zur Geschichte des Begriffs der Allgemeinen Meinung, in: Antike und Abendland, Bd. 10, 1961, S. 103—129

Pandrea, Petre: Beiträge zu Montesquieus deutschen Rechtsquellen, Bukarest o. J.

Parkinson, G. H. R.: Logic and Reality in Leibniz's Metaphysics, Oxford 1965

Paulsen, Friedrich: Geschichte des gelehrten Unterrichts auf den deutschen Schulen und Universitäten vom Ausgang des Mittelalters bis zur Gegenwart, 3. Aufl., hg. v. Rudolf Lehmann, Bd. 1, Leipzig (1919) 1960, Bd. 2, Berlin und Leipzig (1921) 1960

La Pensée politique et constitutionelle de Montesquieu. Bicentenaire de l'Esprit des lois 1748—1948, hg. v. Institut de droit comparé de la Faculté de droit de Paris, Paris 1952

Perelman, Chaim: The Idea of Justice and the Problem of Argument, London 1963

Petersen, Peter: Geschichte der Aristotelischen Philosophie im protestantischen Deutschland, Leipzig 1921

Philipp, Wolfgang: Das Werden der Aufklärung in theologiegeschichtlicher Sicht, Göttingen 1957

Planitz, Hans: Grundzüge des deutschen Privatrechts, 3. Aufl., Berlin, Göttingen, Heidelberg 1949

Pohlenz, Max: Die Stoa, Geschichte einer geistigen Bewegung, 3. Aufl., Göttingen 1964

Popper, Karl R.: The Logic of Scientific Discovery, New York 1959

— The Poverty of Historicism, 2. Aufl. (1960), London 1963

Prantl, Carl: Geschichte der Logik im Abendlande, 4 Bde., Leipzig 1855—1870

— Über Petrus Ramus, in: Sitzungsberichte der bayrischen Akademie der Wissenschaften, Philosophisch-historische Klasse, 1878, S. 157 ff.

Prior, Arthur Norman: Logic and the Basis of Ethics, Oxford 1949

Radbruch, Gustav: Die Natur der Sache als juristische Denkform (1948), Darmstadt 1964

— Elegantiae juris criminalis. 14 Studien zur Geschichte des Strafrechts, 2. Aufl., Basel 1950

— Rechtsphilosophie, 6. Aufl., hg. v. Erik Wolf, Stuttgart 1963

Radbruch, Gustav und Heinrich *Gwinner:* Geschichte des Verbrechens, Stuttgart 1951

Randall, John Herman the Younger: The Career of Philosophy. From the Middle Ages to the Enlightenment, New York 1962

Reibstein, Ernst: Die Anfänge des neueren Natur- und Völkerrechts, Bern 1949

Rintelen, Max: Urheberrecht und Urhebervertragsrecht nach österreichischem, deutschem und schweizerischem Recht, Wien 1958

Ritter, Gerhard: Studien zur Spätscholastik, Sitzungsberichte der Heidelberger Akademie der Wissenschaften, Philosophisch-Historische Klasse, Jahrgang 1922, Abh. 7, Heidelberg 1922

Roeber, Georg: Urheberrecht oder geistiges Eigentum, Baden-Baden 1956

Rönne, Ludwig von (Bearbeiter): Ergänzungen und Erläuterungen des Allgemeinen Landrechts für die Preußischen Staaten durch Gesetzgebung und Wissenschaft, 7. Ausgabe, 1.—4. Band, Berlin 1885—1888

Rombach, Heinrich: Substanz, System, Struktur, Band 1: Die Ontologie des Funktionalismus und der philosophische Hintergrund der modernen Wissenschaft, Freiburg und München 1965

Rommen, Heinrich: Die ewige Wiederkehr des Naturrechts, 2. Aufl., München 1947

Rothert, Wilhelm: Allgemeine hannoversche Biographie, Band 3: Hannover unter dem Kurhut, Hannover 1916

Russell, Bertrand: A History of Western Philosophy and its Connection with Political and Social Circumstances from the earliest time to the present day, London 1948

Sauter, Johann: Die philosophischen Grundlagen des Naturrechts. Untersuchungen zur Geschichte der Rechts- und Staatslehre, Wien 1932

Schaffstein, Friedrich: Die allgemeinen Lehren vom Verbrechen in ihrer Entwicklung durch die Wissenschaft des gemeinen Strafrechts, Berlin 1930

— Beiträge zur Strafrechtsentwicklung von der Carolina bis Carpzov, in: Gerichtssaal, Band 101, 1932, S. 14—53

Schambeck, Herbert: Der Begriff der „Natur der Sache". Ein Beitrag zur rechtsphilosophischen Grundlagenforschung, Wien 1964

Schlie, Ulrich: Johann Stephan Pütters Reichsbegriff, Göttingen 1961

Schlosser, Friedrich Christoph: Geschichte des achtzehnten Jahrhunderts und des neunzehnten bis zum Sturz des französischen Kaiserreichs. Mit besonderer Rücksicht auf den Gang der Literatur, 4. Aufl., 8 Bde. und Registerband, Heidelberg 1853—1860

Schmidt, Eberhard: Staat und Recht in Theorie und Praxis Friedrich des Großen, in: Festschrift der Leipziger Juristenfakultät für Alfred Schultze, Leipzig 1938, S. 89—150

— Einführung in die Geschichte der deutschen Strafrechtspflege, 3. Aufl., Göttingen 1965

Schmidt, Gerhard: Aufklärung und Metaphysik, Tübingen 1965

Schmidt-Aßmann, Eberhard: Der Verfassungsbegriff in der deutschen Staatslehre der Aufklärung und des Historismus. Untersuchungen zu den Vorstufen eines hermeneutischen Verfassungsdenkens, Berlin 1967

Schmitt, Carl: Über die drei Arten des rechtswissenschaftlichen Denkens, Hamburg 1934

Schmölders, Günter: Geschichte der Volkswirtschaftslehre, Wiesbaden 1961

Schneiders, Werner: Recht, Moral und Liebe, Untersuchungen zur Entwicklung der Moralphilosophie und Naturrechtslehre des 17. Jahrhunderts bei Christian Thomasius, Diss. Münster 1960

Schönfeld, Walther: Über den Begriff einer dialektischen Jurisprudenz, Greifswalder Universitätsreden Nr. 27, 1929

Schönfeld, Walther: Die Geschichte der Rechtswissenschaft im Spiegel der Metaphysik, Stuttgart und Berlin 1943

— Grundlegung der Rechtswissenschaft, Stuttgart und Köln 1951

Schröder, Richard und Eberhard Freiherr von *Künßberg:* Lehrbuch der deutschen Rechtsgeschichte, 7. Aufl., Berlin und Leipzig 1932

Schwartz, E.: Die Geschichte der privatrechtlichen Kodifikationsbestrebungen in Deutschland und die Entstehungsgeschichte eines Entwurfs eines bürgerlichen Gesetzbuchs für das Deutsche Reich, in: Archiv für bürgerliches Recht, Band 1, 1889, S. 1—189

Schwarz, Andreas B.: Rechtsgeschichte und Gegenwart. Gesammelte Aufsätze, Karlsruhe 1960

Schwerin, Claudius Freiherr von und Hans *Thieme:* Grundzüge der deutschen Rechtsgeschichte, 4. Aufl. Berlin und München 1950

Shackleton, Robert: Montesquieu, A Critical Biography, Oxford 1961

Sorel, Albert: Montesquieu, 3. Aufl., Paris 1907

Springer, Max: Die Coccejische Justizreform, München und Leipzig 1914

Staatsverfassungen. Eine Sammlung wichtiger Verfassungen der Vergangenheit und Gegenwart in Urtext und Übersetzung, hg. von Günther Franz, 2. Aufl., Darmstadt 1964

Staub-Stranz: Kommentar zum Wechselgesetz, 13. Aufl. des Kommentars zur Wechselordnung, völlig neu bearbeitet für das Wechselgesetz vom 21. 6. 1933 von Martin Stranz, Berlin und Leipzig 1934

Steinmann, Heinrich Gustav: Über den Einfluß Newtons auf die Erkenntnistheorie seiner Zeit, Bonn 1913

Stephen, Leslie: History of English Thought in the Eigteenth Century (1876), 2 Bände, London 1962

Stintzing, Roderich: Geschichte der Deutschen Rechtswissenschaft, 1. Abth., München und Leipzig 1880; 2. Abth. ebd. 1884

Stölzel, Adolf: Die Entwicklung des gelehrten Richterthums in deutschen Territorien, Band 1, Stuttgart 1872

— Die Entwicklung der gelehrten Rechtsprechung, untersucht auf Grund der Akten des Brandenburger Schöppenstuhls, Band 1: Der Brandenburger Schöppenstuhl, Berlin 1901; Band 2: Billigkeits- und Rechtspflege der Rezeptionszeit, Berlin 1910

Stone, Julius: Human Law and Human Justice, Stanford/Calif. 1965

— Legal System and Lawyers' Reasonings, London 1964

Stratenwerth, Günter: Das rechtstheoretische Problem der Natur der Sache, Tübingen 1957

Strauch, Dieter: Recht, Gesetz und Staat bei Friedrich Carl von Savigny, Meisenheim a. Gl. 1959

Strauß, Leo: Naturrecht und Geschichte, Stuttgart 1956

Tammelo, Ilmar: The „Nature of Things" and the Objective Import of Value Judgments, in: ARSP Bd. 55 (1969), S. 259—267

Thieme, Hans: Savigny und das Allgemeine Landrecht, in: Deutsche Juristenzeitung (DJZ), Jg. 40, 1935, Sp. 220—223

— Zwischen Naturrecht und Positivismus, Zur Methode des jungen Savigny, in: DJZ 41, 1936, Sp. 153—157

— Die Zeit des späten Naturrechts. Eine privatrechtsgeschichtliche Studie, in: SZ Germ. Abt. 56, 1936, S. 202—263

— Die preußische Kodifikation. Privatrechtsgeschichtliche Studien II, in SZ Germ. Abt. 57, 1937, S. 355—428

— Natürliches Privatrecht und Spätscholastik, in: SZ Germ. Abt. 70, 1953, S. 230—266

— Das Naturrecht und die europäische Privatrechtsgeschichte, 2. Aufl., Basel 1954

— Savigny und das deutsche Recht, in: SZ Germ. Abt. 80, 1963, S. 1—26

— Carl Gottlieb Svarez in Schlesien, Berlin und anderswo. Ein Kapitel aus der schlesischen und preußischen Rechtsgeschichte, in: Juristen-Jahrbuch, Band 6, 1965/66, S. 1—24

Trendelenburg, Adolf: Leibnizens Anregung zu einer Justizreform, in: ders., Kleine Schriften, Band 1, Leipzig 1871, S. 241—247

Tümpel, Ludwig: Die Entstehung des brandenburgisch-preußischen Einheitsstaates im Zeitalter des Absolutismus (1609—1806), Breslau 1915

Ueberweg, Friedrich: Grundriß der Geschichte der Philosophie, Teil 2: Die patristische und scholastische Philosophie, 12. Aufl. hg. von Bernhard Geyer, Basel 1951

Ulmer, Eugen: Urheber- und Verlagsrecht, 2. Aufl., Berlin, Göttingen, Heidelberg 1960

Valjavec, Fritz: Geschichte der abendländischen Aufklärung, Wien, München 1961

Verdross, Alfred: Abendländische Rechtsphilosophie. Ihre Grundlagen und Hauptprobleme in geschichtlicher Schau, 2. Aufl. Wien 1963

Viehweg, Theodor: Topik und Jurisprudenz. Ein Beitrag zur rechtswissenschaftlichen Grundlagenforschung (1953), 3. Aufl. München 1965

Ville de Bordeaux, Herausgeber: Actes du Congrès Montesquieu, Bordeaux 23—26 Mai 1955, Bordeaux 1956

Voltelini, Hans von: Die naturrechtlichen Lehren und die Reformen des 18. Jahrhunderts, in: Historische Zeitschrift, Band 105, 1910, S. 65—104

Vorländer, Karl: Geschichte der Philosophie, Band 3: Philosophie der Renaissance. Beginn der Naturwissenschaft, bearbeitet von H. Knittermeyer. Mit Quellentexten und bibliographischen Ergänzungen versehen von E. Keßler, Rowohlt 1965

Vyverberg, Henry: Historical Pessimism in the French Enlightenment, Cambridge/Mass. 1958

Waddington, Charles: Ramus, sa vie, ses écrits et ses opinions, Paris 1855

Waelki, Gert-Dietrich: Christian Gottlieb von Gmelin, Ein deutscher Kriminalist der Aufklärung, Diss. Mainz 1958

Weber, Heinrich: Gustav Hugo. Vom Naturrecht zur historischen Schule, Diss. Göttingen 1935

Wellspacher, M.: Das Naturrecht und das A. B. G. B., in: Festschrift zur Jahrhundertfeier des A. B. G. B., Teil 1, Wien 1911, S. 173—208

Welzel, Hans: Die Naturrechtslehre Samuel Pufendorfs, Ein Beitrag zur Ideengeschichte des 17. und 18. Jahrhunderts, Berlin 1958

— Naturrecht und materiale Gerechtigkeit, 4. Aufl., Göttingen 1962

Wentzscher, Else: Englische Philosophie. Ihr Wesen und ihre Entwicklung, Leipzig, Berlin 1924

Wesenberg, Gerhard: Neuere deutsche Privatrechtsgeschichte im Rahmen der europäischen Rechtsentwicklung, Lahr/Baden 1954

Widmann, Hans: Der Deutsche Buchhandel in Urkunden und Quellen, 2 Bände, Hamburg 1965

Wieacker, Franz: Das römische Recht und das deutsche Rechtsbewußtsein, Leipzig 1945

— Privatrechtsgeschichte der Neuzeit unter besonderer Berücksichtigung der deutschen Entwicklung, 2. Aufl., Göttingen 1967

— Das Sozialmodell der klassischen Privatrechtsgesetzbücher und die Entwicklung der modernen Gesellschaft. Karlsruhe 1953

— Friedrich Carl von Savigny, in: SZ Rom. Abt. 72, 1955, S. 1—38.

— Gründer und Bewahrer, Rechtslehrer der neueren deutschen Privatrechtsgeschichte, Göttingen 1959

— Der gegenwärtige Stand der Disziplin der neueren Privatrechtsgeschichte, in: Eranion in Honorem Georgii S. Maridahis, Band 1, Athen 1963, S. 339—366

— Zum heutigen Stand der Naturrechtsdiskussion, Köln und Opladen 1965

Willey, Basil: The Eighteenth-Century Background (1940), Pinguin Books (1962), 1965

Windelband, Wilhelm: Lehrbuch der Geschichte der Philosophie, 15. Aufl. hg. von Heinz Heimsoeth, Tübingen 1957

Wolf, Erik: Grotius, Pufendorf, Thomasius. Drei Kapitel zur Gestaltgeschichte der Rechtswissenschaft, Tübingen 1927

— Große Rechtsdenker der deutschen Geistesgeschichte, 4. Aufl., Tübingen 1963

— Das Problem der Naturrechtslehre, Versuch einer Orientierung, Karlsruhe 1955

Wolff, Hans M.: Die Weltanschauung der deutschen Aufklärung in geschichtlicher Entwicklung, München 1949

Wundt, Max: Die deutsche Schulphilosophie im Zeitalter der Aufklärung (1945), Hildesheim 1964

Wunner, Sven Erik: Christian Wolff und die Epoche des Naturrechts Hamburg 1968

Zachariae, H.: Johann Stephan Pütter und Karl Friedrich Eichhorn, in: Göttinger Professoren. Ein Beitrag zur deutschen Cultur- und Literaturgeschichte in acht Vorträgen, Gotha 1872, S. 99—138

Zahn, Karl von: Karl Ferdinand Hommel als Strafrechtsphilosoph und Strafrechtslehrer. Einleitung zur Geschichte der strafpolitischen Aufklärung in Deutschland, Leipzig 1911

Zeller, Eduard: Geschichte der deutschen Philosophie seit Leibniz (Geschichte der Wissenschaften in Deutschland. Neuere Zeit Band 13), München 1873

Zielinski, Thaddäus: Cicero im Wandel der Jahrhunderte, 2. Aufl., Leipzig 1908

Zimmermann, Robert: Samuel Clarke's Leben und Lehre. Ein Beitrag zur Geschichte des Rationalismus in England (Denkschrift der Kaiserlichen Akademie der Wissenschaften, philosophisch-historische Klasse, Band 19), Wien 1870

Zippelius, Reinhold: Problemjurisprudenz und Topik, NJW 1967, S. 2229—2234

Zycha, Adolph: Deutsche Rechtsgeschichte der Neuzeit, 2. Aufl., Marburg 1949

FSC
www.fsc.org
MIX
Papier | Fördert gute Waldnutzung
FSC® C083411

Kolibri 360 GmbH
Ferdinand-Jühlke-Straße 7
99095 Erfurt, Deutschland
produktsicherheit@kolibri360.de

Druck:
CPI Druckdienstleistungen GmbH
im Auftrag der
Kolibri 360 GmbH
Ferdinand-Jühlke-Str. 7
99095 Erfurt